Invirtiendo a largo plazo

Invirtiendo a largo plazo

Mi experiencia como inversor

FRANCISCO GARCÍA PARAMÉS

EDICIONES DEUSTO

Deusto es un sello editorial de Centro Libros PAPF, S. L. U.
Grupo Planeta
Av. Diagonal, 662-664
08034 Barcelona

www.planetadelibros.com

ISBN: 978-84-234-2567-9
Depósito legal: B. 17.275-2016
Primera edición: septiembre de 2016
Preimpresión: gama sl
Impreso por Black Print

Impreso en España - *Printed in Spain*

Para María Ángeles,
mi soporte y guía, y para mis padres,
que lo leerán desde el Cielo

Índice

Introducción

Nunca pensé en escribir un libro, y menos aún sobre inversión, pero la vida a veces nos ofrece regalos que no hay que desaprovechar. Ya sé que es una obviedad, pero la realidad es que hay que convertir los problemas en oportunidades y, además, intentar hacerlo de forma natural, casi automática. En todos los ámbitos: en lo personal, en lo profesional —en nuestro entorno inversor aprovechando las turbulencias de los mercados—, y en el mundo que nos rodea.

Cuando leí al principio de mi carrera profesional *Un paso por delante de Wall Street,* de Peter Lynch, me pareció que explicaba tan clara y sencillamente cómo enfocar el proceso de inversión, que no era necesario añadir mucho más. Durante unos años me iba reafirmando en ello, pues a su libro se iban uniendo otros que lo complementaban perfectamente; especialmente los clásicos que iba descubriendo por el camino. Parecía que el campo estaba bien arado.

Sin embargo, de forma paulatina y a un ritmo inapreciable se iba produciendo un cambio, quizás por la experiencia, quizás por la arrogancia, y en los últimos tiempos me parecía que ninguno de ellos reflejaba exactamente ni los fundamentos de nuestra manera de invertir ni la forma de trabajar que tenemos. Por ejemplo, apenas se habla en esos libros de una visión correcta de la economía, del hombre que actúa, que en ciertos momentos puede resultar utilísima. Por tanto, se había instalado una sombra de duda en mi cabeza.

Coincidentemente, en octubre de 2010, me invitaron a dar una charla en el Value Investing Congress de Nueva York. Acepté, encantado de poder explicar nuestra aventura en la cuna de la inversión moderna. Para ello, sin embargo, tuve que esforzarme en analizar cuáles eran nuestras diferencias y similitudes respecto a otros inversores de valor, pues en Estados Unidos este tipo de inversión es habitual. Este esfuerzo confirmó esas diferencias y clarificó apreciablemente la explicación de nuestro proceso inversor. Muchos decimos que somos inversores de valor, pero ninguno hacemos exactamente lo mismo.

Las conclusiones de ese análisis, explicadas allí, son la base de nuestro trabajo, que, efectivamente, se diferencia del de los demás en algunos aspectos importantes. Los dos más relevantes quizás sean: mantener un esquema económico austriaco como marco de referencia y llevar al extremo la paciencia, uno de los rasgos esenciales para el proceso.

En todo caso, esa sombra de duda comentada respecto a un posible libro se hubiera quedado en eso, si las circunstancias no se hubieran impuesto, pues no hubiera tenido el tiempo necesario para sacarlo adelante. El trabajo de gestor de inversiones es un trabajo a tiempo completo, y el esfuerzo que habría exigido escribirlo lo hubiera tenido que detraer de mi familia, algo que nunca he estado dispuesto a hacer.

Desde el momento en que dispongo de ese tiempo, por la obligación de estar dos años sin gestionar, empiezo a recibir de amigos la sugerencia de hacerlo, y comienzo a pensarlo, más exactamente, a rumiarlo. No era un proyecto fácil, pues a la timidez hay que unir el hecho de que, aunque siempre he disfrutado y disfruto leyendo, me costaba la vida misma escribir.

A principios de 2015, sin embargo, recibí dos visitas en Londres que encendieron la chispa para empezarlo, aunque sin saber todavía si quería publicarlo. Es el primer libro, y el pudor es difícil de vencer.

La primera fue del hijo de un antiguo cliente, Ángel Pardo junior, filósofo, escritor e inversor. Comimos en una preciosa *brasserie* de Chelsea y cristalizó, no el amor del que hablaba Stendhal, sino la idea del libro y una relación en la distancia, pero intensa y esencial. Propuso que me dejara llevar, sin forzar la letra: empezar a escribir lo que se me pasara por la cabeza, dejando las ideas fluir, pues el libro, más adelante, se armaría solo.

Me gustó la idea, pues un libro de inversión no necesita principio ni fin, ni una tesis, ni siquiera un asesino. Y no sólo eso. A mí, que me cuesta escribir, me liberó de la esclavitud que supone ponerse enfrente de un folio o iPad en blanco: escribiría sobre lo que se me ocurriera, sin exigencias. Además, ya intuía que el «libro» me sería muy útil, aunque no lo publicara, pues, en cualquier caso, sería una recopilación de ideas, hechos olvidados, reacciones, etcétera, que me servirían para refrescar mi actitud ante la inversión.

Ángel ha sido clave en este proyecto, y me resulta complicado saldar la deuda contraída con él. No sólo encendió la mecha, sino que su ayuda en la sombra, sus consejos aquí y allá y sobre todo la certeza de saber que leería el manuscrito y opinaría sobre él ha sido una ayuda difícil de cuantificar. Sin la aprobación de mi mujer, que evidentemente fue la primera en leerlo, de Ángel y de mí mismo, el manuscrito no hubiera pasado de ser eso, un simple papel personal.

La segunda visita fue la del posible editor, Roger Domingo, de Ediciones Deusto (Grupo Planeta). Me lo presentó Daniel Lacalle, que ya había publicado varios libros con ellos con mucho éxito. No sólo me pareció la editorial más adecuada para el proyecto, sino que Roger tenía un enfoque de la inversión y de la economía parecido al mío, lo que mitigaría cualquier discrepancia. A ello hay que añadir el hecho de que aceptó que yo iba a escribir el libro que quisiera, tanto en su estructura como en su comercialización. Yo tendría las riendas del proyecto, incluso para no publicarlo, condición esencial para aceptar. Y no sólo eso, sino que me ofreció publicar la versión en inglés con John Wiley, que me parece también la editorial más adecuada, por su larga tradición en clásicos de inversión.

Gracias a ellos me dispongo a escribir y enseguida veo claro la estructura del libro, que ha resultado un homenaje a uno de los libros más importantes del economista austriaco (en todos los sentidos) Ludwig von Mises, *Teoría e historia*.

La primera parte del libro está dedicada a contar mi educación y trayectoria inversora. Qué fue lo que pasó y cómo reaccionamos mis compañeros y yo ante ello. Al fin y al cabo, he vivido el final del mayor ciclo alcista del siglo XX; la tremenda burbuja tecnológica de principios del siglo XXI y su colapso; y junto a mis compañeros, la mayor burbuja crediticia e inmobiliaria de la historia de España y su posterior estallido junto con el resto de mercados, en medio de la mayor caída bursátil global desde los años treinta del siglo XX.

Ésa es la historia que, aunque tiene un valor relativo, pues en el fondo es una historia única, y no debe ser un precedente para cualquier otra, puede interesar a los que quieran aprender del pasado. A mí también me ha resultado muy útil recuperar hechos casi olvidados que me sirven como punto de inflexión veinte años después.

Con la perspectiva del tiempo quizás el mayor logro en toda esta historia fue sacar partido de los tremendos mercados alcistas de 1996, 1997, y comienzos de 1998, con una bolsa española que se triplica en 36 meses, obteniendo una rentabilidad similar a la del mercado, pero asumiendo un riesgo muy limitado (con altas dosis de tesorería, un 20 por ciento), que nos permitió evitar los problemas que nos dejó posteriormente la resaca de ese mercado tan alcista.

La segunda parte está dedicada a explicar los fundamentos de nuestro proceso inversor, la teoría, siguiendo el lenguaje de Von Mises. Después de mucho pensar el orden de los capítulos, el primer capítulo de esta parte, el cuarto, lo dedico a la economía: a la economía austriaca. No es habitual en un libro de inversión, y cronológicamente no es lo primero que me sucede personalmente, pero ahora que resumo estas ideas, siento que sí tiene lógica empezar por la base.

El edificio se empieza por los cimientos, y disponer del marco de referencia económico adecuado es siempre una ventaja. No siempre lo podremos utilizar en el proceso inversor, pero nos da la tranquilidad que supone conocer las posibles alternativas económicas futuras —a pesar de no saber casi nunca cuál de las alternativas se plasmará en la realidad—, y, a veces, sólo algunas veces, nos permite predecir lo que va a ocurrir.

En el primer piso del edificio ya se habla de inversión: en el capítulo 5 entramos en batalla explicando la diferencia entre activos reales y activos monetarios. Los reales son los únicos sensatos para un inversor a largo plazo. Y veremos que, dentro de ellos, invertir en acciones cotizadas supone una ventaja tan decisiva que, si aceptamos esta evidencia lógica y empírica, la lectura del libro será clave para la vida del lector escéptico.

Algunos activos reales, como el oro, han tenido un comportamiento a largo plazo inferior a algunos monetarios, pero la tranquilidad que supone el hecho de que nos permiten mantener siempre el poder adquisitivo, implica que incluso los peores activos reales sean más aceptables que los mejores monetarios.

En el capítulo 6 nos adentramos en el mundo de las acciones, y explicamos que el inversor deberá elegir entre la inversión pasiva, la semipasiva y la activa. Esta última la podrá realizar vía fondos de inversión o directamente en acciones. La elección no será fácil —el lector deberá trabajar para decidir qué camino seguir— y ésta dependerá del esfuerzo que quiera realizar el inversor. Únicamente aquellos que quieran dedicar un tiempo mínimo prudencial a la inversión podrán elegir la gestión activa, a través de fondos o directamente en acciones.

Si elige invertir en acciones, podrá pasar a los capítulos séptimo y octavo, donde veremos qué tipo de acciones debemos buscar y cómo encontrarlas. Es una tarea ardua, con pocas posibilidades de éxito (batiendo al mercado), pero todo aquel que quiera intentarlo creo que quizás estará mejor equipado después de estudiar nuestras experiencias seleccionando valores.

En el capítulo 9 comprenderemos por qué todo esto es posible, por qué existen esas oportunidades y cómo los hombres las creamos con nuestros momentos de irracionalidad, de descontrol de nuestras emociones. Intentaremos ver si hay alguna cura o remedio para ello. En último término, la inversión es el análisis psicológico y social de nuestros congéneres y de nosotros mismos. Conocer cómo y por qué actúan y actuamos es la clave del proceso.

Estos seis capítulos, del cuarto al noveno, forman la base de nuestro proceso inversor. Es un proceso sencillo e intuitivo, pero difícil de aplicar, pues exige unas características personales que, si no están presentes, son difíciles de desarrollar. A veces se pregunta a propósito de la edición de libros similares a éste: ¿por qué explicar públicamente un proceso inversor que ha tenido éxito?, ¿por qué no mantener el secreto? Además de un cierto acto de generosidad, que lo hay, la realidad es que las «recetas» no son nada fáciles de aplicar. Es muy posible que, antes de nada, tengamos que cambiar nosotros, algo a veces muy deseable, otras veces imposible.

Los capítulos en esta segunda parte empiezan por lo general, la economía, tendiendo hacia lo particular, la selección de valores, y cada capítulo desarrolla el aspecto más interesante del anterior. El lector puede abandonar la lectura en cualquiera de ellos si no quiere seguir profundizando, aunque, obviamente, no lo recomiendo.

Después de unas breves conclusiones y una vista de pájaro al futuro, concluimos con dos apéndices. En el primero nos dirigimos a aquellos lectores que no están dispuestos a realizar una lectura completa del libro —algunos regalos pueden ser envenenados—. Les recomiendo que al menos le dediquen unos minutos a leer las «Ideas Mínimas», un breve resumen que recoge algunas de las ideas más importantes del libro, y a pensar sobre ellas. Con eso puede ser suficiente. Si no llegan a eso que al menos interioricen la «Idea Máxima», que es la más relevante de esta obra.

Terminamos en el segundo apéndice con la bibliografía, donde se resaltan los libros que más me han ayudado a entender los problemas que nos van a ocupar a lo largo de este trabajo.

El libro no pretende aportar grandes novedades en el proceso inversor, pues todo está inventado, pero todo en conjunto creo que tiene una cierta coherencia que puede ser útil a los más jóvenes e inexpertos, que están empezando a invertir, y a los más experimentados, a quienes espero que también pueda aportar algo.

Invirtiendo a largo plazo implica otra forma de hacer las cosas: no seguir las convenciones recibidas, huir de lo evidente, nadar a contracorriente. Hay que leer, hay que pensar, hay que estar dispuesto a arriesgarse y a no hacer concesiones excesivas. Hay que vivir muy atento a nuestro alrededor. En mi caso estos atributos no son muy meritorios: como nos enseña Kant, lo que tiene valor es lo que cuesta, y en mi caso tengo la suerte de que me cuesta poco.

En cualquier caso, no soy tan arrogante como para pensar que nuestro camino es el único o el mejor, pues es evidente que hay múltiples procesos de inversión sensatos. Tampoco he pretendido ser un ejemplo para otros. Mi objetivo ha sido tan sólo explicar mi historia, mi experiencia como inversor, para intentar dar ciertas claves que permitan a otros posibles inversores tomar alguna decisión con un enfoque un poco más correcto. Me considero un privilegiado que no está capacitado para dar lecciones a los demás, pues las circunstancias tanto personales como del entorno siempre me han favorecido. Citando libremente a Warren Buffet, si hubiera nacido en un pueblo africano mi historia no tendría ningún interés.

De todas formas, si acabo siendo un ejemplo para algún lector joven o para mis hijos, me alegro, pues estamos rodeados de extraños personajes que pueden dar una falsa idea de cómo somos los que nos dedicamos al mundo del dinero o tenemos una cierta imagen pública. Algunos, quizás la mayoría, intentamos permanentemente hacer lo correcto.

En cualquier caso, como decía Juan Ramón Jiménez, este libro está escrito para que lo pueda entender mi familia, para que sea accesible a todos los posibles lectores, evitando en la medida de lo posible ese lenguaje financiero que hace incomprensible algo que debería ser fácil de entender: cómo aproximarse a la inversión sin miedo. Yo me he aproximado, y he salido bien parado.

Londres,
primavera de 2016

Primera parte

La historia

1

Un poco de historia personal

Sobreponiéndome al pudor, voy a empezar por el principio. No parece natural contar mi experiencia como inversor sin arrojar un poco de luz sobre la persona que hay detrás. No es que vayamos a encontrar grandes sorpresas, pero creo que es lo natural. Siento que debe ser así.

Orígenes

Me he criado en una familia media bastante normal: mi padre era ingeniero naval, funcionario —se jubiló como subdirector de Industrias Navales, en el Ministerio de Industria, después de haber afrontado en los años ochenta la entonces famosa «reconversión naval»— y profesor de proyectos en la Escuela Superior de Ingenieros Navales; mi madre, ama de casa, madre de cinco hijos y excelente cocinera. No puedo decir que explícitamente me quisieran dar grandes lecciones vitales; quizás lo intentaban, pero yo no era nada receptivo y frustraba sus posibles intenciones. Mi manera de ser introvertida dificultaba cualquier conversación de las llamadas «importantes».

A pesar de ello, cuando examino mi actitud ante la vida, con la perspectiva del tiempo, veo rasgos significativos que me llegan de ellos. Nunca he sabido, por ejemplo, por qué tengo la convicción de que hay que hacer lo correcto, sea lo que sea «lo correcto», como hacía mi padre, pero la tengo sin atisbo de dudas; de la misma manera que ahora transmito a mis hijos los consejos caseros que antes ridiculizaba en mi madre. La intuición evidente es que son ellos los que están detrás: a través de los genes o por imitación de su forma de actuar, que siempre fue ejemplar, pero ahí están conmigo.

Pasé por mis estudios escolares con normalidad, aprobando siempre en junio, excepto en Selectividad, que aprobé en septiembre; siempre sin grandes notas y bajo la ley del mínimo esfuerzo, porque, salvo excepciones esporádicas, todavía no me atraía ninguna materia. Realmente la asignatura que más me gustaba en esa etapa era la de Deportes, y la que siempre me pareció incomprensible fue la de Física. Hace poco lo volví a intentar leyendo a Richard Feynman, premio Nobel de Física, pero sin éxito.

No sé si mi aversión a la Física fue una premonición, pues ya veremos que uno de los errores más graves de una parte de la teoría económica es aplicar los métodos de las ciencias naturales, y específicamente de la Física, a las ciencias sociales, entre las que se cuenta la Economía, tratando la acción del hombre como una ecuación a resolver.

En fin, una vida infantil y juvenil sin sobresaltos, sin traumas aparentes, ni atisbo de una vis financiera trapicheando con mis compañeros de colegio. Nada reseñable, como cualquier vida.

Sin embargo, con dieciséis años empezó mi afición por la lectura, que será un rasgo esencial de mi personalidad y un factor clave a lo largo de mi vida. Cuando ahora veo a mi hijo de trece años leer sin parar libros de 500 páginas, me sorprende recordar lo poco que leíamos nosotros a esa edad. Hasta los dieciséis años yo tampoco leía libros porque no formaba parte de mi rutina, pero al menos sí leía casi todos los días el periódico de mi padre, y así me mantenía bastante informado acerca de lo que pasaba en el mundo.

De los debates globales me llamaba especialmente la atención la existencia del Muro de Berlín, el símbolo que prohibía a la gente salir de su país. Me impresionaba que hubiera personas dispuestas a morir por cambiar de lado del Muro. En aquel momento empecé a comprender que los mercados organizados libremente satisfacían de mejor manera las necesidades de todos, incluidas las de los que menos tienen. Intuía que no debía de ser muy agradable lo que sucedía al otro lado, y me resultaba incomprensible que, frente a una evidencia tan obvia, el mundo intelectual no fuera más contundente contra ese Muro y todo lo que significaba. Más tarde comprendí por qué no podía serlo: Aron, Mises y otros pensadores me lo aclararon.

Me enganchó definitivamente a la lectura el hijo de unos amigos de mis padres. Una noche me habló de los libros como de un mundo ilimitado en el que era posible descubrir lo que en nuestra apacible vida no veíamos por ningún sitio. Yo, que era tímido y más bien introvertido y solitario, no necesité mucho esfuerzo para dejarme atrapar por todo tipo de historias. Y ya desde las conversaciones con mi amigo me quedé con un nombre que ya no se me quitaría nunca de la cabeza, y que me recordaba a una marca de magdalenas: Proust. Él lo llevaba siguiendo desde los catorce años; yo empecé un poco más tarde.

Esta afición por la lectura no es muy distintiva en el llamado mundo intelectual, del teatro, del cine o del periodismo, por ejemplo; pero en el mundo de la inversión supone un hecho diferencial respecto al profesional medio. Estar expuestos a una colección inacabable de personas e historias, tanto reales como imaginarias, fomenta una apertura mental que permite la profundización en los intereses e inquietudes no sólo de los personajes, sino de las personas de nuestro entorno. Ejemplo de ello es Proust, capaz de dedicar varias páginas a la menor sensación de un personaje secundario o al análisis etimológico de un nombre que le llama la atención. Esto se verá esencial en nuestro trabajo.

En esa época leía literatura de ficción, y especialmente los grandes clásicos españoles y franceses: Galdós, Cervantes, la generación del 98, Stendhal, Victor Hugo, y un incontable número de autores. La literatura fue la base de mi lectura durante toda esa época, para, progresivamente, alejarme de la ficción y centrarme en el ensayo, que es donde he estado ocupado la mayoría de mi vida profesional. Un ensayo, por otra parte, muy variado y, aparentemente, sin vinculación directa con mi profesión: historia, psicología, sociología, ciencias políticas... Algunos de esos libros, como veremos más adelante, han marcado mi trayectoria personal y profesional.

Como acabamos de comentar y también más adelante repetiremos, el enfoque adecuado del estudio de la economía y de la inversión debe ser el estudio del hombre, por lo que tanto las novelas como el ensayo variado son una buena base sobre la que construir tu edificio personal.

Universidad

Sin saber muy bien qué hacer, empecé Ciencias Económicas y Empresariales en la Universidad Complutense de Madrid. Con diecisiete años, estaba muy despistado, como la mayoría a esa edad, y lo mejor que podía hacer era retrasar lo más posible las decisiones importantes. Hice lo que creo que es sensato en estos casos: empezar una carrera variada, con derecho, historia, matemáticas, contabilidad, gestión de empresas, etcétera. Un batiburrillo que me podía ayudar a aclarar las ideas y no me cerraba ningún camino, quizás sólo el de construir caminos, puentes...

Fui a una universidad pública sin mucho prestigio, y lo hice por varias razones: al suspender en junio el examen de Selectividad previo, tuve poco tiempo durante el verano para pensar en el futuro; y como no tenía las ideas muy claras, no me parecía lógico involucrar a mi familia en unos gastos excesivos. Tampoco pensaba que las universidades privadas fueran imprescindibles en una carrera profesional. Realmente consideraba los estudios universitarios como un trámite que había que pasar, y utilicé parte del tiempo disponible para aprender idiomas: inglés, francés y alemán; también en la escuela pública de idiomas.

De los cinco años que pasé estudiando en la Universidad Complutense de Madrid poco hay que reseñar porque, evidentemente, no me ayudaron a aclararme. No me ayudaron, es cierto, pero al menos sembraron la semilla de lo que más tarde ha sido mi interés por el mundo de la empresa.

Los cuatro primeros años pasaron desapercibidos. Los compatibilicé con el estudio de idiomas comentado y con el servicio militar, que me resultó muy útil para conocer la realidad de mi país: en mi grupo de diez marineros compartiendo sala, había dos analfabetos, y en la brigada de cien, únicamente cuatro teníamos estudios superiores. Es cierto que era la Marina en Andalucía en 1984, pero también lo es que me ayudó a cambiar la perspectiva del mundo en que vivía: mi pequeña burbujita. Mi país ya no eran sólo mis amigos y mi familia; había vida, y una vida muy distinta a la nuestra.

Sopesaba, mientras tanto, la posibilidad de presentarme a las oposiciones para la carrera diplomática. No tenía una especial vocación patriótica o política, pero la combinación de viajes exóticos con, de nuevo, un temario variadísimo, me atraían. Como se ve, dejar el mayor número de opciones abiertas ha sido una constante en mi vida, y algo que recomiendo sin dudar; en este caso, sin embargo, rápidamente abandoné la idea.

En el quinto curso sucedió algo imprevisto. Todo fue un accidente originado por mi afición al deporte y en especial al baloncesto: en mis visitas a la biblioteca tuve un encuentro revelador con una ya desaparecida revista de negocios. Este encuentro tendrá gran importancia ya en ese año de 1985, y también en el futuro. La revista era *Business Week,* y mi interés se debía a que en portada salía nada menos que Patrick Ewing, estrella universitaria de baloncesto y recién fichado jugador de los New York Knicks. El baloncesto, y especialmente la NBA, la liga profesional americana, me motivaba en esos momentos bastante más que las Ciencias Económicas y Empresariales, a pesar de que todavía no podíamos seguir los partidos en la televisión española y nos teníamos que contentar con las míticas fotografías.

El artículo explicaba el impacto económico que suponía el fichaje de Ewing por los Knicks, probablemente el mayor en la historia deportiva hasta ese momento, pero aproveché para leer la revista completa, que me pareció muy atractiva. Gracias a ella, poco a poco me empezó a interesar el mundo de las empresas, que en *Business Week* se contaba de forma bastante entretenida. No sé si esto fue un mero accidente, o la consecuencia lógica de la

afición lectora, pero la realidad es que el interés llegó para quedarse. Hasta ese momento mi afición se centraba en la ficción, pero paulatinamente me empezó a interesar más el ensayo, que empecé a compaginar con la literatura. Esta transición parece que es algo habitual, incluso llevándolo al extremo que lo he llevado, pues durante años sólo he leído ensayo, pensando que la literatura, a pesar de lo comentado más arriba, no aportaba tanto. Ahora me estoy relajando un poco, y vuelvo a aceptarla con cariño.

La realidad es que parece importante intentar ver donde otros no miran e ir un poco más allá de lo evidente y habitual. De otra manera sólo se consiguen resultados ordinarios. Durante los siguientes años, me di cuenta de que nadie en mi entorno estudiantil o en los primeros trabajos se planteaba siquiera la posibilidad de leer regularmente una revista económica extranjera o de leer literatura «seria».

Conviene constatar que más allá del accidental comienzo de mi interés por el mundo de la empresa, en la universidad aprendí bien poco de economía: las inútiles curvas neoclásicas de oferta y demanda, con un supuesto hombre perfectamente racional y un equilibrio que nunca existe, y poco más. Menos mal que Hayek y Mises vinieron a salvarme casi veinte años después, cual supermanes económicos. Es triste lo que ocurre en la enseñanza de economía, donde no se desarrollan conceptos claros y sencillos que puedan perdurar en el tiempo. Como algunos quieren dotarla de un aura de importancia que no debiera tener, se utiliza la formulación matemática para esconder la poca nitidez y coherencia de los economistas neoclásicos, tanto monetaristas como keynesianos, que dominan en esa enseñanza.

Hay que reconocer, sin embargo, que era una carrera variada, que servía para ir tomando contacto con posibles áreas de interés, o cuando menos para hacer descartes de posibles caminos a seguir. Obtuve unas notas mediocres durante los primeros cursos, para mejorar progresivamente cuando empecé a conectar con la materia.

Una de las conclusiones más interesantes mirando hacia atrás es que, después de cinco años en una universidad pública con poco renombre, y muchos más de experiencia profesional, he desmitificado la importancia de las universidades más prestigiosas, e incluso de la propia enseñanza universitaria. A los veinte años, el aprendizaje no es tan esencial como lo es la enseñanza continua —y preferiblemente autodidacta— a lo largo del tiempo. Es interesante que durante tres o cuatro años buenos profesores nos marquen el camino, pero lo decisivo es que se encienda en nosotros una chispa de interés en un momento dado que nos descubra un camino atractivo e ilimitado. Puede que algunas grandes universidades faciliten esto, pero no estoy seguro de que así sea. Y no comprendo la obsesión actual, especialmente en el mundo anglosajón, por entrar en algunas de ellas. En España tenemos la suerte de que esta fijación por las universidades de élite no es tan grande.

En mi caso esa chispa la encendieron un lector adolescente y un jugador de baloncesto profesional.

Los primeros trabajos

En mi último año de universidad, me presenté a varios anuncios para practicar el arte de la entrevista profesional, y me ofrecieron trabajo después de la primera, en El Corte Inglés. No creo que fuera un artista en el asunto, pero reconozco que si tenía algunas cualidades serían la naturalidad y un cierto aire de persona responsable. Este éxito inesperado me obligó a decidir si empezar a trabajar antes de licenciarme en junio, y decidí empezar en marzo, compaginando durante cuatro meses ambas cosas, y un mundial de fútbol con Butragueño y Maradona.

Estuve así un año trabajando en El Corte Inglés, el histórico líder del «retail» español (hasta que apareció Zara), donde me licencié en trabajos administrativos, que obviamente no me aportaron nada profesionalmente, pero sí en lo personal. El Corte Inglés intentó, al menos en mi departamento, contratar a licenciados superiores para trabajos administrativos, cosa que, naturalmente, no funcionó, y poco a poco la mayoría de los de mi entorno fuimos saliendo. En cualquier caso, empezar la carrera profesional haciendo trabajos poco agradecidos endurece para lo que pueda llegar. Descubrí también, sorprendido, que muchas personas están contentas con un trabajo sencillo y sin complicaciones. Es posible que se haga de la necesidad virtud, pero esa sencillez es algo que también me ha rondado la cabeza en algunos momentos posteriores de excesiva responsabilidad.

De El Corte Inglés poco puedo decir, pues en tan sólo quince meses y desde la perspectiva de mi puesto de trabajo no pude tener una visión amplia del grupo. Es cierto que había una curiosa contradicción entre unas tiendas visualmente muy atractivas, perfectamente surtidas y con un servicio inmejorable, y, por otro lado, un funcionamiento interno algo anticuado, con una organización muy jerarquizada. Es probable que esto haya cambiado después de treinta años, facilitando la transición hacia formas modernas de distribución después de que el concepto de «gran almacén» haya sufrido de forma significativa en todo el mundo.

Desde luego no lo veía como el trabajo de mi vida, por lo que me animé a hacer lo que se debe intentar en las situaciones de estancamiento profesional, bloqueado sin saber hacia dónde ir: pensar *out of the box* y dar un cambio a tu vida. Esto supone plantearse algo radicalmente distinto, que suponga una ruptura con los esquemas anteriores.

En mi caso tomé la vía del MBA (Master in Business Administration). Algún lector pensará que pasar de una empresa como El Corte Inglés a un MBA no es un cambio tan radical, pero únicamente puedo confirmar que las sensaciones que tuve cuando visité por primera vez el campus del MBA en Barcelona, hicieron que me sintiera de una forma muy distinta.

La gente joven a menudo me pregunta si debe hacer un MBA, el CFA, u otras alternativas. La respuesta depende de la situación personal, incluyendo pareja, deseos de formar una familia, claridad de ideas respecto al futuro, trabajo en ese momento, situación financiera, etcétera. Mi caso era claro: soltero sin compromiso, con un trabajo poco atractivo y sin claridad de ideas profesionales. Cumplía todos los requisitos para hacer un MBA.

IESE

Después de pasar los meses de verano en la multinacional americana NCR (había decidido cambiar de trabajo, pero me admitieron casi simultáneamente en el IESE —Instituto de Estudios Superiores de la Empresa—), en septiembre de 1987 tomé rumbo a Barcelona para hacer el MBA en la que era y sigue siendo una de las mejores escuelas de negocios del mundo. Es impresionante la calidad de las escuelas de negocios españolas: IESE, IE, Esade. ¡Cuánto podrían aprender nuestras universidades de ellas!

Curiosamente tuve que repetir el examen de ingreso de matemáticas. Supongo que los otros los hice bastante bien, porque si no, no me hubieran dado esa oportunidad. Como luego veremos, una buena inversión no depende de un excepcional conocimiento matemático, sino del conocimiento de la dinámica competitiva de los negocios y de una sencilla calculadora.

Pedí un préstamo a La Caixa, que tenía un acuerdo con el IESE para financiar a los estudiantes, fiándose en su capacidad futura de generar ingresos, y allí me instalé. En Barcelona me sentí muy a gusto con la institución y con el ambiente que la rodeaba, formado por profesores y alumnos de veinte nacionalidades. La autosuficiencia con la que me había movido hasta entonces, por la facilidad con que pasaba por las asignaturas, se transformó en algo distinto: constaté que había compañeros más brillantes que yo o que, por lo menos, tenían mayor capacidad de concentración. Antes también los había, pero yo me justificaba argumentando que no me había esforzado al máximo. Esta excusa ya no me servía en Barcelona, donde sí que intentaba dar lo mejor de mí.

Creo que al final eso me ayudó a centrarme en el futuro, sabiendo que tenía que seguir mi camino, asumiendo que siempre habría gente mejor y gente peor, profesionalmente hablando (y personalmente también).

Otro rasgo que nos dejó el MBA fue una cierta dosis de escepticismo. Quizás el análisis continuo de casos, que es el método utilizado en el IESE, y la discusión con otros jóvenes igualmente bien preparados, nos dejó a mis compañeros y a mí una pátina de escepticismo que he utilizado sistemáticamente desde aquel momento. Los casos siempre tienen múltiples soluciones y nunca una respuesta única; nadie está seguro de tener razón, y menos aún rodeado de gente dispuesta a destrozar tus argumentos. A los inversores permanentemente nos están contando historias muy atractivas. Nos venden ilusión, futuro, triunfos, y nuestro trabajo consiste en escoger sólo aquellas historias o proyectos que merecen la pena.

Allí también tuve mi primera experiencia con un *crac* bursátil: el de octubre de 1987. Curiosamente en aquel momento veía a mis compañeros de piso, inversores aficionados a la bolsa, como especuladores sin posible redención. Evidentemente, seguía viviendo sin atisbo de «vis financiera». ¿Cómo me iba a mezclar con el dinero? Cómo cambian las cosas...

La conclusión más evidente —y decisiva— después de esos dos años en Barcelona, fue que la actividad que encajaba con mi personalidad era la analítica. Tuve suerte al aplicar el clásico y esencial «conócete a ti mismo», pues algunos, a pesar de buscar afanosamente, no llegan a encontrarse nunca. Estaba claro: mi perfil no era comercial, ni de liderazgo, sino más bien de estudio, profundización y lectura: análisis, en una palabra.

Bestinver

El análisis competitivo y financiero podía ser un campo profesional que se adaptaba a mis cualidades, pero todavía no tenía muy claro hacia cuál de los ámbitos de aplicación debía dirigirlo. Un mismo análisis puede aplicarse al asesoramiento estratégico, a comprar o vender una empresa o a invertir en otra, sea cotizada o no.

Había que decidirse por algo, y las circunstancias se impusieron.

De IESE salté directamente a Bestinver, después de una doble jugada de la fortuna. Yo ya tenía una oferta de una consultora de cierto prestigio: Coopers & Lybrand, pero acudí a la entrevista con Bestinver al constatar la noche anterior que ninguno de los posibles candidatos iba a acudir a la suya, estábamos celebrando el final de curso por adelantado...

No me pareció bien que dejáramos una imagen tan mala, y allí fui, a una entrevista muy tranquila, sabiendo que no tenía demasiado interés. Para completar la jugada del destino, sucedió que Coopers había ofrecido 3 puestos a 4 personas, pensando que alguna fallaría. No falló nadie, y como fui el último en contestar, me quedé fuera. Digamos que en pleno verano no me quedó más remedio que aceptar la oferta de Carlos Prado y José Ignacio Benjumea para trabajar en Bestinver como analista de inversiones. Realmente no había sido una elección premeditada; en el IESE no había destacado lo suficiente para aspirar a Mckinsey, Salomon Brothers, BCG y demás firmas de renombre en aquella época, a las que todos en el fondo aspirábamos, y mi decisión fue meramente circunstancial. En el campo de las relacionadas con el análisis, acepté la que me ofrecieron.

En aquel momento Bestinver era el brazo de diversificación de la familia Entrecanales y tengo que reconocer que me impresionaron tanto sus oficinas de color rojo/granate, con un cierto aire de casa de mala nota, en el prestigioso edificio de La Pirámide en el centro de Madrid, como su director general, José Ignacio Benjumea, ya encantador conmigo, como lo ha sido todos estos años. En todo caso, además de esa pátina de *glamour*, me parecía que Bestinver reunía lo que yo buscaba: un sitio pequeño, con gente interesante, y con el discreto apoyo de una institución muy sólida.

El trabajo para el que fui contratado consistía en ayudar a analizar las posibles inversiones de diversificación del grupo. Bestinver tenía tres áreas de actuación en aquel momento: la de diversificación, que intentaba canalizar los beneficios generados por la actividad de construcción de la familia a nuevos negocios, y donde ya se habían realizado algunas inversiones; la de *brokerage* o intermediación bursátil, que se había liberalizado en aquellos años y donde tenían cierta presencia; y una pequeñísima actividad de gestión de carteras.

Era un momento muy especial para empezar a trabajar. Era agosto de 1989 y durante el otoño fueron cayendo todos los regímenes totalitarios de Europa del Este. Después de seguir por los medios desde muy jovencito las aventuras de los osados que intentaban escapar, era un momento de optimismo generalizado, y estábamos muy pendientes de las noticias a través del televisor que teníamos en la oficina. En España, a la vez, nos encaminábamos a toda marcha hacia la Unión Europea. No era un mal momento para ser joven y empezar un proyecto profesional.

Durante los primeros meses intentaba rastrear el mercado de empresas privadas no cotizadas, buscando oportunidades de inversión para el grupo u ofreciéndoles a esas empresas la posibilidad de cotizar en bolsa. Me dejaban hacer, sin unas directrices claras y mucha flexibilidad, pues creo que no tenían muy claro lo que querían de mí. Sin embargo, la parte comercial del trabajo, llamar casi a «puerta fría», no me gustaba nada, confirmando mi poca inclinación hacia ello, y no compensaba los pocos análisis que realizaba para posibles operaciones.

De hecho, yo tampoco tenía muy claro quién era mi jefe, y comencé a estudiar por mi cuenta las compañías cotizadas, ayudando a los tres comerciales del *brokerage* y al pequeño equipo de análisis bursátil que les nutría de información. Probablemente por eso posteriormente le he dado mucho valor a la iniciativa propia, sin directrices, siendo ésta mi actitud ante la gestión cuando he tenido que trabajar con compañeros. Si esperamos a que alguien nos resuelva nuestros problemas, con indicaciones claras, antes llegará Godot.

Mis primeros análisis e inversiones

La primera empresa que visité y analicé fue Acerinox, a finales de 1989, y ya me pareció la extraordinaria compañía que siempre ha sido y continúa siendo hoy. A pesar de ello, supongo que la tibieza pudo conmigo y recomendé mantener. Poco a poco me fui dando cuenta de que podía aportar valor en el análisis, y en el tiempo libre, que era bastante ante la falta de un cometido claro, me propuse conocer todas las compañías cotizadas en el mercado español.

En aquella época la CNMV editaba un libro con los resultados trimestrales de todas las compañías cotizadas, y repasé todas, de la A a la Z. Creo que la primera era Agrofuse, una compañía dedicada a la explotación agrícola en la que nunca llegamos a invertir. Durante 1990 me dediqué a eso, con la suerte de no tener que responder a la presión de un jefe o una estructura que me exigiera resultados o producción a corto plazo.

A principios de ese año 1990 leí en *Business Week*, que seguía regularmente desde la universidad, la reseña del libro de Peter Lynch, *Un paso por delante de Wall Street*, que explicaba los fundamentos del *value investing* (o inversión de valor o inversión sensata a largo plazo). De hecho, como ya he dicho, hasta no hace tanto tiempo me ha seguido pareciendo un libro tan completo y tan claro que pensaba que no se podía añadir mucho a lo dicho por él.

El *value investing* o inversión de valor intenta invertir de

BESTINVER
Sociedad de Inversiones

Paseo de la Castellana, 31
28046 MADRID Telefax: 4195781
Teléfono: 4195663 dealing: 4198162

Acerinox (ACTUALIZACIÓN)

Último informe: Enero 88

Fecha: 30 de Noviembre, 1989
Precio: 1,305% (13.050 ptas.) / 30 de Noviembre, 1989

Recomendación: Mantener

Grupo Consolidado (Millones de ptas.)	1987	1988	1989 (E)	1990 (E)	1991 (E)
Ventas	46.509	76.660	85.000	101.200	116.500
Capital Social	6.050	7.323	8.639	8.639	8.639
Beneficio Neto	5.078	10.306	8.600	14.100	16.730
Cash Flow Neto	12.188	16.347	12.600	18.600	21.230
Beneficio por Acción (ptas.) (*)	625	1.286	995	1.632	1.937
Flujo de Caja por Acción (ptas.) (*)	1.684	2.039	1.459	2.153	2.457
Dividendo Bruto (ptas. por acción)	182	200	200	225	250
P.E.R. (*)	20,9	10,1	13,1	8,0	6,7
R.P.C.F. (*)	7,7	6,4	8,9	6,1	5,3
Rentabilidad por dividendo (%) (*)	1,4	1,5	1,5	1,7	1,9
Capitalización bursátil (Millones de pesetas):	112.738			Precio/Valor Contable:	2,2
ÚLTIMOS DOCE MESES:					
FRECUENCIA DE COTIZACIÓN (%):	95			Máxima (%):	1.860
Volumen medio diario (acciones)	14.762			Mínima (%):	1.067,5

(*) Cifras ajustadas por emisión de derechos. (E) Estimación.

Cuenta de Resultados

	1987	1988	1989 (E)	1990 (E)	1991 (E)
Ventas Netas	46.509	76.660	85.000	101.200	116.500
Coste de las Ventas	20.749	40.934	53.550	61.700	69.900
Margen Bruto	25.760	35.726	31.450	39.500	46.600
Coste de Personal	4.837	5.831	6.500	7.400	8.100
Otros Costes	6.217	7.032	7.800	8.500	9.200
Depreciación	7.110	6.041	4.000	4.500	4.500
Provisiones	112	2.469	400	500	600
Diferencias de Cambio	102	(571)	---	---	---
Otros Ingresos	494	479	500	2.500	500
BAII (Beneficio antes de Intereses e Impuestos)	8.080	14.261	13.250	21.100	24.700
Gastos por Intereses	1.938	859	1.300	1.000	800
Ingresos antes de Impuestos	6.142	13.402	11.950	20.100	3.900
Impuestos	1.064	3.096	3.350	6.000	7.170
Ingresos Netos	5.078	10.306	8.600	14.100	16.730
Flujo de Caja Neto	12.188	16.347	12.600	18.600	21.230

una manera sensata a largo plazo, estimando la capacidad de generación de beneficios futuros de las empresas y pagando un precio razonable por ellas. Esto parece obvio, y lo deberían hacer todos los inversores, pero no lo hacen, por lo que en realidad esos inversores de valor son simplemente inversores sensatos.

Gracias a él conocí a todos los demás maestros de la inversión: Graham, Buffett, Phil Fisher, Tempelton, etcétera. Escribí a Omaha y me enviaron todas las cartas a los accionistas publicadas hasta ese momento por Warren Buffett. Siempre he dicho que su sabiduría intemporal, fuera del circuito de los MBA, es el mejor máster para un estudiante del mundo de la empresa. No sólo profesionalmente, sino también personalmente. Nos extenderemos sobre él más adelante.

Podemos concluir que ese año 1990 fue clave en mi formación como analista y gestor de inversiones, pues coincidieron una serie de factores muy relevantes:

1. Confirmé que había encontrado el tipo de trabajo adecuado para los rasgos esenciales de mi personalidad: la capacidad analítica y la paciencia. Fue un proceso relativamente rápido y bastante claro.

2. Tuve un director de análisis, Santos Martínez-Conde, con una orientación «value» clarísima. Aunque él todavía no conociera a los maestros americanos, aplicaba la valoración fundamental a todas las propuestas de inversión. Coincidí con él dieciocho meses hasta que se fue en enero de 1991, y dejó un hueco como director de análisis que yo pedí llenar. Ahora es consejero delegado de Corporación Alba, el holding de inversión de la familia March.

3. Tuve libertad absoluta para analizar al ritmo deseado las compañías que creía conveniente. Esto redondeó mi formación, como veremos.

4. Encontré a Peter Lynch y a Warren Buffett. Y a todos los demás.

5. Tuve mi primera clase práctica sobre la volatilidad y la «incertidumbre». El 2 de agosto Iraq invadió Kuwait, provocando una crisis global que afectó a todos los mercados. El S&P 500 cayó un 20 por ciento en tres meses, desde los máximos de julio

previos a la invasión hasta los mínimos de octubre. Ese periodo de incertidumbre resultó ser un momento óptimo para comprar acciones, pues el 17 de enero del año siguiente, 1991, una coalición de Estados invade Iraq, y se produce un movimiento alcista que en menos de un mes recupera los máximos previos. Estaba claro que, como siempre habían comentado los clásicos, comprar con las malas noticias era la forma adecuada de sacar partido de la «incertidumbre».

Con estas enseñanzas intuía que había un hueco claro en España para hacer esa gestión que los americanos llamaban «value». El mercado bursátil estaba dominado por la gran banca y por los herederos de los antiguos agentes de cambio y bolsa, entre los que destacaban Asesores Bursatiles y FG, pero la gestión sensata de fondos apenas existía.

Así senté las bases de mi formación, y éstas me han acompañado hasta ahora, sin ningún momento de duda. Me hubiera gustado darle un poco de «chispa» a esta parte de la historia describiendo mis dudas, mis vacilaciones, mis subidas o bajadas de ánimo buscando «mi tiempo perdido». Pero no puedo, porque esas dudas naturales que todos soportamos hasta que ejercemos una profesión se acabaron ese año, rápidamente, con uno solo de experiencia. Supongo que en ese sentido soy de los *happy few* a los que se refería Stendhal. Tenía veinteséis años y veía claro mi futuro a largo plazo.

Cuando gente joven me pregunta cómo empezar en el mundo de la inversión, respondo que tienen que hacerlo ya, en ese mismo instante. Hay dos posibilidades. La primera es que algún alma caritativa en los mercados te dé una oportunidad en algún trabajo relacionado con el análisis o gestión de inversiones. Esto facilita las cosas, siempre que no se adquieran vicios difíciles de quitar más adelante. La segunda, y más probable, es que haya que ser autodidacta, trabajando en otros trabajos que nos sustenten, mientras el tiempo libre lo dedicamos a aprender a invertir de forma correcta. Afortunadamente ahora hay muchos medios para ello.

Yo tuve la suerte de estar durante un año en una situación intermedia, alguien me pagaba, pero me dejaba elegir a qué dedicaba el tiempo de análisis. En cualquiera de los dos casos comentados hay que crear una cartera propia desde el primer momento. La cantidad invertida es irrelevante; lo decisivo es organizar un buen proceso que nos satisfaga a nosotros mismos, y si es posible, que funcione. ¡Cómo vamos a convencer a alguien de que nos dé una oportunidad si no creemos nosotros en ella!

En febrero de 1990 ocurrió otro hecho esencial: Compré mis primeras acciones. Hasta ese momento nunca me lo había planteado. Como he dicho ya, nunca tuve un espíritu comercial infantil, juvenil o de joven adulto, como otros inversores; al revés, me parecía un mundo habitado por especuladores, lejano al mío, que se inclinaba hacia una cierta intelectualidad. Fueron acciones del Banco de Santander. Era un banco mucho más sencillo de analizar de lo que es ahora: tenía una actividad creciente en España, gracias a su agresiva política comercial —lanzaron ese año la primera guerra importante por los depósitos, con la «supercuenta»— y con pequeñas actividades en el extranjero; y cotizaba a un precio razonable —9x veces beneficios— que no reflejaba su capacidad de crecimiento, tanto pasada como futura. Recuerdo los nervios que sufrí toda la mañana hasta que confirmaron la orden. Fue una orden pequeña —50 acciones— pero marcó un punto decisivo en mi vida. (Con esto además demuestro que no tengo una predisposición genética a no invertir en bancos, a pesar de no haberlo hecho desde 1998 a 2012).

Ése fue el comienzo de mi cartera de inversiones personal. No concibo que alguien analice el mercado, emita opiniones de compra o venta o gestione dinero, y no se convierta en accionista de aquello que le gusta. Para mí era ya un impulso irrefrenable: analizaba compañías, y si me gustaban, necesitaba comprarlas, aunque fueran cantidades pequeñas.

A veces hay ciertas restricciones legales para ello, pero haciéndolo con transparencia no hay ningún problema. Más tarde, cuando se estableció el traspaso de fondos con exención de tributación fui vendiendo progresivamente mi cartera para invertir en los fondos, que era lo lógico (antes tenía miedo de que si había algún desencuentro con Bestinver y decidía cambiar de empresa tendría que pagar las plusvalías correspondientes al vender mis fondos).

A partir de mi primera compra fui montando una cartera de valores. Me parecía un momento atractivo, con un entorno muy positivo derivado de la caída del Muro de Berlín y de la entrada de España en la UE y unos precios razonables que me permitían comprar buenos activos a un buen precio. Incluso decidí endeudarme un poco. Calculé mi capacidad de ahorro en los siguientes 2-3 años y, teniendo en cuenta que tenía que devolver el préstamo que había pedido a La Caixa para financiar mi máster en el IESE, pedí tres préstamos de 1 millón de pesetas cada uno: a mi padre, a mi amigo Miguel del Riego y a mi banco.

Ha sido la única vez que me he endeudado para invertir. No tenía compromisos familiares y lo hice moderadamente, después de estimar mis ingresos probables, y con al menos dos financiadores muy flexibles. Siempre hemos dicho que hay que tener mucho cuidado con las deudas. Se pueden hacer excepciones, como las que yo hice, pero siempre pensando que podemos soportar un escenario muy negativo, con pérdidas de más del 50 por ciento, sin sufrir riesgo de impago.

Empecé a invertir ese dinero en varios valores de tamaño pequeño: Ence, Tafisa, Nissan Motor Ibérica, Cevasa, Inacsa, Tudor, Fasa Renault, etcétera. La ventaja de ser pequeño inversor es que con poco dinero se pueden tomar participaciones que tengan impacto en un conjunto de valores. Con esa cartera gané el convencimiento de que me gustaba gestionar dinero y de que lo hacía razonablemente bien. También cometí un error muy grave, que, afortunadamente, no me costó demasiado, ni en dinero ni en amor propio: Nissan Motor Iberica:

Se trataba de la filial española de la multinacional japonesa automovilística Nissan. Tenía una posición atractiva en vehículos industriales con varias plantas de producción en suelo español y ventas en toda Europa. Gracias a las enseñanzas de Lynch creía tener un buen conocimiento sobre cómo invertir en los ciclos y qué tipo de compañías eran de crecimiento. Desde mi punto de vista, Nissan era una compañía de crecimiento, desde España a Europa, con nuevos vehículos en camino, especialmente para pasajeros, donde no estaba presente todavía. Su historia reciente también avalaba la idea de crecimiento.

Sin embargo, con la ralentización económica española después de la resaca de los fastos de 1992: Olimpiadas en Barcelona y Expo en Sevilla, los valores cíclicos empezaron a sufrir enormemente, y mi estupenda compañía de crecimiento, tras el colapso de sus ventas, se convirtió en una vulgar cíclica.

Durante toda la caída de su cotización en 1990 y 1991 había ido aumentando posiciones sistemáticamente, llegando a representar el 40 por ciento de mi cartera personal. Ya veremos más adelante que incrementar posiciones en un valor en caída libre es una de las decisiones más difíciles para un inversor, pues a veces no recuperas nunca la caída. Lo cierto es que en las compañías cíclicas tarde o temprano la situación cambia, por lo que insistir en las compras normalmente es positivo, a pesar de todo.

Inversión en Nissan Motor Iberica

COMPRA			
Fecha	**N.º acciones**	**Precio (Ptas.)**	**Total (Ptas.)**
18 de abril de 1990	100	814	81.400
10 de diciembre de 1990	400	378	151.200
27 de diciembre de 1990	500	339	169.500
18 de febrero de 1991	700	495	346.500
19 de febrero de 1991	50	500	25.750
	1.750		774.350
VENTA			
27 enero 1994	1.750	260	455.000
PÉRDIDA			**319.350**
Las pérdidas en Nissan Motor Ibérica supusieron un 40 por ciento de la inversión, a lo que habría que añadir el coste de oportunidad de tres años buenos de mercado.			

Al final la compañía tuvo problemas muy importantes, rozando la suspensión de pagos y únicamente una opa salvadora en 1994 por parte de la matriz permitió limitar las pérdidas a alrededor de un 50 por ciento de la inversión inicial.

Tras la tremenda concentración que había tenido mi cartera

en Nissan aprendí la lección: hasta en los momentos en que estamos más seguros de nuestras tesis nos podemos equivocar, por lo que es imprescindible diversificar nuestras inversiones. Afortunadamente, gracias al éxito de las otras inversiones no perdí la confianza en mi capacidad para seleccionar valores y compensé sobradamente las pérdidas de Nissan.

Peter Lynch

Un paso por delante de Wall Street, de Peter Lynch, es una lectura decisiva en mi formación inicial. Me enseñó herramientas utilísimas y me ayudó a asentar muchos conceptos que estaban en estado embrionario. Con él, empecé a descubrir a todos los demás inversores relevantes: Warren Buffett, John Neff, John Templeton, etcétera.

Por este motivo, merece la pena hacer en este momento un breve resumen que recoge, en forma de 10 lecciones universales, lo que más me impactó de su lectura:

1. Invierte en aquello que conoces. Siempre lo decimos y hay que insistir en ello. Como dice Lynch, el no profesional de la inversión se puede pasear por un centro comercial y descubrir buenas tiendas con buenos productos. A lo mejor cotizan y a buen precio. Un ejemplo claro es Inditex, posiblemente nuestro mayor error por omisión, teniendo en cuenta, además, que nací a 30 kilómetros de la sede social.

2. Los profesionales están (estamos) sometidos a lo que Buffett llama el imperativo institucional: la tendencia a copiar lo que hacen los demás para minimizar nuestro riesgo personal, no el del cliente. Esto lo he visto a lo largo de mi vida aplicado a consejos de administración, directores generales, políticos, comunidades de vecinos, etcétera. Como decía Keynes (a veces decía cosas sensatas) las personas preferimos equivocarnos juntas que acertar a solas.

3. La bolsa es un juego de riesgo, y éste se reduce con un conocimiento que permita asignar bien las probabilidades. También hay apostadores que trabajando mucho consiguen poner las probabilidades a su favor y obtener una rentabilidad superior de forma con-

sistente. El escritor Charles Bukowski fue un ejemplo con las carreras de caballos.

4. Hay que autoanalizarse: ¿tengo casa?, ¿necesito el dinero?, ¿tengo las capacidades necesarias para invertir? Qué sencillas de enunciar son algunas de ellas, pero qué difíciles de responder. Comprar una casa es un buen punto de partida en la vida. Es cierto que las acciones a largo plazo se comportan mejor, pero una casa es un activo que conocemos muy bien y sabemos cómo valorarlo (vamos a olvidarnos por el momento de algunas burbujas inmobiliarias). En el capítulo 5 nos extenderemos sobre ello.

Invertir con ahorro que no necesitamos se explica por sí mismo, sólo así soportaremos los vaivenes de los mercados. De las capacidades para invertir hablaremos más adelante, pero por ahora baste decir que es la pregunta más complicada de responder, pues en algunos casos tardará años en responderse, y a veces no habrá respuesta o ésta será equivocada.

5. No hay que predecir la economía, salvo en casos excepcionales, ni los mercados a corto plazo. Hay que invertir en empresas. Otro punto esencial, que nos evita huir de la especulación a corto plazo y nos centra en lo importante, la calidad de la compañía y su precio.

6. Hay diferentes tipos de compañías y hay que tratarlas de diferente manera. Se pueden clasificar de muchas formas, y la suya es muy útil: empresas de poco crecimiento, empresas estables de crecimiento, empresas de mucho crecimiento, empresas con activos ocultos, reestructuraciones, empresas cíclicas. Por supuesto que esto simplifica y algunas pertenecen a varias categorías, pero es un buen punto de partida. Cada una merece un tratamiento distinto y nuestras expectativas se deben adaptar a ellas.

7. Características de la compañía ideal: que sea aburrida o desagradable, que ningún analista la siga ni las instituciones inviertan con ella, que no crezca, que tenga un producto de compra repetitiva, que sea usuaria de tecnología, que los empleados o la empresa compren acciones.

Desde luego, si alguna acción de una compañía cumple con estos requisitos será fácil obtener algo de ella. Las compañías de tabacos han sido un claro ejemplo de este tipo de acciones.

8. Por el contrario, hay que huir de la nueva Microsoft o la nueva Coca-Cola, de las compañías que diversifican alegremente, de los rumores y de lo que está de moda.

9. La extraordinaria correlación a largo plazo entre beneficios y cotización de las acciones. Los gráficos de su libro muestran esto con maravillosa simplicidad.

10. Lo mejor: la teoría de la «fiesta». Conforme el mercado va subiendo aumenta el interés de los asistentes a una fiesta o cena por tu actividad, la gestión de fondos, llegando a pedir recomendaciones para invertir. Pero, cuando con la euforia bursátil, nos acercamos al pico del ciclo, los asistentes te empiezan a recomendar sus propias ideas, pues durante un tiempo habrán tenido éxito con ellas. Luego llega la debacle y ya nadie se interesa por ti en las fiestas... Hasta el nuevo ciclo.

Todos hemos vivido esta situación, aunque con otras versiones, en bares, familias, en el futbol, y la seguiremos viviendo. Afortunadamente.

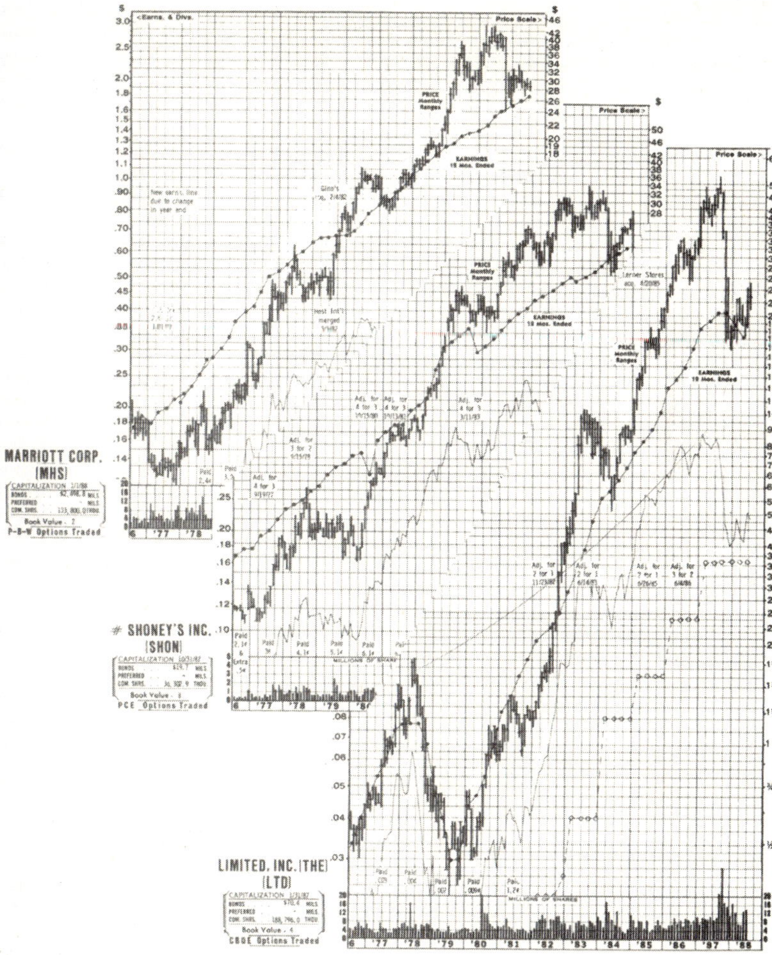

Sus gráficos, que relacionaban beneficios con cotización, ilustraban perfectamente como la cotización a largo plazo sigue fielmente la evolución de los beneficios. Nosotros intentamos reproducir estos gráficos para España, como mostramos en la página siguiente.

Hidrocantabrico

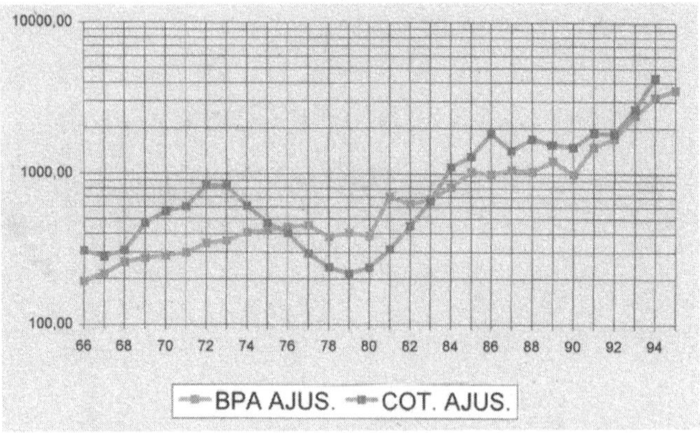

CEPSA

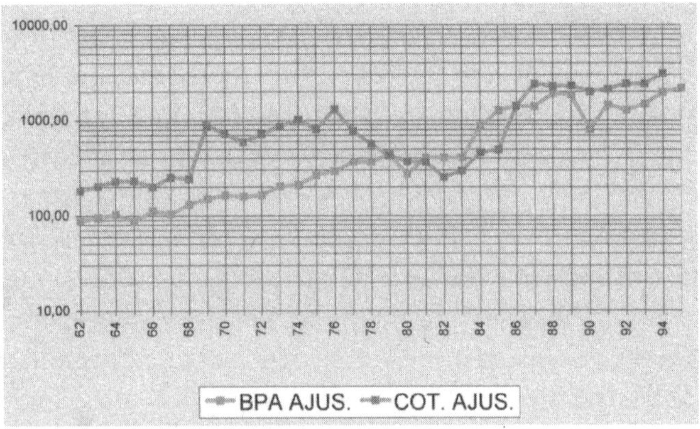

Banco Popular

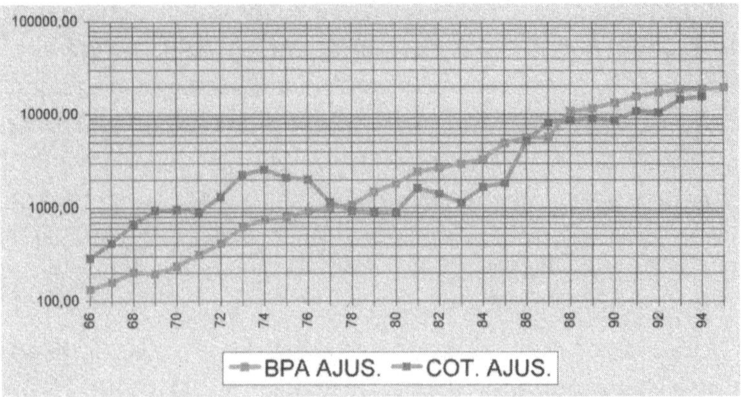

2

Gestión en solitario (1991-2002)

1991-1998: Comienzo a invertir. Ciclo alcista

En Bestinver, mientras tanto, ocurrían cosas. Durante 1990 la actividad de diversificación fue perdiendo fuerza, y a comienzos de 1991 el equipo responsable, liderado por José Ignacio Benjumea, se marchó para desarrollar un proyecto de *private equity* con la Fundación Rockefeller como financiador. Se quedaron como codirectores generales Jorge Mataix y Luis Gabarda. El responsable de análisis y de la gestión de las carteras, Santos Martínez-Conde, también se fue con ellos, por lo que me animé a pedir a los dos codirectores la posibilidad de gestionar las carteras de Bestinver.

Como ya he dicho, me sentía con fuerzas después de un año de recorrido por la bolsa española, analizando casi todos los sectores importantes. Afortunadamente, no había mucho dinero bajo gestión, por lo que para ellos y para la familia no era una locura que yo asumiera esa responsabilidad —estoy escribiendo de memoria, pero serían dos o tres millones de euros—. Si las cantidades hubieran sido más importantes hubiera sido imposible que confiaran en mí, con veintisiete años y uno solo de experiencia.

A pesar de las reticencias de José María Entrecanales, que veía «mucho pantalón corto y pocas canas», aceptaron y comencé a gestionar en 1991.

Ese mismo año lanzamos nuestro primer Fondo, Tibestfond, un monetario que nunca tuvo un gran tamaño, y que luego se convertiría en Bestinver Renta, dando un servicio digno como alternativa a la liquidez. La gestión en bolsa la hacíamos a través de mandatos o carteras privadas de inversión. Gestionábamos pocas carteras y poco dinero, sin ninguna repercusión pública.

1993-1994: Arriba y abajo (o arriba y arriba...)

A finales de 1992 lanzamos Bestinfond, el fondo que con el tiempo se ha convertido en uno de los más rentables de Europa. En su origen era un fondo familiar centrado en bolsa española, que, gracias a la rentabilidad obtenida, paulatinamente iría atrayendo a clientes externos, hasta convertirse más de diez años después en el fondo que representaría nuestra mezcla ideal de bolsa global y bolsa española.

Era un paso muy importante para todos, y había que actuar con cuidado. Después de tres años analizando valores, estudiando la forma de invertir de los maestros Buffett, Graham, etcétera y algo de historia de los mercados, yo ya tenía claro cuál era el estilo de gestión que había que aplicar. Pero había que explicarlo muy bien y no cometer errores graves: se trataba de comprar acciones atractivas en los momentos en que los mercados no las querían o no las valoraban, sin preocuparnos de la evolución general de la economía o las bolsas.

Recordemos que los mercados bursátiles globales llevaban diez años de recorrido alcista, que había comenzado cuando a comienzos de los años ochenta Paul Volcker, presidente de la Reserva Federal (el Banco Central estadounidense), había roto la espiral inflacionaria de la economía americana. Este recorrido se interrumpió por el gran susto de octubre de 1987, que, sin embargo, no provocó pérdidas duraderas en los mercados internacionales, continuando los índices con alzas durante algún tiempo.

En España la bolsa sí que mantuvo un comportamiento algo errático a partir de 1987. La economía crecía de una forma desordenada, culminando con una recesión en el invierno de 1992-1993 originada por la resaca del exceso de gasto de años anteriores. En mayo de 1993 se produjo la tercera devaluación de la peseta en poco tiempo, que unido a la mejora de las economías externas, permitieron la recuperación económica.

Teníamos la suerte, por tanto, de que después de esos años algo irregulares, agravados por la primera guerra del golfo Pérsico, la bolsa española se situaba en diciembre de 1992 al mismo nivel de diciembre de 1987 y un 35 por ciento por debajo de los máximos de 1989. Cuando un mercado está estancado durante un periodo tan largo lo natural es que esté embalsando revalorizaciones futuras. Los precios de los grandes valores, bancos, eléctricas, etcétera, eran sumamente atractivos y, por consiguiente, no era necesario incidir en las compañías pequeñas, donde, obviamente, aun habiendo más valor, había que dar más explicaciones a los clientes. Y ya sabemos: no es lo mismo equivocarse con Telefónica que con una compañía desconocida.

La cartera inicial de Bestinfond (ver tabla en la página siguiente) tenía un alto porcentaje de la inversión en las grandes compañías, más del 70 por ciento, con Telefónica, Bilbao-Vizcaya, Banco de Santander, Bankinter e Iberdrola suponiendo casi el 50 por ciento de la inversión en renta variable. Sin embargo, ya encontramos en ella algunos de los pequeños valores que tan buen resultado nos darían a lo largo del tiempo, como Electra del Viesgo, Hullas del Coto Cortés o Vidrala. También Acerinox, por supuesto.

El año 1993 fue un año positivo para las bolsas globales y excepcional para el mercado español, con una subida del 46 por ciento del IGBM (Índice General de la Bolsa de Madrid), ayudado por una fuerte caída de los tipos de interés en España: las letras del Tesoro pasaron del 13,5 al 7,75 por ciento en menos de 12 meses. Bestinfond tuvo también un comportamiento muy bueno, revalorizándose un 44 por ciento, especialmente si tenemos en cuenta que durante los tres primeros trimestres mantuvimos altos niveles de liquidez,[1] ¡cercanos al 50 por ciento!, que

1. La liquidez es el nivel de tesorería o caja que no está invertido en acciones. Todavía no era tan consciente del peligro de la liquidez, que en aquel tiempo todavía estaba remunerada satisfactoriamente, alrededor del 10 por ciento anual, como hemos visto. Además, como también veremos más adelante, estos periodos de alta liquidez han sido muy cortos, con el mercado ajustándose casi inmediatamente, permitiendo una rápida reinversión.

Cartera inicial de Bestinfond (31/12/1992)

Valores	Inversión
Bankinter	18.495.840
Bilbao-Vizcaya	47.268.000
Pastor	10.764.000
Popular	10.780.000
Santander	34.872.797
Enher	8.308.000
Cantabrico	11.407.500
Iberdrola	16.900.000
Reunidas	3.888.750
E. de Viesgo	6.842.750
Campofrio	2.550.000
Ebro	3.792.000
Aumar	1.950.000
Acesa	17.100.000
Finan. Alba	3.750.000
Vidrala	4.500.000
Cubiertas	31.955.000
Metrovacesa	5.700.000
Acerinox	1.533.600
Hullas C. Cortes	10.603.800
Indo	3.000.000
Tabacalera	12.090.000
Telefónica	30.780.000
TOTAL RENTA VARIABLE	**298.832.037**
Letras del Tesoro	1.960.094
Repos Deuda	252.277.797
TOTAL FONDOS PUBLICOS	**254.237.891**
TOTAL CARTERA INTERIOR	**553.069.928**
TOTAL CARTERA A COSTE	**582.224.810**
VALOR EFECTIVO CARTERA (pesetas)	**553.069.928**

Fuente: CNMV.

únicamente redujimos algo al final de año, acabando éste con un 30 por ciento de caja. La continua subida a lo largo del año hacía imposible invertir completamente, pues no es sano perseguir las cotizaciones mientras suben.

En general es más complicado batir a los índices en mercados alcistas, pero con la mitad de inversión obtuvimos resultados similares a un índice de referencia con una fuerte revalorización, lo que no estaba nada mal tratándose de nuestro primer año con un fondo público enfocado a la bolsa. Terminamos el año reduciendo nuestra posición en grandes valores hasta el 40 por ciento de la cartera, y aparecen otros clásicos como Elecnor, Citroën, Lingotes Especiales o Unipapel. Algunos de ellos tuvieron revalorizaciones superiores al cien por cien en ese año 1993.

Con ello llega 1994. En febrero Alan Greenspan sube de forma sorpresiva los tipos de interés y todos los mercados acaban teniendo un mal año. Nosotros lo empezamos con una cartera conservadora, y aprovechamos la caída a partir de febrero para incrementar la inversión en renta variable, que en el segundo trimestre ya estaba por encima del 90 por ciento, llegando al 95 por ciento en la segunda mitad del año.

El IGBM sufrió al final una caída del 11,70 por ciento en 2004, pero Bestinfond se revalorizó un 5,28 por ciento, y fue el fondo más rentable en bolsa española ese año. Los grandes valores son los que más sufrieron y nuestra reducida exposición a ellos facilitó el buen comportamiento de la cartera. Los bancos, Santander, BBV, Popular, Argentaria y Bankinter representaron, sin embargo, entre el 30 y el 40 por ciento de la cartera a lo largo del año. Desde la perspectiva de 2016 y conociendo nuestra historia, esto puede parecer curioso, pero con el sólido desarrollo de la Unión Europea, después de la firma del Tratado de Maastricht en 1992, las perspectivas económicas españolas parecían muy sólidas, y la banca era una manera sencilla de aprovechar esa oportunidad.

Este año 1994 fue decisivo. Demostramos que sabíamos nadar con traje de baño tanto en un mercado alcista como 1993 como en uno bajista como 1994. Cuando bajó la marea no estábamos desnudos, como Buffett avisa que suele ocurrir. La bolsa subía y el fondo subía; y la bolsa bajaba y el fondo subía. Nos dieron nuestro primer premio a la gestión, y al publicarse cada día en los principales periódicos económicos del país el valor liquidativo (o NAV, Net Asset Value, que es el precio al que cotiza un fondo por cada participación en el mismo) y la rentabilidad del fondo, progresivamente los futuros clientes nos iban conociendo.

La confianza con estos clientes, especialmente con los más importantes, la familia Entrecanales, se cimentó durante ese bienio y fue una sólida base para sobrevivir juntos a los acontecimientos que nos tocaron vivir en los siguientes veinte años.

1995-1997: La euforia se desata

Durante los tres años siguientes, desde 1995 hasta finales de 1997, los mercados tuvieron un comportamiento extraordinario. Después de la guerra del Golfo, que había retrasado temporalmente la recogida de los frutos derivados de la caída del Muro de Berlín y el consiguiente desarrollo de la economía de mercado en prácticamente todo el mundo, no había excesivas incógnitas y vivimos los últimos años del largo ciclo alcista iniciado casi dos décadas antes, a principios de los años ochenta.

Ese ciclo positivo comenzó con las políticas liberalizadoras iniciadas en el Reino Unido y Estados Unidos. Después de los desastrosos años setenta, llegó por fin un punto y aparte en su política de expansión pública (que culminó con la guerra de Vietnam y la «gran sociedad» del presidente Johnson en Estados Unidos y con los negativos efectos de las numerosas nacionalizaciones en el Reino Unido desde la posguerra: el «invierno de nuestro descontento» y la ayuda del FMI a este país). Además, esta liberalización fue progresivamente copiada en mayor o menor medida en todo Occidente (como demostró el cambio de rumbo del presidente Miterrand en Francia).

El primer trimestre de 1995 todavía fue negativo. El IGBM descendió un 5,66 por ciento, con inestabilidad política en España —la trama GAL, terrorismo de Estado, estaba en su apogeo— y una nueva devaluación de la peseta. Pero en junio la Fed bajó de nuevo los tipos de interés y casi sin respirar los mercados encadenaron 36 meses insólitos. El IGBM pasó de 268,85 puntos el 31 de marzo de 1995 a 888,67 puntos el 31 de marzo de 1998, más que triplicando su valor en tres años.

Es cierto que desde 1989 el mercado no se había movido significativamente, pero también lo es que el ciclo alcista ya venía de lejos: el índice madrileño se había multiplicado por 12 desde 1980, cuando comenzamos a salir de la fuerte crisis de los años setenta. En fin, una evolución extraordinaria en tres años insuperables. Hoy, en junio de 2016, dieciocho años después, el IGBM se sitúa en 780 puntos. La crisis bancaria posterior ha tenido parte de culpa en este mal comportamiento, pero el altísimo punto de partida que supone una revalorización previa como la comentada, dificulta cualquier evolución posterior.

La rentabilidad obtenida por nuestra cartera durante esos tres años gloriosos fue estupenda en términos absolutos, triplicando también su valor liquidativo, pero algo inferior a la del mercado. Ya hemos comentado que cuando el mercado sube mucho es bastante más difícil hacerlo mejor que él. Siempre es más fácil crear valor relativo en las caídas.

Hay que destacar, no obstante, que en nuestro caso esa revalorización se produjo de nuevo con un alto nivel medio de liquidez durante todo el periodo: el 25 por ciento. Esto refuerza el valor de la subida, pero también pone de manifiesto grandes momentos de duda. De hecho, unas acciones cada vez más inaccesibles nos hicieron incrementar paulatinamente la tesorería a lo largo del periodo. Ya desde los últimos meses de 1995 nos venía costando encontrar suficientes ideas para invertir el cien por cien del patrimonio en bolsa, y por ese motivo terminamos el año con un 19 por ciento de liquidez, que ya mantuvimos e incrementamos ligeramente durante el resto del periodo.

Otra transformación que se produjo en la cartera fue la progresiva desaparición de los grandes valores. A finales de 1996 representaban ya sólo un 20 por ciento. Por el contrario, la lista de valores secundarios empezaba a ser larga: Electra del Viesgo, Cubiertas, Fiponsa, OMSA, Caf, BP Oil... (la filial española de BP, donde curiosamente recibimos dos opas: acudimos a la primera, recompramos más tarde y posteriormente BP lanzó una opa de exclusión, a la que también acudimos).

En diciembre de 1996, el presidente de la Reserva Federal, Alan Greenspan, realizó su famoso comentario acerca de la «exuberancia irracional» de los mercados bursátiles. Después de las subidas de precios de esos años, las acciones comenzaban a estar sobrevaloradas. Los mercados cayeron brevemente los días siguientes, para más adelante continuar con sus subidas.

En España el centro-derecha ganó en 1996 unas elecciones por primera vez desde 1979, y se veía cada vez más claro que se podía entrar en la primera fase de la Unión Monetaria, lo que daba alas a los mercados.

En 1997 nos mantuvimos con un nivel de liquidez muy alto: un 30 por ciento. Poco a poco nos deshicimos completamente de los grandes valores: Banco de Santander, Repsol y otros. Continuamos centrados en valores medianos que se habían quedado rezagados, reforzando posiciones especialmente en ERZ y Enher, valores eléctricos muy defensivos. La venta de Banco de Santander fue un suceso relevante para mí, al tratarse de la primera acción que compré, en 1990. Después de siete años el precio de mercado reflejaba ya su capacidad de generar beneficios a largo plazo. Empezaba a tener dudas sobre la banca, y hoy casi veinte años después la acción del banco se encuentra en niveles parecidos de cotización...

El mercado no atisbaba ningún problema en el horizonte. Sólo al final de 1997, durante mi luna de miel en Italia, empezaron a surgir algunas pequeñas dudas desde Oriente, con alguna debilidad en el Sudeste asiático, pero el mercado las absorbió sin problemas. Llevábamos quince años en el mayor mercado alcista del siglo XX, y parecía que no se iba a parar ante nada.

1998: Final de ciclo

Lentamente nos vimos inmersos en el centro del huracán, en medio del peor momento para un inversor sensato: el final de un largo ciclo alcista. Y sí, tenía todo el aspecto de eso.

En el primer trimestre de 1998 el IGBM se revalorizó un 40,9 por ciento, mientras que Bestinfond se quedó en el 22,12 por ciento. ¡Un 40 por ciento en un trimestre después de dos años con subidas del 41 por ciento! No sé si ha habido en la historia de los mercados un trimestre parecido, pero en aquel momento me parecía una completa locura.

Como continuábamos con las ventas de valores, al final de ese primer trimestre la liquidez se situó en el 32 por ciento. Nunca antes (salvando los inicios) habíamos mantenido una liquidez tan elevada.

Era también la primera vez que se podía cuestionar nuestro trabajo porque obteníamos una rentabilidad significativamente inferior a la del mercado. De hecho, en los inicios de 1998 empezamos a tener problemas con algunos clientes. No era fácil hablar de filosofía de inversión en esa situación de mercado. Muchos inversores habían obtenido, y seguían obteniendo, grandes ganancias invirtiendo personalmente, y pensaban que éramos nosotros los equivocados. Como explicaba Peter Lynch en su teoría de la fiesta, en esos momentos son los clientes los que te explican dónde debes invertir. Es la euforia final de ciclo, imposible de combatir más que con tiempo y paciencia.

La paciencia no sólo consiste en esperar a que suban los valores en los que hemos invertido, sino también en saber esperar a que valores caros bajen hasta situarse a precios interesantes. Y esto puede resultar todavía más difícil.

Me vi obligado a visitar personalmente a algunos clientes para tranquilizarlos y explicarles que era un momento muy peligroso en el que toda cautela era poca. Al final algunos clientes abandonaron la gestora y por primera vez tuvimos que mantenernos firmes ante la irracionalidad externa.

En verano de 1998 teníamos posicionada la cartera con una liquidez extrema: un 31 por ciento del patrimonio. Además, la liquidez hubiera sido superior al 60 por ciento si no hubiera sido por nuestra inversión en las filiales de la eléctrica Endesa.

Teníamos algo menos del 30 por ciento del patrimonio entre Electra del Viesgo, ERZ, Enher y Saltos del Nansa, buenas compañías distribuidoras y con unos activos de generación extraordinarios, fundamentalmente hidráulicos. Se trataba de los mejores activos eléctricos a precios muy razonables, dadas las circunstancias de mercado; por eso esta inversión será la más importante que hayamos hecho en veinticinco años en un único «tema».

En esta concentración puntual en un solo sector, influyó la relación que entablé con un profesor de sociología de la Universidad Complutense de Madrid, Xavier Cuadrat. Xavier es un aficionado a los mercados que comenzó a invertir sus ahorros a principios de los ochenta, cabalgando sobre el largo mercado alcista. Tenía y tiene, aunque ahora apenas lo veo, la particularidad de adentrarse profundamente en las entrañas de las compañías. Acude a juntas generales en sitios insospechados, habla con quien puede y visita los activos donde quiera que estén, compaginando en sus viajes las iglesias románicas con los saltos de agua.

Yo ya venía haciendo este tipo de cosas (recuerdo una junta de Prim, compañía distribuidora de productos médicos, en la que tenía la sensación de haberme colado en el bautizo o

Cartera de Bestinfond (30/06/1998)

Valores	Inversión (millones de pesetas)	% Total
C.A.F	276	2,54
Electra de Viesgo	1.037	9,54
Reunidas de Zaragoza	1.082	9,96
Elecnor	494	4,55
Ence	0	0,00
Enher	1020	9,39
Acerinox	103	0,95
Cevasa	146	1,34
Cevasas Nuevas	0	0,00
Fasa Renault	281	2,59
Frimancha I. Camicas	4	0,04
Grupo Anaya	352	3,24
H. Cantabrico	94	0,87
Hullas Coto Cortes	163	1,50
Hullera Vasco Leonesa	72	0,66
Koxka	94	0,87
Iberpapel	88	0,81
Indo Intern.	38	0,35
Lingotes especiales	41	0,38
Liwe España	0	0,00
Oscar Mayer	254	2,34
Papelera Navarra	526	4,84
Prim	115	1,06
Roberto Zubiri-A	6	0,06
Saltos del Nansa	14	0,13
Uniland	39	0,36
Unipapel	340	3,13
Dchos. lingotes Esp. Serie A	16	0,15
Dchos. lingotes Esp. Serie B	17	0,16
TOTAL RTA. VARIABLE	**7.475**	**68,80**
TOTAL CART. INTERIOR	**10.865**	**100,00**
TOTAL CARTERA	**10.865**	**100,00**

Fuente: CNMV.

Informe alternativo sobre Endesa y sus filiales

SUMARIO DE LAS VALORACIONES

Canjes según criterios utilizados por los accionistas minoritarios de Enher, ERZ, Viesgo y Saltos del Nansa y según propuesta de Endesa (únicamente para las filiales donde existen diferencias significativas):

CRITERIOS ACCIONISTAS MINORITARIOS
1 Enher x 2,57 Endesa
1 ERZ x 3,66 Endesa
1 Viesgo x 2,54 Endesa
1 Nansa x 8,04 Endesa

CRITERIO ENDESA
24 Enher x 25 Endesa + 200 Ptas
1 ERZ x 2 Endesa + 38 Ptas
14 Viesgo x 23 Endesa + 345 Ptas
5 Nansa x 19 Endesa + 171 Ptas

Siguiendo los modelos de valoración que describimos más adelante, obtenemos el siguiente valor objetivo por acción para el Grupo Endesa.

VALORACIÓN GRUPO ENDESA	*Millones de ptas.*
ACTIVOS	**3.969**
Activos Eléctricos Matriz	992
Valoración Filiales	1.765
Diversificación Matriz	219
Internacional Matriz	436
Otros activos Matriz	557
PASIVOS MATRIZ	**1.000**
Deuda Neta	795
Pensiones	205
PATRIMONIO NETO	**2.969**
N.° Acciones (millones)	954,8
VALOR ENDESA/ACCIÓN (ptas.)	**3.109**

Utilizando exactamente los mismos criterios de valoración, obtenemos las siguientes valoraciones para sus filiales

VALORACIÓN FILIALES	*Valoración (miles mills. ptas.)*	*Valoración (ptas./acción)*
Enher	501	8.016
ERZ	220	11.340
Viesgo	154	7.897
Sevillana	560	1877
Fecsa	428	2.055
Gesa	134	11.814
Nansa	25	25.000
Elcogas	8	---
Unelco	200	6.529

comunión de algún hijo de la familia), pero él me hizo todavía más presente la necesidad de seguir ese camino. Terminé recorriendo los impresionantes saltos de agua del Tajo y del Duero o bajando a las minas de carbón de la Hullera Vascoleonesa.

Gracias a esos conocimientos pudimos tener una inversión tan fuerte en lo que era básicamente una sola idea eléctrica.

Como «anécdota», hay que reseñar que finalmente Endesa lanzó en 1998 una operación de fusión con todas sus filiales, con una ecuación de canje muy favorable para ella que no reflejaba el valor real de los activos de las filiales (ver página anterior). Desafortunadamente no conseguimos que mejoraran la oferta, como si habíamos conseguido previamente en las filiales españolas de PSA-Citroën y de Renault (aunque en éstas se trataba de opas de exclusión, donde la CNMV tiene la última palabra). Para Endesa era una operación importante, que ayudaría a mitigar la pérdida de valor de sus inversiones en Latinoamérica, por lo que se aferró con uñas y dientes a sus ecuaciones de canje, apoyada por un valorador «independiente», Deloitte, que no hizo uno de sus mejores trabajos. Sopesamos acudir a la vía judicial, pero decidimos no hacerlo ante lo dudoso del resultado de un proceso largo y lento, que no conseguiría más que distraernos.

Activismo

Siempre hemos dicho que no somos activistas y que sólo invertimos en empresas bien gestionadas en las que hay poco que cambiar. Podemos hablar de dos excepciones a esto:

- Cuando se produce una operación manifiestamente injusta, como las comentadas, y como sucedió con Ciba en 2008.
- Que haya una controversia entre dos «bandos» en el accionariado que nos obligue a tomar partido. Cuando ocurre esto es que, normalmente, nos hemos equivocado y la

compañía no va por el camino adecuado. Un caso reciente de esto ha sido Koenig & Bauer, uno de los líderes mundiales en maquinaria de impresión, donde unos accionistas minoritarios querían cambiar al equipo de gestión.

En cualquier caso, iniciamos el «activismo» cuando nuestra participación es relevante; cuando es pequeña nos dejamos llevar por otros accionistas más significativos, pues no sería un uso eficiente de nuestro tiempo, que es nuestro recurso más escaso.

En condiciones normales nos limitamos a insistir en la bondad de recomprar acciones, pues si invertimos en una compañía es porque pensamos que el mercado no refleja el valor de los activos. En ese caso, reducir el número de acciones a ese precio de mercado tiene sentido económico. Por lo demás, cuando nos preguntan sobre cualquier asunto relacionado con la gestión, respondemos educadamente según sean nuestros limitados conocimientos, declinando participar en los consejos de administración.

Y no participamos en consejos por varias razones:

- No tenemos tiempo. Al tener una cartera diversificada de acciones no es posible atender los enormes requerimientos que supone ser consejero de una empresa cotizada.
- No tenemos el conocimiento. Los detalles del sector y de la compañía en cuestión son únicos, por lo que se dificulta entrar en profundidad en la gestión. Nos encantaría ese nivel de conocimiento, pero limitaría el tiempo que tendríamos para dedicar a otras compañías.
- Limitaría la flexibilidad en nuestra gestión, restringiendo la compra o venta de acciones a ciertos periodos temporales, para no caer en el delito de información iniciada. Esta restricción puede ser contraria a nuestros intereses y al de nuestros partícipes.
- Ésta ha sido nuestra postura siempre, que la nueva legislación española ha «reforzado» al no permitir a una gestora nombrar consejeros en las compañías donde esté invertida

para... ¡no influir en la gestión! Sobran los comentarios: la burocracia en acción.

En cualquier caso, hay que tener en cuenta que tenemos bastante debilidad hacia las compañías familiares, representando históricamente más del 70 por ciento del patrimonio de nuestras inversiones. De esta manera delegamos en las familias el control de la gestión y de los gestores. Quién mejor que la familia propietaria para vigilar que los gestores están velando por el interés del accionista a largo plazo. Obviamente también hay que vigilar que no haya nepotismo, con familiares no cualificados involucrados excesivamente en la gestión. Hablaremos de todo ello en la segunda parte del libro.

Final de ciclo

En el verano de 1998 la crisis, y su detonante, se estaba larvando. Ya hemos dicho que en 1997 había habido en Asia algún atisbo de lo que sucedería después. Muchas economías en desarrollo, como Tailandia, Malasia o Indonesia, estaban creciendo con fuertes desequilibrios, especialmente externos, y necesitaban un flujo constante de inversión exterior para financiar ese crecimiento.

En 1998 esos problemas fueron agravándose, extendiéndose a otros países como Rusia, afectada también por la caída del precio del petróleo, y los latinoamericanos. Esto provocó que uno de los *hedge funds* más grandes y prestigiosos del mundo, LTCM, dirigido por una constelación de profesionales de Wall Street y premios Nobel de Economía, tuviera dramáticos problemas de liquidez que hicieron conveniente su rescate. La Fed, además, inyectó en el sistema dosis extraordinarias de liquidez a través de sucesivas bajadas de los tipos de interés.

Con ese rescate, la crisis de ese verano de 1998 se solventó, pero la liquidez inyectada en el sistema sembró la semilla de una crisis todavía mayor dos años después.

Afortunadamente, los mercados utilizaron esta buena excusa

(siempre la encuentran) para corregir unas cotizaciones elevadísimas. Entre los últimos días de julio y los primeros de septiembre el índice en España (que en ese momento llevaba una subida del 50 por ciento desde enero) cayó alrededor de un 40 por ciento, mientras nuestro fondo caía un 10 por ciento. Esto nos permitió reinvertir la mayor parte de la liquidez a unos precios mucho más atractivos. Terminamos el año con una liquidez del 10 por ciento. Y en el conjunto de 1998 obtuvimos una rentabilidad del 30 por ciento, inferior a la del mercado, que fue del 37 por ciento, pero era ya una diferencia honrosa, y la volatilidad y el nivel de riesgo de nuestra inversión habían sido mucho menores. Esto es esencial, insistimos: asumiendo de nuevo mucho menos riesgo.

Desde mi punto de vista, el final del ciclo alcista de casi veinte años se produjo en el verano de 1998. El Dow Jones había subido desde 790 en 1982 hasta 9.000 en ese verano de 1998, multiplicándose por más de 10, la mayor revalorización de la historia para ese periodo de años.

Buffett lo explicó muy bien en un artículo publicado en *Fortune* el 22 de noviembre del año 1999. Se había obtenido en diecisiete años un 19 por ciento anual de rentabilidad invirtiendo en acciones, algo insólito para ese periodo. Y las expectativas para los próximos diecisiete años las limitaba a un 4 por ciento anual como máximo. No es un profeta, pero diecisite años después la rentabilidad real anual del Dow Jones ha sido del 2 por ciento.

En marzo de 2000, cuando se produjo el máximo histórico de muchos índices, había numerosas compañías atractivas, como veremos, pero en ese verano de 1998 en prácticamente todos los mercados era imposible encontrar valor. El sector más barato en España cotizaba a PER 17 y la media de la bolsa española a PER 25. Los bancos a 5x su valor contable...

Nuestra actitud a lo largo de ese periodo tan alcista fue intentar aprovechar, en general con valores secundarios, las posibilidades que ofrecía el mercado, preparando al mismo tiempo la cartera para lo que antes o después tendría que ocurrir: una fuerte caída de las cotizaciones. Ésta se pospuso en 1998 por la ayuda de la Fed, con su inyección de liquidez, pero no se podría evitar meses después.

Ratio PER IBEX

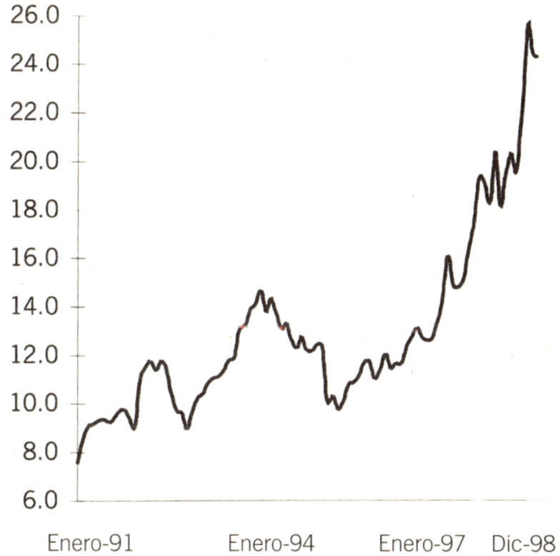

Valoración de mercado

	1997	Marzo 1998	Abril 1998	Mayo 1998
Crecimiento del BPA (%)	13,5	13,0	14,2	14,2
Retorno sobre Fondos Propios (%)	12,2	12,8	13,0	13,0
Rentabilidad por dividendo (%)	2,4	1,9	2,0	2,0
Intereses a largo plazo (%)	5,6	5,1	5,1	5,0
PER (x)	20,5	25,6	24,4	24,3
Ibex 35	**7.255**	**10.209**	**10.025**	**10.005**
IGBM (Índice General de la Bolsa de Madrid)	**632**	**889**	**871**	**875**

Fuente: AB Asesores Morgan Stanley Dean Witter Research.

Valoración del sector bancario (precios a 29/05/1998)

Bancos		Rentabilidad Relativa	%		Crecimiento BPA	PER	PER Relativo	Precio / FC (Flujo de Caja)	Rentabilidad por Dividendo (%)		Rentabilidad Relativa
1	15.168,7	**1M**	-3,2	**97**	28,0	31,2	1,1	14,4	1,3	1,6	0,9
2	5,0	**3M**	-6,3	**98E**	21,9	25,4	1,1	17,0	0,2	2,0	1,0
3	n.m.	**12M**	23,7	**99E**	17,2	21,7	1,0	16,2	0,2	2,3	1,0

Fuente: AB Asesores Morgan Stanleu Dean Witter Research.

		Último precio		%		EPS	P/E	CFPS	P/CF	Divid.	Yield (%)
Argentaria	**4M**										
1	1.581,5	**12.910**	**1M**	2,0	**97**	514	25,1	573	22,5	295	2,3
2	4.690	14.350	**3M**	-0,3	**98E**	600	21,5	700	18,5	314	2,4
3	n.m.	7.200	**12M**	11,0	**99E**	689	18,7	811	15,9	341	2,6
Bankinter	**3M**										
1	411,9	**9.950**	**1M**	-3,2	**97**	433	23,0	480	20,7	228	2,3
2	3.343	11.880	**3M**	**-10,7**	**98E**	477	20,8	521	19,1	286	2,9
3	n.m.	6.800	**12M**	-24,0	**99E**	533	18,7	570	17,4	320	3,2
B.B.V.	**2M**										
1	5.147,0	**7.610**	**1M**	-2,3	**97**	194	39,3	416	18,3	96	1,3
2	1.147	8.060	**3M**	-4,2	**98E**	259	29,4	439	17,3	129	1,7
3	mm.	3.366	**12M**	43,6	**99E**	310	24,5	432	17,6	155	2,0
B.C.H.	**4M**										
1	1.829,6	**4.965**	**1M**	-2,7	**97**	129	38,6	271	18,3	64	1,3
2	1.097	5.190	**3M**	-6,0	**98E**	176	28,1	315	15,8	88	1,8
3	n.m.	2.262	**12M**	34,8	**99E**	217	22,9	347	14,3	109	2,2
Popular	**3L**										
1	1.360,5	**12.020**	**1M**	-5,7	**97**	595	20,2	711	16,9	300	2,5
2	2.641	15.240	**3M**	-22,1	**98E**	656	18,3	746	16,1	329	2,7
3	n.m.	7,647	**12M**	-2,4	**99E**	719	16,7	815	14,7	359	3,0
Santander	**2M**										
1	4.377,6	**7.630**	**1M**	-5,4	**97**	231	33,0	882	8,7	122	1,6
2	1.141	8.210	**3M**	-5,1	**98E**	283	27,0	450	17,0	134	1,8
3	n.m.	3.700	**12M**	15,1	**99E**	335	22,8	460	16,6	167	2,2

1. Capitalización Bursátil (pta. Bn)
2. Valor Contable/Acción
3. Deuda Neta/Fondos Propios

Fuente: AB Asesores Morgan Stanley Dean Witter Research.

Con la perspectiva que da el tiempo siento que estos años fueron probablemente los más importantes de mi vida profesional. Conseguir sobrevivir al final del mayor ciclo alcista del siglo xx con una rentabilidad razonable y siendo consciente del peligro que se avecinaba en los siguientes años, no es tarea sencilla. No sólo era necesario conocer bien los mercados y las compañías, sino también a uno mismo y al entorno, y ser capaz de gestionar todo ello adecuadamente. En estas circunstancias de mercado, el cliente, que sin apenas esfuerzo tiene éxito con sus inversiones particulares, piensa que sabe más que los profesionales.

Atravesar ese temporal indemne me preparó para superar las crisis que vinieron después, la tecnológica de 2000 o la financiera de 2008. Ambas tormentas, vistas desde los sucesos de finales de los noventa, hasta pueden parecer juegos de niños.

1998-2002: Ciclo bajista. La cartera global

Hasta ahora esta pequeña historia se ha referido a nuestra cartera de bolsa española. Bestinfond hasta aquel momento sólo invertía en España.

A principios de 1998, se produjo un hito esencial: lanzamos Bestinver Internacional. Su principal impulsor fue el director general en aquel momento, Javier Colomina, que insistió en que ése era el futuro. Yo acepté la propuesta con una fuerte dosis de escepticismo.

Es cierto que para gestionar bolsa española teníamos que tener en cuenta el entorno global y el contexto de cotización de las compañías comparables (no tiene sentido analizar Telefónica en el vacío, por ejemplo). Sin embargo, siempre he pensado, y todavía pienso, que hay que centrarse en lo que haces bien. Y en aquel momento lo que sabía hacer era gestionar bolsa española. No tenía nada claro si estaba capacitado para invertir globalmente.

Pero nos pusimos manos a la obra, y el primer año fue un desastre absoluto de resultados... No de filosofía, ni de experiencia, ni de siembra, pero sí de resultados.

Al carecer de la seguridad necesaria para desde el principio establecer con convicción una cartera, y ante la dificultad adicional que suponía un mercado muy sobrevalorado, mantuvimos una alta inversión en renta fija durante gran parte del año, alrededor del 50 por ciento. La inversión en renta variable la diversificamos con fondos y otros productos, como bonos referenciados a materias primas.

La apuesta en renta variable en ese momento de final de ciclo era aprovechar la baja cotización de los mercados asiáticos y de las materias primas (¡cómo recuerda esto a finales de 2015, momento en que escribo!). La inversión en acciones asiáticas a través de fondos o productos estructurados suponía un 20 por ciento de la cartera; la exposición a petróleo y otras materias primas un 15 por ciento (cotizando el petróleo a 15 dólares el barril); y por último, menos del 10 por ciento en un limitado grupo de acciones de compañías pequeñas europeas.

Las materias primas nunca han tenido un peso significativo en nuestras inversiones, pues se está demasiado expuesto a precios impuestos por el mercado, pero en aquellos momentos, como en 2015, se producían oportunidades que merecía la pena aprovechar.

Un fondo con una estructura tan rara y con poca convicción, no podía dar buen resultado a corto plazo, y así fue. Penalizado por una caída adicional del crudo, desde 15 a debajo de 10 dólares, y por la falta de recuperación de los mercados asiáticos, el año terminó con una pérdida del 14 por ciento. ¡No está mal para ser el primer año de un fondo! Especialmente si tenemos en cuenta que los índices globales subieron un 10 por ciento ese año.

Superar situaciones como ésta es esencial para un inversor que quiere hacer las cosas correctamente a largo plazo. No sólo es clave, sino que es inevitable: estas malas rachas siempre van a existir. Siempre, y para todos los gestores. Hay que pasar por ello. Para tener éxito en esa travesía se necesitan tres cosas: Primero, haber construido la confianza de los inversores y del entorno en general. Segundo, estar dispuesto a no hacer concesiones y no cambiar de filosofía. Tercero, que no dure mucho esa racha, ¡por favor!

En nuestro caso ayudaba el pequeño tamaño del fondo,

Cartera de Bestinver Internacional (30/09/98)

VALORES	Inversión	% Total
TOTAL ACTIVOS MONETARIOS	**11**	**13,53**
Bonos del Estado 11512	10	0,00
Bonos del Estado 11462	0	10,53
Total Adquisición Temporal	**10**	**10,53**
TOTAL RENTA FIJA ESPAÑOLA	**21**	**24,06**
TOTAL RTA. VARIABLE ESPAÑOLA	**0**	**0,00**
TOTAL CARTERA INTERIOR	**21**	**24,06**
Letras Del Tesoro E Alem.	85	15,79
Bonos Den Danske Bank	27	4,51
Bonos Gohnan Sachs Petroleum	17	0,00
Argentaria PFD 7.2 Serie C USD	9	1,88
Federal Home Loan Bank	15	3,01
Bonos Fnma 5% 16-02-01 Dem	27	5,08
DSL Bandk 6,25% Vto 29-12-99	27	5,08
B. Birds Notes On Nikkei USD	46	9,21
Bonos BNP Finance 4% GRD	15	2,63
TOTAL RENTA FIJA EXTRANJERA	**268**	**47,18**
GT Berry Japan Fund-B	20	4,32
Asian Capital Holding	23	3,38
JF Asean Trust	7	1,88
Cie Financ Richemont-Uts A	12	2,44
Sgs Soc Gen Surveillance- B	4	1,88
Outokumpu	7	2,26
Metaleurop, s.a.	15	2,07
Enterprise Oil pic	5	0,00
Premier Oil	12	3,20
Banca Populare	6	1,13
Saga Petroleum serie A	24	2,26
Saga Petroleum serie B	8	2,07
Chile Fund	6	1,88
TOTAL RTA. VARIABLE EXTRAN.	**149**	**28,76**
TOTAL CARTERA EXTERIOR	**417**	**75,94**
TOTAL CARTERA (millones de pesetas)	**438**	**100,00**

Fuente. CNMV.

3 millones de euros, y el escaso número de partícipes. Esto nos permitía experimentar con cierta libertad, siempre que el experimento no nos explotara en las manos. Se estaba poniendo a prueba la paciencia de inversores y accionistas, pero milagrosamente, en los primeros seis meses de 1999 esta cartera internacional se revalorizó un 43 por ciento, muy por encima de los índices globales, gracias a la recuperación de los mercados asiáticos y del petróleo. Con ello, recuperamos ampliamente las pérdidas del primer año.

Pero no sólo eso. Poco a poco conseguimos invertir la renta fija en compañías atractivas, terminando 1999 con una inversión en renta variable del 80 por ciento. Un 25 por ciento todavía en fondos asiáticos y de materias primas, pero ya un 50 por ciento en compañías globales de tamaño mediano o pequeño. Ya aparece uno de nuestros clásicos durante los últimos veinte años, Dassault Aviation, o compañías como las suizas Bel o SGS.

Esta inversión en pequeñas compañías era posible porque en 1999 los mercados comenzaban a acentuar uno de los ejercicios de esquizofrenia más extrema que nunca han realizado: la sobrevaloración de todo lo relacionado con las nuevas tecnologías (TMT) y la infravaloración de las compañías tradicionales. Gracias a ello, lo que en el verano de 1998 era imposible, encontrar buenas compañías a buen precio, en 1999 ya era posible.

Nuestro fondo internacional era en 1999 todavía muy pequeño en el contexto de nuestra gestora: 3 millones de euros (frente a un total de fondos gestionados de 176 millones de euros; y un total en bolsa española de 80 millones de euros; el resto eran fondos de renta fija), y con una reputación por conseguir.

Era en bolsa española donde nos jugábamos todo. Y 1999 no fue un año fácil. No, no lo fue.

Cartera de Bestinver Internacional (31/12/99)

VALORES	Inversión	% Total
Bonos del Estado 11355	0	0,00
Bonos del Estado 11595	62	12,53
TOTAL ADQ. TEMP. ACTIVOS	**62**	**12,53**
TOTAL RENTA FIJA ESPAÑOLA	**62**	**12,53**
TOTAL CARTERA INTERIOR	**62**	**12,53**
Bonos Golman Sachs Comodity	0	0,00
B. Birds Notes On Nikkei USD	48	9,70
Ctystp 9,5 % USD	27	5,45
TOTAL RENTA FIJA EXTRANJERA	**75**	**15,15**
Sgs Soc. Gen. Surveillance-B	8	1,62
Outokumpu	14	2,83
Metaleurop, S.A.	19	3,84
Eridania Beghin	9	1,82
Dassault Aviation	12	2,42
Enterprise Oil Pic	6	1,21
Premier Oil	16	3,23
Somerfield	12	2,42
Boskalis CT	12	2,42
Opg	10	2,02
Vedior	7	1,41
Dimon Incorporated	13	2,63
Codan Forsikring DKK	9	1,82
Beln Sw	19	3,84
Barry Callebaut AG	11	2,22
Holzmann (Philipp) AG	0	0,00
Krones AG Pfd DEM	8	1,62
Schmalbach Lubeca AG	16	3,23
Metsa-Serla OY B ORD	0	0,00
CNP Assurance	24	4,85
UAF	15	3,03
Schweitzer Mauduit Intl. Inc.	11	2,22
Invesco GT Japan Fund-C	38	7,68
Asian Capital Holding	27	5,45
Chile Fund	9	1,82
Fourmi Japon II	33	6,67
TOTAL RENTA VARIABLE EXTRANJERA	**358**	**72,32**
TOTAL CARTERA EXTERIOR	**433**	**87,47**
TOTAL CARTERA	**495**	**100,00**
TOTAL CARTERA (Miles de euros)	**2.975**	**100,00**

Fuente: CNMV.

1999: El punto más bajo

Si 1998 fue complicado para la cartera española, 1999 y el primer trimestre de 2000 fueron indescriptibles.

Durante los tres primeros trimestres los mercados estuvieron muy tranquilos, con el índice cayendo un 0,5 por ciento y nuestro fondo el 3,5 por ciento, unas pérdidas muy asumibles. Un 30 por ciento del patrimonio permanecía ligado a la evolución de Endesa, por el efecto de su fusión con sus filiales. No era una situación natural y no nos gustaba, pero tuvimos que esperar unos meses para reducir la posición en Endesa.

Evidentemente, estábamos evitando los grandes valores y en especial Telefónica y las telecomunicaciones, porque estaban extremadamente sobrevalorados. La cartera se componía exclusivamente de valores medianos y pequeños. Comenzamos el cuarto trimestre con una liquidez superior al 20 por ciento porque en los meses anteriores no nos había dado tiempo a reinvertir totalmente la tesorería generada con la venta de Endesa.

Entonces, sorprendentemente, durante ese cuarto trimestre la bolsa se revaloriza un 17,63 por ciento y nuestro fondo se deprecia un 7,65 por ciento. ¡Una diferencia del 25 por ciento! Como hemos explicado antes, en el primer semestre de 1998 nos quedamos por detrás del mercado, pero al menos el cliente tenía rentabilidades positivas. Ahora no era así, nuestros clientes perdían dinero cuando la bolsa subía...

En ese momento de gran desazón nunca dudé de la bondad de nuestra estrategia. Había leído ya extensamente sobre la historia de los mercados, y estaba convencido de que la situación se normalizaría pronto. Libros como los de Kindleberger, McKay o John Brooks, o artículos y análisis de especialistas fueron muy útiles para ilustrar las conocidas burbujas del pasado.

Se comentaba que el desarrollo de las telecomunicaciones y de internet iba a cambiar nuestro modo de vida de tal forma que haría irreconocible cualquier vestigio de vida anterior, dejándola obsoleta. Yo no dudaba de que eso fuera posible, pues quién lo puede saber, pero sí tenía claro que financieramente no iba a ser un proceso agradable ni rentable, pues la exagerada cantidad de inversión hacia ese segmento de la economía provocaría los típicos excesos de situaciones similares.

De todas las barbaridades que se dijeron en esa época para justificar la burbuja hay una que merece la pena recordar, porque la cometió «uno de los nuestros»: *Barron's*. En el mes de diciembre el prestigioso semanario americano *Barron's*, probablemente el mejor de los dedicados a la inversión, le dedicaba su portada a Warren Buffett,[2] criticando su poca exposición a las TMT (Telecomunicaciones, Media, Tecnología): «Para ser francos, Buffett, que cumple setenta años en 2000, cada vez se percibe por más inversores como demasiado conservador, incluso pasado de moda. Puede ser el mejor inversor del mundo, pero no ha anticipado o aprovechado el "*boom*" de las acciones tecnológicas de los últimos años».

Si a Buffett, después de una increíble trayectoria de cuarenta años de inversión le sucedía eso, yo me podía sentir tranquilo.

No sólo no dudaba, sino que pensaba que se estaba presentando una oportunidad inesperada y extraordinaria, de las que sólo ocurren en nuestra memoria o en nuestros sueños más agradables. Desde 1997-1998 veía el futuro inversor con miedo, ante las altísimas valoraciones de las acciones, pero la bifurcación que se estaba produciendo en 1999 y 2000 entre valores TMT y valores «tradicionales» estaba creando la semilla de una rentabilidad relativa enorme, como así sucedió.

En cualquier caso, también en diciembre, enviamos una carta especial a los clientes intentando transmitir nuestra tranquilidad y destacando el hecho de que la calidad de nuestros valores se acabaría imponiendo frente a la locura tecnológica. Predecíamos que Telefónica, Terra, etcétera, sufrirían pérdidas del 70-80 por ciento, como así sucedió. Era la primera vez que escribía-

2. «What's wrong Warren?» (¿Qué te pasa Warren?), *Barron's*, 27 de diciembre de 1999. Texto original: «*To be blunt, Buffett, who turns 70 in 2000, is viewed by an increasing number of investors as too conservative, even passé. He may be the world greatest investor, but he hasn't anticipated or capitalized on the boom in technology stocks in the past few years*».

mos una carta de este tipo, pero no sería la última, pues nueve años después debimos recurrir de nuevo a comunicaciones especiales con los clientes.

Madrid, diciembre de 1999

Estimado cliente:

Durante 1998 las rentabilidades obtenidas por nuestros Fondos de bolsa: Bestinfond, Bestinver Bolsa, y Bestinver Mixto, no están siendo las esperadas por nosotros y por los partícipes. Las excelentes rentabilidades del pasado no pueden servir como consuelo para clientes que han comenzado a invertir en dichos Fondos durante 1999. Es posible que finalicemos el año con rentabilidades ligeramente negativas en los Fondos mencionados y ello tiene una explicación: En nuestra opinión, el conjunto de valores en los que invertimos tiene un potencial de crecimiento y revalorización muy importante, pero dicho potencial todavía no está reflejado en el precio de la acción. El mercado se dedica en estos momentos a operar con los valores tecnológicos: Telefónica, Terra, etcétera. Nosotros pretendemos evitar estos valores que pueden producir (ya ocurrió hace 20 años con «Telefónica») pérdidas cercanas al 70-80 por ciento de su inversión.

El primer criterio que utilizamos es el de conservar el valor del dinero a largo plazo, aunque para ello algunos años podemos obtener ligeras pérdidas y evitemos actuaciones de carácter especulativo. Nuestra batalla es otra y esperamos que los clientes más recientes tengan la suficiente paciencia para poder disfrutar los beneficios que genera esta política a largo plazo.

En cualquier caso, ahora más que nunca, estamos a su disposición para aclarar cualquier duda respecto a nuestros Fondos o nuestras inversiones, que son los suyos.

Atentamente,

Francisco García Paramés
Director de Inversiones

Como anécdota debo recordar que sí hicimos una pequeña concesión a la burbuja. En febrero de 2000, para tranquilidad de algunos clientes, que pensaban que se estaban perdiendo la mayor subida de la historia, compramos para sus carteras privadas un bono garantizado al cien por cien y referenciado al Nasdaq, el índice tecnológico. Era una mínima concesión que no hacía daño, pues estaba garantizado al cien por cien. No hubo pérdidas y todo el mundo salió contento con la experiencia.

¿Por qué invertir para otros? ¿Por qué invertir?

En cambio, sí tuve dudas respecto a un tema esencial: gestionar dinero para terceros.

¿Sí o no?

Hay que poner en la balanza diversos factores, y el desfavorable era obvio en aquel momento: tienes menos preocupaciones y una independencia radical si gestionas únicamente tu dinero.

A favor hay varios factores. Primero, es un buen negocio, y si se hace una buena gestión, con el mismo esfuerzo se obtienen unos beneficios extraordinarios. Los gastos de gestión pueden ser razonablemente fijos, por lo que cada ingreso adicional incrementa los beneficios casi en la misma medida. Segundo, hay muchos inversores que necesitan ayuda, y ¿cómo decirles que no? Es cierto que hay alternativas en el mercado, pero, por definición, cada uno creemos que nuestra estrategia y nuestra cartera son las mejores. Si pensamos así, ¿cómo no ofrecérsela a familiares, amigos, etcétera? Tercero, los clientes que se acercan a nosotros no han sido buscados activamente, lo que discrimina hacia aquellos con más iniciativa e interés, resultando ser gente muy atractiva tanto profesional como personalmente. De hecho, muchos de ellos, con sus aportaciones, han contribuido a la mejora de la gestión, formando una gran familia con un destino común (casi como una patria...). Cuarto, afortunadamente los periodos complicados son cortos, como se está viendo a lo largo de esta historia, al menos en nuestro caso.

Por esas razones tan atractivas, resolví mis dudas en aquel momento y seguí gestionando los ahorros de terceros. Tampoco las tengo ahora, cuando he tenido la oportunidad de empezar de cero y decidir sin excesivas ataduras del pasado cómo enfocaba mi vida inversora. Las cuatro razones para hacerlo siguen vigentes, aunque en aquel momento tenía más peso la primera, que es un negocio muy rentable, y ahora claramente tiene más peso el compromiso emocional adquirido con muchas personas a lo largo del tiempo, que da al trabajo una trascendencia con la que no contaba al inicio. Es muy satisfactorio ver el impacto que puede tener una buena gestión de los ahorros al cabo de los años, y me consta que a muchos clientes les ha supuesto un soporte muy importante en sus vidas, permitiéndoles una mayor independencia y más alternativas en las decisiones personales y profesionales que han tomado.

En realidad, la pregunta que sobrevuela y me hago muchas veces es: ¿por qué hago lo que hago?, ¿cuál es mi motivación?

A veces tengo la sensación de que las cosas tenían que ser así, que eran inevitables. Cuando era muy joven tenía una cierta osadía pensando que las cosas me irían bien, cierta certidumbre sobre mi capacidad; no sabía ni en qué ni cómo, pero no podía ni quería imaginar otra cosa. Sí que veía en el futuro una vida tranquila, con una profesión centrada en la empresa —no adivinaba ninguna vena artística—, y una familia con hijos. Siempre he sido radicalmente independiente, pero romper moldes no era parte del plan (aunque ahora que pienso un poco sobre ello puede que haya roto alguno).

Ya he dicho que ser analista encajaba con una manera de ser reflexiva y tímida, y esto, junto al apoyo de la lectura, formaba una buena base para mi desarrollo personal. El trabajo en sí mismo me resultaba gratificante. Ya se sabe que la sensación de dominio de una tarea crea afinidad hacia ella, y no es necesario tener una idea preconcebida de predestinación. Simplemente las cosas ocurren así.

A partir de esa base empieza un camino que hay que seguir porque es el correcto, el que me transmitieron mis padres o mi formación personal. No lo que se espera de uno, ni todavía menos lo políticamente correcto, sino lo que uno cree que es justo y necesario. Inevitable. Sin dudas. Cada día un paso y cada paso más seguro. Una carrera.

Pero más allá de un trabajo interesante y una buena carrera profesional, ya he dicho que hay una cierta trascendencia que me supera y que me obliga a mirar hacia fuera y tener en cuenta el impacto de mi trabajo en los demás.

En paralelo están y han estado siempre las ganas, casi el ansia, de tener razón, de encontrar la verdad; no la mía, sino la compartida por todos, aunque no siempre entendida por todos. No la verdad metafísica, que siempre se me ha escapado, sino la física y química, a pesar de la Física.

La verdad y, cómo no, el reconocimiento. Cómo negarlo. No es primordial, pero al fin y al cabo de hombres hablamos; de la vida misma.

En todo caso, siempre he podido tomar cualquier decisión en libertad, porque mi familia y, específicamente, mi mujer María Ángeles, siempre ha respetado y apoyado todas las decisiones que he tomado. Si hubiera decidido dejar de invertir para otros hubiera aceptado el cambio, asumiendo la nueva situación con el convencimiento de que los principios son irrenunciables.

Después de estas divagaciones realmente no sé cómo contestar a la pregunta. Sigo sin tener una respuesta certera a por qué lo hago, pero sé que lo seguiré haciendo hasta el final.

2000-2002: Vuelta a la normalidad

La locura continuó durante otros dos meses, pero en marzo de 2000 cambiaron las tornas y el mercado comenzó una caída que se prolongaría durante tres años, con una pérdida acumulada del 40 por ciento.

En ese momento tan complicado ya hemos comentado que nuestra cartera española estaba dominada por valores medianos y pequeños: Corporación Mapfre 8 por ciento, Aldeasa 8 por ciento, Caf 6 por ciento, Elecnor 6 por ciento y Mapfre Vida 5 por ciento, eran nuestros principales valores. Estaban cotizando a una media de 9 veces beneficios, PER 9, y fueron algunas de las estrellas que permitieron a la cartera obtener durante ese periodo de tres años de mercado bajista una rentabilidad acumulada del 49 por ciento. Caf, por ejemplo, se ha reavalorizado desde 14 euros en 2000 a 440 en 2010. (Ver la cartera española a 31/03/2000 en la página siguiente.)

Cuando alguien pregunta: ¿está cara la bolsa? Siempre respondemos de la misma forma: hay valores caros y valores baratos. La bolsa no es un ente macizo y homogéneo, sino que está formado por muchas compañías que hay que valorar y decidir si son atractivas o no en ese momento. Es cierto que suele haber correlación entre los movimientos de todos los valores, y cuando están caros algunos, lo suelen estar todos, pero no es menos cierto que hay excepciones continuas a esa regla, como fue el ejemplo de 2000-2002. Precisamente eso fue lo que nos permitió obtener una rentabilidad extraordinaria en un mercado bajista.

En 2000 se produjo otro hecho relevante: completamos el proceso de inversión de la cartera internacional hacia la selección de valores. Al final del año nuestra selección directa ya representaba el 75 por ciento del patrimonio, con algún resto de inversión en fondos asiáticos y liquidez. En un mundo condicionado por las prisas habíamos tardado tres años en invertir la cartera en nuestros valores, ya que preferimos hacer las cosas despacio pero correctamente. A partir de ese momento ya siempre los seleccionaríamos nosotros.

El año 2000 fue también bueno para la cartera internacional tanto en rentabilidad absoluta como comparada con el índice MSCI. Paulatinamente íbamos ganando la confianza definitiva para tomar las riendas, e incluso para empezar a recomendar el fondo a los clientes. La fase de aprendizaje y experimentación ya había terminado.

Cartera española: Bestinver bolsa (31/03/2000)

VALORES	Inversión	% Total
O. del Estado 8 % (30-5-4) 11488	2	0,12
TOTAL OTROS ACT. RTA. FIJA	**2**	**0,12**
Deuda Estado 11512	69	4,17
Deuda Estado 12247	0	0,00
TOTAL ADQ. TEMP. ACTIVOS	**69**	**4,17**
TOTAL RENTA FIJA	**71**	**4,30**
Catalana de Occidente	106	6,41
Corporación Mapfre	150	9,07
Fiponsa	27	1,63
Informes y proyectos	7	0,42
Adolfo Domínguez	86	5,20
Aldeasa	146	8,83
Aumar	0	0,00
Campofrio	40	2,42
C.A.F.	123	7,44
Dinamia	88	5,32
Elecnor	99	5,99
Cepsa	0	0,00
Cevasa	56	3,39
Hidrocantabrico	77	4,66
Hullas del Coto Cortés	26	1,57
Hullera Vasco Leonesa	11	0,67
Iberpapel	53	3,21
Indo	18	1,09
Inacsa	0	0,00
Koipe	66	3,99
Lingotes	15	0,91
Miquel y Costas	80	4,84
Natra	47	2,84
Papelera Navarra	97	5,87
Prim	42	2,54
Uniland	11	0,67
Unipapel	111	6,72
TOTAL RENTA VARIABLE	**1.582**	**95,70**
TOTAL CARTERA INTERIOR	**1.653**	**100,00**
TOTAL CARTERA	**1.653**	**100,00**
TOTAL CARTERA (Miles de euros)	**9.935**	**100,00**

Fuente: CNMV.

Mi encuentro con Hayek

Yo había leído ya bastante acerca de la evolución de los mercados, y era consciente de sus fluctuaciones periódicas, pero no pensaba que hubiera un marco teórico que permitiera encajarlos satisfactoriamente.

Cuando leí a Frederich A. Hayek por primera vez a finales de 2000, me intrigó su valentía y claridad de ideas, en una época, en entreguerras y los años cuarenta de la posguerra, en que la libertad económica (y la libertad en general) estaba arrinconada. Uno de sus libros más conocidos, *Camino de servidumbre*, marcó para mí el inicio de un quinquenio dedicado a la lectura de libros de economía, exactamente de economía «austriaca». Así se conoce a la escuela de los economistas que me interesaban, dominada en su origen por pensadores austriacos y alemanes.

Me enganchó inmediatamente el hecho de que hablaran el lenguaje del mundo que tocaba a mi alrededor, con personas vivas y reales tomando decisiones personales y profesionales. No se trataba de modelos matemáticos marcianos sino del paraíso o valle de lágrimas terrenal: la vida, y nosotros en ella. Mi encuentro con ellos recorrió un camino algo distinto del habitual, pues pasaba de la práctica diaria en los mercados a la teoría, de una práctica intuitiva a una teoría lógica e irrefutable. Me encontraba, por fin, muy cerca de esa verdad que buscaba, y su estudio me iba a permitir en adelante conocer más profundamente mi entorno.

Rematé el ciclo de intensidad «austriaca» en 2005 con *La acción humana*, de Ludwig von Mises. Por el camino había descubierto a Murray Rothbard, fundamentalmente con su *Historia del pensamiento económico*; a Jesús Huerta de Soto, de quien destaco *Dinero, crédito bancario y ciclos económicos*; al propio Hayek con su *Fatal arrogancia o Los fundamentos de la libertad;* y a otros muchos.[3]

Me llamó la atención lo obvio de sus razonamientos, que tienen la común característica de estar sorprendentemente bien

3. Ver todas estas referencias en la bibliografía.

expresados, pero, sobre todo, insisto, me atrajo lo enraizadas que estaban sus ideas en el mundo concreto a mi alrededor, en la Tierra, y no en otro planeta. Todo lo que explicaban enlazaba perfectamente con lo que yo veía cada día en los mercados y en la calle. Y todo esto sin fórmulas matemáticas que nublaran el entendimiento.

Así conocí lo que se conoce como la Escuela Austriaca de Economía, y con estos autores y con los que les acompañaron encontré ese marco «teórico» que ha significado un apoyo adicional esencial para afrontar con menor dificultad las turbulencias posteriores. Más adelante resaltaremos lo esencial de «los austriacos» en un capítulo dedicado a ellos.

El despegue definitivo: 2000-2002

¿Cómo es posible obtener un 49 por ciento de rentabilidad en un mercado que pierde un 40 por ciento? Evidentemente la base de partida es esencial, y, como hemos comentado, a comienzos de 2000 se estaba produciendo la mayor bifurcación de mercado nunca vista, dejando, en un mercado caro, muchos valores a precios ridículos.

La rentabilidad a largo plazo se obtiene leyendo, estudiando y analizando, pero depende también en gran medida de la actuación de los demás, del grado de barbaridades que haga el mercado (el resto de los mortales) en nuestro entorno. Si el mercado se comporta razonablemente, será difícil hacerlo mucho mejor que él, y obtendremos una rentabilidad similar. Nuestro deseo confesado es que la volatilidad sea muy alta, provocando una cierta dosis de irracionalidad que nos permita hacer operaciones que en un entorno más estable no serían posibles.

El periodo desde 1996 hasta 2000 fue uno de esos momentos de irracionalidad extrema, dejando muchas posibilidades a gestores con independencia de planteamientos.

Se podría decir que la suerte, siempre imprescindible, nos acompañó a los que tuvimos paciencia, pero también es cierto

Ratio PER IBEX

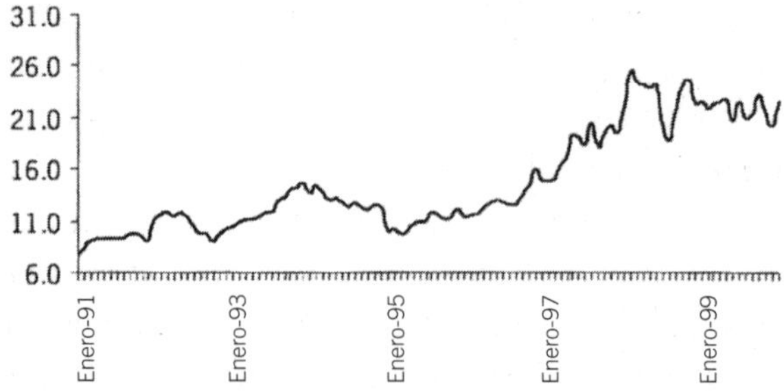

Fuente: AB Asesores Morgan Stanley Dean Witter Research.

Valoración del mercado español

	1999	Enero 2000	Febrero 2000	Marzo 2000
Crecimiento del BPA (%)	16,9	16,2	16,2	19,1
Retorno sobre Fondos Propios (%)	16,0	15,8	15,9	16,3
Rentabilidad por dividendos (%)	1,8	1,9	1,7	1,7
Intereses a largo plazo (%)	5,4	5,8	5,6	5,4
PER	21,4	20,3	22,5	21,5
Ibex 35	**11.641**	**11.009**	**12.686**	**11.935**
IGBM	**1.008**	**989**	**1.124**	**1.084**

Fuente: AB Asesores Morgan Stanley Dean Witter Research

Rentabilidad sectorial y de mercado

	PER(x)		Rentabilidad absoluta (%)			Rentabilidad relativa (%)		
	31/03/00	2000E	1M	3M	12M	1M	3M	12M
Bancos y Aseguradoras	23,3	19,6	2,6	5,2	18,7	6,4	-2,1	-5,1
Eléctricas	19,0	18,2	5,7	17,2	10,3	9,6	9,0	-11,8
Comunicaciones	38,6	37,2	-12,4	7,0	86,3	-9,2	-0,4	49,0
Petróleo y Químicas	22,0	12,8	10,0	-2,9	23,5	14,1	-9,7	-1,3
Comercio minorista	22,7	19,2	-5,4	-11,5	-9,9	-1,9	-17,7	-28,0
Contratistas	18,6	15,0	10,0	4,8	-8,6	14,0	-2,5	-26,9
Alimentación	13,1	11,4	15,5	16,2	-20,5	19,7	-6,0	-36,4
Propiedades Inmobiliarias y Hoteles	20,8	19,1	6,5	10,1	0,5	10,4	2,4	-19,6
Varios	22,6	16,2	13,5	21,8	31,8	17,7	13,3	5,4
Mercado	25,2	21,0	-3,5	7,5	25,1	-5,1	4,8	-1,0

Fuente: AB Asesores Morgan Stanley Dean Witter.

que estas situaciones absurdas de mercado se producen tarde o temprano, pues esa irracionalidad del hombre está al acecho para atacar en cualquier momento. Y hay que estar alerta, porque al final siempre ataca. Volveremos también sobre esto en la segunda parte de este libro, en el capítulo 9.

Por otra parte, el mercado *value* no estaba tan desarrollado como ahora, quince años después. No había tantos gestores en Europa y España intentando encontrar ineficiencia en las cotizaciones. El éxito de algunos gestores ha contribuido a que se desarrolle una gestión independiente que en aquel momento era más pequeña.

Por tanto, conseguimos en ese momento aplicar nuestro análisis a un mercado desestabilizado por la burbuja tecnológica. Si ésta no hubiera existido nuestros resultados posteriores hubieran sido muy inferiores. Por eso siempre decimos, e insistimos sobre ello en 2008-2009, que las bajadas son positivas para nosotros a largo plazo, pues pensamos que las sabemos aprovechar adecuadamente.

Pero las ineficiencias no son eternas, y poco a poco se fue reconociendo la sobrevaloración de las grandes compañías, especialmente las tecnológicas, y el valor de las nuestras, y nuestros fondos se aprovecharon de ello.

En ese contexto se produce el 11 de septiembre de 2001, un nuevo golpe contra un desarrollo político y económico pacífico. Su brutalidad, que muestra la peor cara del hombre, tuvo importantes repercusiones políticas y militares, como ya sabemos, pero el impacto económico fue limitado, pues los americanos reaccionaron con enorme fortaleza y continuaron luchando por una vida mejor.

Entre tanto dolor, ese día tuvo una gran relevancia para mí. Durante el almuerzo con José Manuel Entrecanales, interrumpido para comunicarnos el atentado, éste aceptó cambiar las condiciones económicas de mi relación con Bestinver.

Yo había propuesto un año antes que para dar sostenibilidad a mi relación con la empresa había que cambiar mi compensación económica y la de los futuros gestores, ligándola a los resultados económicos de la sociedad. Había estudiado la posibilidad de relacionarla con la rentabilidad de los fondos, pero esto es ciertamente complicado, a pesar de ser habitual en el sector, por lo que me pareció más simple proponer una relación con los resultados de la empresa. De esta manera, alineaba claramente mis intereses con los del accionista de Bestinver.

Alguien podría pensar que eso incentivaba el crecimiento sin medida, pues mi interés personal me llevaría a incrementar el patrimonio gestionado y los beneficios. Puede ser, pero hay que tener en cuenta: primero, que no hacíamos marketing, más allá de nuestra conferencia anual para explicar nuestra filosofía de inversión y responder a las inquietudes de los clientes; segundo, que nuestros comerciales no tenían incentivos de ventas —cuando contratamos dos directores comerciales externos hubo que exponérselo con claridad, pues no es algo habitual en una empresa—; y, tercero, que teníamos una red de distribución mínima, sin repartir comisiones con distribuidores externos. El único incremento de activos, y por tanto de resultados, que podíamos tener, derivaba de unos buenos resultados de los fondos que atrajera a nuevos clientes.

José Manuel, según me contaron, consiguió convencer con bastante esfuerzo a su padre y a su tío Juan y gracias a eso llegamos a un acuerdo por el que permanecí otros trece años en Bestinver. A pesar del éxito posterior y el consiguiente crecimiento de activos, ya no cambiamos de manera mínimamente significativa mis condiciones económicas, a pesar de ser inferiores a las típicas de mercado.

Volvamos a la gestión. A principios de siglo, en España manteníamos una inversión en la que los pequeños valores dominaban desde 1997. Fuera de España ya teníamos una cartera que estaba invertida casi exclusivamente en acciones, nuestra fortaleza, y donde las compañías europeas representaban el 50 por ciento de la cartera, las americanas un 30 por ciento y ya sólo una pequeña porción estaba en fondos japoneses, el 10 por ciento de la cartera.

La preponderancia de acciones europeas será la característica clave de la cartera global a partir de esos momentos. La cercanía física de los mercados europeos y su menor eficiencia respecto al mercado americano hacen más fácil y natural la inversión en Europa.

La ventaja de la cercanía es obvia. Algún gestor indica que la probabilidad de obtener una buena rentabilidad en un fondo es inversamente proporcional a la distancia recorrida por el gestor en la selección de valores. Quizás haya algo de exageración, pero no deja de ser lógico, pues cuanto más cercana nos resulte la situación, tendremos más claves y un mejor criterio para analizarla. Tampoco es desdeñable la facilidad para viajar al lugar donde está ubicada la compañía y poder establecer una buena relación con los gestores y accionistas. Si reflexionamos sobre cuáles son los activos inmobiliarios que conocemos mejor nos daremos cuenta de que nuestra calle la dominamos perfectamente; nuestra ciudad la conocemos bastante bien; con nuestro país empezamos a flaquear; y con Nueva Zelanda nos pillan en completo fuera de juego.

Que el mercado europeo es menos eficiente que el americano es menos evidente, pero mi experiencia me dice que también es un claro factor para preferir Europa. Hay que tener en cuenta que en Estados Unidos la tradición inversora en los mercados financieros es muy antigua y está muy arraigada, con una amplia gama de actores a todos los niveles. Después de varias malas experiencias allí, cuando encontramos un valor a buen precio nos preguntamos qué vemos nosotros que los americanos no están viendo.

En Europa el sector financiero ha estado dominado tradicionalmente por la banca, que centra su fortaleza en su imagen de marca y en la capacidad de distribución a través de una potente red de oficinas. No siempre ofrece eficacia financiera, pero deja poco espacio para otros actores.

Esta cercanía física a Europa no impedía que tuviéramos una exposición global, pues una gran parte de esas compañías europeas son globales, es decir, con ventas en todos los mercados y monedas. Con ello, además, conseguíamos una cobertura natural a las monedas, sin utilizar los instrumentos típicos de cobertura.

Hay que tener en cuenta que es muy difícil prever los movimientos de las monedas a corto plazo; es caro, pues los costes de las coberturas no son desdeñables; y te hace perder foco sobre lo esencial, que para nosotros siempre han sido las posibles ventajas competitivas de las compañías a largo plazo.

Por eso, es una pérdida de tiempo dedicar mucho esfuerzo a pensar en las posibles fluctuaciones de las monedas. A largo plazo las políticas económicas tienden a replicarse en todos los países, especialmente en los desarrollados, y las monedas tienden a converger en el tiempo hacia la paridad del poder adquisitivo: la capacidad de compra de cada moneda, o en lenguaje común, al índice McDonald's de *The Economist*, es decir, lo que cuesta producir una hamburguesa en cada país. Recuerdo que en nuestra primera reunión con BMW, el director financiero nos mostró un gráfico que comparaba la evolución del dólar frente al marco alemán y después al euro. Después de muchas variaciones intermedias, en 2006 estaba en el mismo lugar que a principios de los años setenta.

Volvamos a la gestión. Después de un excelente periodo 2000-2001 para nuestras dos carteras, con resultados positivos en un mercado con caídas, 2002 fue un año extraordinario para nuestra cartera de bolsa española y un mal año para la global. En España obtuvimos nuestro mejor comportamiento relativo frente al índice de toda nuestra historia, +8% frente a −23%, un diferencial del 31 por ciento, que completaba un trienio extraordinario con resultados muy positivos tanto en términos absolutos como relativos, casi un cien por cien de mejor comportamiento relativo frente al índice.

No sólo eso, sino que a final del año indicamos en nuestro informe trimestral que los valores grandes ya estaban atractivos y que era un buen momento para comprarlos, y, por tanto, para comprar el mercado. De hecho, nosotros ya teníamos el 10 por ciento de la cartera en valores Ibex, y esto era un cambio sustancial, pues recordemos que desde 1997 no habíamos tenido inversiones significativas en los grandes valores.

Esta predicción resultó correcta, y en los cuatro años siguientes, 2003-2006, el IGBM se revalorizaría un 145 por ciento. En los mercados no existe la bola de cristal, pero es cierto que cuando la mayoría de valores están caros la bolsa depara rentabilidades mediocres, en el mejor de los casos, y, al contrario, cuando los precios son razonables, las sorpresas son positivas.

En cambio, ese mismo 2002 fue un mal año para nuestro fondo internacional, con una pérdida del 26,95 por ciento, nuestro peor resultado en cualquier fondo hasta ese momento. De poco consuelo es que el índice de referencia tuviera pérdidas aún superiores, un 33,02 por ciento. La mayor parte de las pérdidas se produjeron en un nefasto tercer trimestre en el que sufrimos una caída del 25 por ciento. Es cierto que la caída del dólar tuvo un impacto importante (teníamos todavía ese año un 30 por ciento del patrimonio en EE. UU.), pero también cometimos algunos errores, como la inversión en Flag Telecom, cuya quiebra nos causó pérdidas importantes (a veces Peter Lynch no tiene razón, pues en Flag trabajaba mi mujer y, supuestamente teníamos familiaridad con el negocio. Espero también que en su empresa actual no ocurra lo mismo, ¡Es Telefónica!). En cualquier caso, la caída nos permitía mantener en cartera 6 compañías con más tesorería que su capitalización bursátil. Benjamin Graham estaría encantado, y era un buen signo para el futuro.

Afortunadamente, la cartera internacional todavía era pequeña, y no fuimos muchos los inversores damnificados. Bestinver Internacional tenía 12 millones de euros en activos, por lo que pocos inversores sufrieron esas pérdidas. Todavía éramos, fundamentalmente, una gestora de bolsa española.

Para terminar el capítulo y como ejemplo para los numerosos gestores que han empezado a andar en los últimos años y a los que les cuesta despegar, es interesante estudiar nuestra situación como empresa en diciembre de 2002 después de diez años gestionando fondos de bolsa española y cinco años gestionando fondos de bolsa global.

En la actividad española habíamos obtenido en los diez años del periodo 1993-2002 una rentabilidad del 570,65 por ciento frente al 289,39 por ciento del IGBM. Esto ocurrió con un único año de pérdidas, 1999, y una volatilidad significativamente inferior a la del mercado. A pesar de ello, gestionábamos solamente 148 millones de euros, con un crecimiento de 40 millones en

2002 y considerando que una parte importante del patrimonio bajo gestión era de la familia accionista.

En la actividad internacional habíamos obtenido en los cinco años del periodo 1998-2002 una rentabilidad del 28,03 por ciento frente a una pérdida del 10,20 por ciento del MSCI, el índice de referencia. En esos momentos nuestro fondo global gestionaba 11,9 millones de euros.

Las dos actividades bursátiles sumaban, pues, 160 millones de euros en diciembre de 2002. No es una cantidad despreciable, pero cuando constato que gestores se quejan de que no crecen y dc que es difícil captar dinero les explico que a nosotros nos costó años tener la aceptación de los inversores. Para bien o para mal, el tiempo es el único que mide quién tiene razón y quién no, y los clientes lo necesitan para estar seguros de tomar la decisión correcta.

En un momento dado se produce el chispazo que enciende la mecha y la confianza embalsada se desborda. Fue lo que nos ocurrió a partir de 2003.

3

Gestión en equipo (2003-2014)

2003: Álvaro

En 2003 comenzamos con otro hecho esencial. Después de trece años de trabajo básicamente en solitario, el tamaño del equipo de gestión dobló ese año. De ser un gestor pasamos a ser dos.

Es cierto que Mario Serna me había estado ayudando como analista durante casi dos años, pero no tenía ninguna experiencia previa y estaba en plena fase de aprendizaje. Previamente, los muchos analistas que habían pasado por Bestinver Sociedad de Valores y Bolsa realizaron un trabajo estupendo, pero enfocado al análisis para los clientes extranjeros que invertían a través de la sociedad de valores. Colaboré en la contratación de algunos e incluso los dirigí en ciertas épocas, pero todos ellos eran jóvenes recién licenciados que me ayudaban esporádicamente para cuestiones puntuales, como la defensa de las valoraciones de Endesa y sus filiales. Su tarea principal no era la gestora, sino dar soporte al bróker.

Con Mario cometí un error que también posiblemente he repetido antes y después: enseñar sólo con el ejemplo, sin dedicar un tiempo específico para ello ni aplicar un método coherente. Para algunos puede ser suficiente, y creo que el grupo de jóvenes que pasó por la gestora tuvo una formación adecuada por esa vía, pero quizás no lo sea para todos. Quizás por este motivo, Mario se cansó y se marchó en el momento en que llegó Álvaro. En los siguientes diez años, afortunadamente, sería el único caso de salida de alguien del equipo de análisis de la gestora.

La decisión de incorporar a un segundo gestor no fue fácil. Buscaba un verdadero gestor que, aunque fuera joven, tuviera experiencia. Y como estaba acostumbrado a tomar las decisiones a solas, con un sistema que funcionaba para los clientes y para mí mismo, me resultaba difícil cambiar a otro en el que debía empezar a consensuarlas. No obstante, y especialmente en el área internacional, era imprescindible contar con la ayuda de otra persona para mejorar la toma de decisiones y reducir el riesgo de los clientes.

Ya hemos visto que los resultados habían sido buenos, pero parte de las pérdidas de 2002 se debieron a que manteníamos demasiadas compañías en la cartera internacional, sin un control exhaustivo sobre las múltiples situaciones que se daban. Una sola persona no podía conocer con detalle las 150 compañías que componían la cartera, las 30-40 que componían la española y los cientos de posibles candidatos a entrar en ellas (ver Anexo al final del capítulo).

En España se trataba de elegir entre 100 posibles inversiones, cosa factible en aquel momento después de trece años de experiencia. Pero debíamos intentar aplicar a las compañías globales los mismos procesos que utilizábamos en España, donde el índice de errores era bajísimo, y para ello era imprescindible dedicar más recursos a ese análisis.

La incorporación de Álvaro Guzmán de Lázaro se produjo de una forma natural, como todas las relevantes que hemos hecho. Me lo presentó nuestro amigo común y exanalista de Bestinver y de Beta Capital, Antonio Velázquez-Gaztelu. Vinieron un día para comentarme las bondades de Repsol, quedamos después un par de veces para comer juntos, y para mí estaba claro que era la persona que necesitábamos. No iba a comenzar un proceso rutinario de selección de personal o algo parecido. De hecho, para puestos relevantes nunca lo hemos hecho. En la primavera de 2003 empezó a trabajar con nosotros.

Era la persona que necesitábamos porque conocía perfectamente nuestra filosofía de inversión, la compartía y llevaba tiempo gestionando la cartera familiar de una forma semejante. Trabajaba como analista «estándar» en Banesto Bolsa, y al terminar su jornada se dedicaba a lo que de verdad le gustaba: encontrar valores realmente buenos para su cartera, con una gran dosis de esfuerzo y persistencia.

Álvaro es un ejemplo mucho más habitual que el mío de cómo empezar a invertir. Si nadie te ofrece la posibilidad de pagarte por ello, cosa lógica cuando se trata de gente joven y sin experiencia, hazlo en tus horas libres. La cantidad con la que se empieza es irrelevante —mi caso, en este sentido, todavía es más claro que el de Álvaro, pues empecé con 100 acciones del Banco de Santander—. Lo esencial es aprender el proceso, sufriendo y disfrutando, para después creerte que lo puedes hacer bien y explicárselo a los demás. Pensar que somos capaces de gestionar y poder demostrarlo, aunque sea con un capital pequeño, es un primer paso casi imprescindible. En los tiempos actuales, con internet, se puede ser un buen autodidacta, aprendiendo y copiando a otros inversores.

Álvaro aportó la sistematización de los modelos de las compañías en que invertíamos, algo que no teníamos. Hasta ese momento casi todas las ideas las tenía en la cabeza, pues tiendo a pensar que aquello de lo que no me acuerdo no es muy relevante. Probablemente sea un planteamiento erróneo, pero que se adapta bien a mi forma de ser. Afortunadamente con su llegada y la del resto de compañeros más adelante, todo empezó a quedar perfectamente registrado en papel o en forma electrónica.

Con todos ellos formábamos un equipo que funcionaba bien. A lo largo del tiempo hubo pocas discrepancias en la selección de valores que se resolvían de forma «democrática»: no me parecía correcto imponerles un criterio y nuestro sistema de decisiones exigía la unanimidad de los gestores para comprar un valor. Si ésta no se daba, no comprábamos. Es verdad que en algunos aspectos macroeconómicos Álvaro y yo tuvimos algunas diferencias de punto de vista, pero no se trataba de elementos esenciales en nuestro tipo de inversión. Creo que sólo estuvimos en desacuerdo en dos o tres valores, lo que me parece un buen resultado.

A partir de su llegada empezamos a viajar con más frecuencia por Europa para visitar nuestras compañías, y de esta forma mejorar nuestro conocimiento sobre ellas. Así, gradualmente fue aumentando la calidad del fondo internacional, y a finales de 2003 los valores europeos suponían ya el 67 por ciento de la cartera internacional.

Gracias a una revalorización del 32,7 por ciento en 2003 (el índice se revalorizó un 8,83 por ciento) conseguimos recuperar las pérdidas sufridas en 2002.

Ciclo alcista. Burbujas

A comienzos de 2003, los valores del Ibex 35 suponían ya un 20 por ciento de la cartera en los fondos españoles, pues los tres años de caídas nos estaban dejando oportunidades interesantes, como Repsol o Aguas de Barcelona, que venían a acompañar a nuestros sospechosos habituales: Mapfre, Caf, Elecnor, etcétera.

Pero el atractivo del mercado español no nos impedía discernir los nubarrones que se estaban formando en su economía, y que iban a marcar los siguientes diez años de una manera dramática. Como indicamos en la revista *Futuro* a Javier Arce (ver la entrevista completa a partir de la página siguiente) en mayo de 2003, la burbuja inmobiliaria nos empezaba a preocupar seriamente.

Recomendábamos huir de bancos e inmobiliarias españolas, pero el aviso no fue escuchado por otros, evidentemente, y la burbuja continuó desatada durante casi una década. La realidad, por desgracia, se hizo evidente años después.

Respecto al negocio de la gestora, en 2003 comenzó el ascenso continuo de activos bajo gestión, alcanzando a final de año los fondos españoles 225 millones de euros y el internacional 47 millones. Los posibles inversores habían cogido ya la confianza necesaria después de diez años de trabajo y resultados.

Los que viven del valor por JAVIER ARCE

Francisco Garcia Paramés, director de gestión de Bestinver, tiene muy claro que, a los precios actuales, es el momento de volver a la bolsa. Pero el inversor no debe engañarse, el rendimiento que obtendrá estará en el entorno del 6 por ciento. Que nadie piense en tiempos pasados.

EL Ibex 35 perdió el año pasado el 28 por ciento de su valor. Tercer año de fuerte descenso en las cotizaciones. Nadie puede extrañarse, por lo tanto, de que la inmensa mayoría de los 10 millones de españoles que participan en algún fondo de inversión perdiera dinero en los de renta variable. ¿Todos? No, todos no. Hubo dos fondos que sin tener en cartera telefónicas, bancos o grandes inmobiliarias, dieron el 8 por ciento a sus partícipes. Los dos los gestiona Bestinver, sociedad del grupo Acciona (controlado por la familia Entrecanales) que ha logrado rentabilidades positivas en los tres últimos ejercicios, desastrosos para las bolsas. Números cantan, así que Francisco García Paramés, director de gestión de Bestinver, con una cartera de tres mil partícipes y 430 millones de euros, parece la persona más indicada para confirmar si, dados los precios y la situación general de la economía, *es* el momento de volver a la bolsa. Y de cómo conviene hacerlo. No tiene inconveniente en explicar sus apuestas: compañías sin deuda, infravaloradas, con una familia de trayectoria impecable detrás, y que ya dan por dividendos más rentabilidad que las Letras del Tesoro. Y en asegurar que sí, que a los precios actuales es momento de volver «si esperas rentabilidades del 6 por ciento. Si estás pensando en fuertes rentabilidades, no». En el transcurso de toda la conversación un miedo, una alerta: su certeza de que estamos inflando una burbuja inmobiliaria que antes o después reventará. «Ahí va a haber problemas, es inexorable.»

Son ustedes la mejor demostración de que se puede ganar dinero con una bolsa bajista.

La verdad es que a nosotros, al tener una filosofía conservadora, se nos dan bastante bien los mercados bajistas. Cuando las vacas son flacas es cuando se ve un poco lo que hacemos, porque cuando la bolsa sube, lo hace para todos. Nosotros, por ejemplo, todo el *boom* de internet, de Terra... jamás hemos creído en él.

«Si está pensando en un 6 por ciento de rentabilidad, sí es momento de volver a la bolsa»

Quien tenga ahora acciones de Terra ¿qué hace?
Ahora está a cuatro y medio, más cerca de lo que creemos que vale —entre tres y cuatro euros— pero en cualquier caso yo vendería. Invertiría antes en Letras del Tesoro que en Terra. Siempre, incluso cuando salió a cotizar a 11 euros, la hemos valorado entre 4 y 5 euros.

Para decir que Terra valga más que Repsol parece que hace falta perder el norte ¿qué ocurrió?
Los mercados son así. Hace cuatrocientos años ocurrió en Holanda, hace trescientos en Inglaterra; es difícil abstraerse a esos movimientos psicológicos tan brutales. Hay que tener las ideas muy claras. Si las figuras más deslumbrantes entraron ahí es comprensible que el inversor normal, que se limita a leer el periódico, entrara también.

«Francisco García Paramés cree que debemos desconfiar de quien te ofrezca grandes rentabilidades y hace al inversor también responsable para que no se produzcan casos como el de Gescartera»

Habla del periódico. Hay mucha información económica... ¿de calidad?
Es mi obligación leer los periódicos, pero reconozco que a veces me ponen muy nervioso. Cada vez se dicen menos tonterías, porque ha habido muchas curas de humildad, pero hace unos años había informaciones increíbles.

No todas serían desinteresadas.
No, pero es normal. En el sector inmobiliario, por ejemplo, estamos observando una burbuja, que de aquí a cinco años nos va a

hacer un mucho daño, pero ves a todos los agentes involucrados y claro, el que está vendiendo pisos no te va a decir que van a bajar Como el que trabaja en bolsa tampoco te va a decir que va a bajar.

«Los problemas te los encuentras en compañías con ejecutivos que se creen los dueños con el 2 por ciento»

Las empresas inmobiliarias insisten en que los pisos se venden, que la gente compra.
Lo de que la gente compra es relativo. Cuando la economía crece al 2 y el crédito inmobiliario lo hace al 20, lo que se está haciendo es hinchar la burbuja. La gente lo que hace es poner 5 millones en un piso que vale 50. El banco en principio le dará los 45 restantes cuando se acabe la promoción, pero como dentro de dos años esos 50 se han convertido en 65, los 5 millones se han convertido en 15. Otro Terra.

Pero aquí salvo en el año 93, y un poquito, nunca han bajado los precios inmobiliarios.
Todo tiene su primera vez. En Japón han caído un 75 por ciento en doce años; en Hong Kong, han caído un 65 por ciento desde 1998. Aquí durante cuatro años hemos construido 550.000 casas, y en Inglaterra, que ha tenido la misma burbuja, sólo construyeron una media de 200.000 en los últimos cinco años, como en Francia o Alemania, con el doble de población. Y como todo en los mercados es oferta y demanda, aquí sobra una cantidad de pisos importante. Tenemos una típica crisis de oferta derivada de que los tipos de interés están demasiado bajos para lo que la economía necesita, así que se está creando una burbuja muy estudiada.

Una burbuja inflada en gran medida por unas entidades financieras que aceptan esas valoraciones.
Ahí se produce lo que Warren Buffet llama el imperativo institu-

cional, la tendencia que tiene todo el mundo a copiarse. Si todos los bancos incrementan su volumen de créditos yo, director general de un banco, no me puedo quedar atrás. Y cuando venga el bajón, viene para todo el mundo. Nosotros asumimos el riesgo de las decisiones, no se lo trasladamos al cliente diciéndole que si sube la bolsa pues muy bien, y si no ¿qué pasa? ¿no has leído el periódico? ¿no has visto las noticias? ¿qué me vas a pedir a mí? que hago lo que todo el mundo. Los bancos trasladan el riesgo a sus accionistas. Es una de las razones por las que no tenemos ninguna acción de un banco.

¿Ninguna? ¿Desde cuándo?
Desde hace cuatro años porque esto se ve venir. En España vamos a pasar de 550.000 casas en construcción a 150.000; es inexorable.

El Banco de España viene alertando sobre el asunto...
Es que es el 10 por ciento del PIB. Lo único que yo puedo hacer es tener valores en los que no nos afecte mucho.

Dice el presidente de la primera inmobiliaria española que habrá un parón cuando repunte la bolsa.
Un día se para la música no sabes por qué. ¿Por qué en febrero de 2000 el Nasdaq hizo el máximo? por cualquier noticia absurda. Los detonantes son imprevisibles. Es lo mismo que pasa en bolsa: con saber que una acción está barata o cara es suficiente. El cuándo y por qué va a subir el precio ya es más difícil de predecir.

La bolsa española tiene ahora un PER —pesetas que se pagan por cada una de dividendo— medio del 14, ¿barato?
Sí, es la media histórica. La media histórica del Standard and Poors en EE.UU. creo que es 15. Ahí estamos.

Por tanto, es momento de Invertir.
Si está pensando en un 6 por ciento de rentabilidad, sí. Si está pensando en fuertes rentabilidades, no. A partir de un PER 15 lo que puede obtener es un 6 por ciento anual, que es el crecimiento de la economía más la inflación. Más no.

¿Todavía puede bajar más?
Los grandes valores se están acercando al que creemos que es su valor, pero nuestra cartera tiene un PER medio entre 9 y 10.

¿Qué tienen en cartera?
Tenemos Mapfre, Aldeasa, Aguas de Barcelona, Elecnor, CAF... son los cinco valores más significativos. Eso es un tercio de nuestra cartera, luego tenemos otros muchos valores, claro.

¿Con qué recuerda haber ganado más el ano pasado?
Con Natraceútica, una compañía valenciana de biotecnología. Con Viscofan, con la opa de Uniland. Fueron todos razonablemente bien; son títulos a PER 9 o 10 que con poco que vayan bien...

Ése parece el factor determinante, comprar barato.
Comprar cosas por debajo de lo que nosotros creemos que valen. Al final salen compañías con un PER bajo y una rentabilidad por dividendo alta; la media de las nuestras, el 4 por ciento. El doble de lo que te ofrecen las Letras. Y dividendos sostenibles, porque nuestra cartera es bastante defensiva, compañías sin deuda y que no se ven tan afectadas por el ciclo. No hay bancos, ni construcción, ni inmobiliario... Esas compañías de las que todo el mundo habla, que todo el mundo sigue y analiza, están bastante bien valoradas.

Menos Telefónica, los bancos...
Los bancos estarían bien si no fuera por la burbuja inmobiliaria. Es que ahora tenemos una morosidad mínima, de medio punto, pero la media histórica es del 3 por ciento, y Banesto tuvo el 10. El caso alemán es claro: su sector inmobiliario tocó pico hace seis o siete años, y hoy el Commerzbank vale quinientos mil millones de pesetas, una décima parte que el BBVA. Se han visto masacrados por esos créditos fallidos. Y cuando están todos dando un 20 por ciento más de créditos tras una subida de precios del cien por cien... ahí va a haber problemas.

«Estamos viendo una burbuja inmobiliaria que de aquí a cinco años nos va a hacer mucho daño»

A los accionistas de Iberdrola y Metrovacesa, ¿qué les recomendaría?
Vender.

Con los precios actuales parece lógico pensar en que veremos más opas, incluso transfronterizas. Que operaciones que no se pudieron finalizar por la sobrevaloración de nuestros bancos, por ejemplo, acabarán por salir.
Es que aquí se está pagando dos veces el valor en libros, y bancos como el Hypobank o el Commerzbank están por debajo de su valor en libros. Una fusión para ellos supondría una dilución enorme de capital. Y las fusiones transfronterizas son muy complicadas políticamente, no sólo desde el punto de vista económico.

¿Qué dinero hace falta para apuntarse a uno de sus fondos?
Hasta hace poco cualquier cifra, pero ahora hemos puesto un mínimo de un millón de pesetas y el primer año un 3 por ciento de comisión de reembolso. Porque con la nueva ley, que permite el cambio de fondos, la gente puede empezar a utilizarlos como una cuenta corriente. Y nosotros no hacemos publicidad, ni tenemos un ansia por crecer, así que si alguien se viene con nosotros queremos que lo haga a largo plazo.

Conseguir un año como el pasado un 8 por ciento de rentabilidad debe ser la mejor publicidad.
Sí, hemos tenido muchísima captación, de gente que llamaba a la puerta, simplemente. El año pasado pasamos de 280 a 400 millones de euros.

Con la nueva ley que permite a los inversores cambiar de fondo ¿se nota mucha rotación?
Nosotros estamos notando traspasos, unos 300 en estos tres o cuatro meses. De gente que nos trae sus fondos.

El Ministerio de Economía ha filtrado un proyecto de reglamento sobre fondos, pero no parece que vaya a haber cambios sustanciales...
Cuestiones de información, fundamentalmente, sobre qué y cada cuánto tiempo tienes que informar. Nosotros tenemos que publicar la cartera cada tres meses, pero como es bastante estable nos da un poco igual.

¿Qué opinión le merece el nuevo código de buen gobierno que se trata de implantar en las sociedades cotizadas?
Me parece muy bien, pero cuando venga el próximo *boom* bursátil nos olvidaremos. Normal. Es lo que pasa siempre. Lo ves cuando lees libros de inversores de hace cien años, que hablaban de lo mismo que hablamos nosotros ahora. El lenguaje no ha cambiado y los problemas son los mismos. Por eso la manera de ganar y perder dinero también es la misma. Por los problemas del crac del 29 acabó en la cárcel el presidente de la Bolsa de Nueva York, ahora no hemos llegado a tanto, la cosa va mejor, sólo han metido en la cárcel a unos cuantos directivos de algunas compañías.

«Con saber que una acción está barata o cara es suficiente. El cuándo y por qué va a subir el precio es más difícil de predecir»

Los estadounidenses tratan de imponer a los inversores institucionales que se sienten en los órganos de administración de las compañías, que se impliquen.
Nosotros al final sólo invertimos en compañías gestionadas por gente de la que nos fiamos, que ha gestionado bien su negocio durante los últimos cinco años y lo probable es que siga haciéndolo bien los cinco siguientes. Tomamos todas las garantías posibles, y desde hace seis o siete años ponemos el nivel de exigencia muy alto, no sólo en lo que se refiere al negocio, también en lo que podría llamarse moralidad. Por ejemplo, en una empresa donde una familia tiene el 60 por ciento del capital es difícil que se hagan cosas extrañas.

Casos como el de Ortega e Inditex, o su grupo, Acciona, controlado por la familia Entrecanales.

El 60 por ciento de un grupo como éste son 220.000 millones de pesetas, ¿qué intención de engañar a los minoritarios puede tener alguien así? Cero.

Ahí están casos como el de los Albertos.
Hay gente para todo, eso está claro. Pero hablamos de un juego de probabilidades, no de certezas. Y mi experiencia me dice que en las compañías familiares, con familias que tienen un buen patrimonio, tienes menos riesgos.

¿Salvo un caso?
Sí, un caso atípico. Una compañía donde desaparecieron 10.000 millones de pesetas. Ya no cotiza.

Ante esos problemas con los ejecutivos de los que habla: un accionista se entera ahora de que las indemnizaciones y pactos por jubilación de dos altos ejecutivos suponen 150 millones de euros y se siente impotente...
Bueno, en ese caso concreto hay una demanda, pero sí, es cierto que hay bastante descontrol.

Pues si quienes como ustedes controlan buenos paquetes de acciones hacen dejación de sus derechos políticos y no intervienen en las juntas...
Sí, pero nosotros ahora procuramos hacer una buena selección previa. Nosotros, desde hace cinco años, pensamos que el ibex 35 estaba caro, hemos invertido en 35 compañías pequeñas, en 22 de las cuales nos hemos salido con éxito, a su precio, a lo que pensábamos que valían. Compañías familiares en donde no hemos tenido ningún problema. Los problemas te los encuentras en compañías con ejecutivos que, con el 2 por ciento, se creen los dueños.

Pero ustedes acudieron en una ocasión a la CNMV y lograron que se subiera el precio de una opa de exclusión, así que parecen dispuestos a hacer algo más que cobrar calladamente el dividendo.
En los dos o tres casos en que hemos tenido problemas, desde

luego que nosotros tenemos responsabilidades contraídas con nuestros clientes.

Desde su punto de vista ¿puede un particular tomar una decisión de inversión fundada, con la información a la que puede tener acceso?
Ahora el inversor tiene acceso a la misma información que los profesionales. Yo conozco a inversores privados con poca información económica que han hecho su pequeño patrimonio en bolsa...

Eso resulta al final esencial.
Totalmente esencial. Porque pérdidas como las que nos ha proporcionado este año Ahold —donde nosotros teníamos algo más del 1 por ciento de uno de nuestros fondos— te suceden en todos sitios. Por eso es esencial saber quiénes están detrás, quiénes son los gestores, si te puedes fiar o no... y eso cualquier pequeño inversor con paciencia y ganas puede hacerlo.

No parece que las auditoras hayan mejorado la fiabilidad de los censores jurados de antaño.
Nada, nada. Un *boom* bursátil acaba con todo, con todas las salvaguardas, con todas. Levitt, el anterior presidente de la SEC, lo advirtió durante años: un mercado alcista rompe con todo. Y si ves algunas Ofertas Públicas de Venta que se hicieron, algunas realizadas con muchas salvaguardas, observas que da igual, que un mercado así lo compra todo. Dicen que en 1720 salió a cotizar una compañía que no podía revelar a qué se dedicaba, pero que era muy lucrativa. Se vendió y allí detrás no había nada. Hace cuatro años un compañero me enseñó un folleto de una compañía americana de la que tampoco podían decir a qué se dedicaba. Que no tenía todavía proyecto de inversión, pero que esperaba tenerlo pronto. Trescientos años después.

En lo que respecta a las auditorias, hay quien cree que no sería mal método que cada compañía cotizase ponderadamente por sus gastos de auditoría a un fondo gestionado por la CNMV, y que ésta adjudicase los auditores por sorteo.

No me parecería mal, pero sinceramente no he pensado sobre el asunto. Nosotros preferimos evitar esos problemas eludiendo compañías dudosas.

Tras el escándalo Gescartera se ha establecido un fondo de garantía para las sociedades de valores ¿está de acuerdo?
Yo no, ya somos mayorcitos como para desconfiar de quien te ofrezca un 15 por ciento de rentabilidad anual. Porque si al final va a resultar que da igual hacerlo bien que no, se fomenta que haya aún más gente de ese tipo: «no te preocupes, si los dos primeros millones los tienes garantizados». Yo creo que todo el mundo debe asumir su cuota de responsabilidad, también el inversor tiene que hacer sus deberes.

En el sector inmobiliario, por ejemplo, estamos observando una burbuja, que de aquí a cinco años nos va a hacer mucho daño... Cuando la economía crece al 2 y el crédito inmobiliario crece al 20, lo que se está haciendo es hinchar la burbuja... Tenemos la típica crisis de oferta derivada de que los tipos de interés están demasiado bajos para lo que la economía necesita... Es una de las razones por las que no tenemos ninguna acción de un banco.[4]

2004-2005: La burbuja inmobiliaria en marcha

Ya hemos visto cómo habíamos avisado de los peligros de la burbuja inmobiliaria que se estaba produciendo en España, pero en 2004 terminamos de constatar que el crecimiento económico español tenía fundamentos muy poco sólidos al estar basado en el crédito y no en el ahorro y el incremento de productividad.

El Banco Central europeo, siguiendo al americano, había situado en 2003 los tipos a corto plazo en el 2 por ciento, un tipo demasiado bajo para las necesidades de la economía española dado que la inflación se situaba por encima de esos niveles. Como se observa en el gráfico de la página siguiente, España e Irlanda, los dos paí-

4. *Futuro*, mayo de 2003, pp. 21-28.

ses europeos con las burbujas inmobiliarias más devastadoras de esa década, tuvieron tipos de interés reales negativos durante casi tres y cinco años, respectivamente. (En 2015 y 2016 vivimos una situación similar, pero parece que, afortunadamente, no se está trasladando a las economías de la misma manera, para gran desconcierto de los banqueros centrales.) Esos tipos de interés reales negativos provocaban un crecimiento excesivo del crédito.

Tipos de interés reales (Tipo repo del BCE menos la tasa de inflación del IPC)

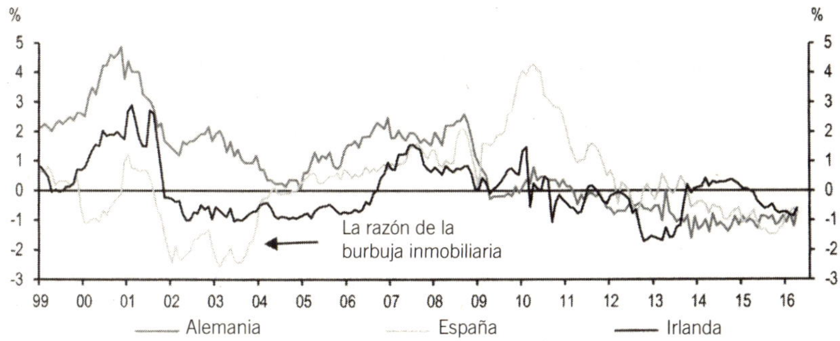

Fuente: Macrobond & HSBC.

Era lógico que con una financiación al 2 por ciento anual e inflación inmobiliaria del 10 por ciento, todos los agentes quisieran aprovechar esa «barra libre». Además, los bancos financiaban hasta el cien por cien de la inversión, algo no habitual en otros tiempos. Esto explica tanta riqueza inmobiliaria rápida: los promotores invierten con dinero ajeno, creando una sociedad para cada promoción; si funciona, ganan ellos; si no funciona, liquidan la sociedad y pierde el banco, y con él, el resto del país; ellos nunca pierden.

Tampoco pierden los políticos o funcionarios que califican el suelo. Los que con su decisión deciden cuándo y cuánto se va a construir en cada terreno, y, por tanto, quién se va a enriquecer con su decisión, son los verdaderos creadores de riqueza injusta, tanto ajena, como, muchas veces, propia. No es extraño que el único lugar de Estados Unidos donde la construcción es libre, Texas, tenga las viviendas más asequibles del país en proporción a su riqueza.

Tras varios años de tipos muy bajos, sólo en el último trimestre de 2005 empezarían a subir los tipos en Europa.

La situación inmobiliaria nos preocupaba enormemente y empezamos a posicionar la cartera española de manera muy conservadora, invirtiendo exclusivamente en compañías defensivas y/o exportadoras. Esto sería una constante en los siguientes siete años, hasta 2012. También en diciembre de 2004 habíamos aumentado la liquidez hasta prácticamente un 15 por ciento de la cartera. Esa liquidez aumentó en 2005, situándose de media en el 20 por ciento durante el año, la proporción más alta desde 1998. Una de las ventas significativas aquel año fue Cevasa (Compañía Española de Viviendas en Alquiler), uno de nuestros valores clásicos, con unos activos inmobiliarios en renta claramente infravalorados hasta ese momento. Nos compró el bloque de acciones una de las numerosas inmobiliarias que más tarde quebrarían.

Ponerse corto

Como siempre nos ocurre, nuestro aviso de los males que luego vendrían fue prematuro, pero por lo menos dormíamos tranquilos. Ésta es una de las ventajas de no ponernos nunca cortos. Algunos lectores se preguntarán por qué no nos pusimos cortos de bancos y compañías inmobiliarias si lo veíamos tan claro. Si observamos que desde 2003 hasta 2008 transcurren cinco años (realmente la burbuja sorprendentemente aguantó la crisis financiera global y explotó algo después que ésta), concluimos que si hubiéramos estado cortos de esos valores durante esos años habríamos soportado unas pérdidas terribles que hubieran cuestionado nuestra supervivencia como inversores.

Ponerse corto es apostar a que un activo va a bajar de precio. Se hace a través de productos derivados, opciones y futuros, y similares. Nosotros nunca hemos invertido de esa manera:

1. Porque somos optimistas y pensamos que las cosas siempre van a mejor. La humanidad está en su mejor momento y así continuará si se deja trabajar a la gente en paz. No encaja con nuestra personalidad ni con la razón a largo plazo.

2. Porque el tiempo juega en contra del inversor a corto, pues los activos reales de calidad tienden a revalorizarse. En una buena acción, barata y con futuro, pasan los años y el valor se incrementa. Sólo hay que tener paciencia para que el mercado lo reconozca, y si no lo reconoce, podemos incrementar la inversión; o no, pero lo decidimos nosotros, y las pérdidas se limitan a la inversión realizada.

En cambio, si estás corto el tiempo juega en contra tuya, y si sube el precio del activo se puede llegar a sufrir terriblemente, pues es necesario aumentar las garantías, incrementando la exposición a ese riesgo, aunque el inversor no lo quiera.

Ya hemos comentado que nosotros fuimos negativos con el sector inmobiliario y bancario español desde esa época. Si hubiéramos apostado contra el sector hubiéramos sufrido casi diez años hasta que se asumió el problema por los implicados, y podríamos no haber sobrevivido tal situación. Michel Lewis describe perfectamente ese sufrimiento en su libro, *La gran apuesta*.

3. Porque las posiciones cortas son casi exclusivamente inversiones a corto plazo, y a ese plazo los movimientos son prácticamente imposibles de predecir. Ponerse corto a largo plazo es, técnicamente, casi imposible.

En fin, queremos dormir tranquilos y queremos que las personas que confían en nosotros duerman también tranquilas.

La cartera global

En diciembre de 2004 en la cartera global las compañías europeas ya superaban el 80 por ciento del patrimonio. Y habíamos reducido el número de compañías de 150 a 100, en línea con una mayor concentración de valores derivada del aumento en la calidad de nuestro análisis. Los excesos de España no nos parecían tan evidentes fuera de ella, y encontrábamos valor, por lo que estábamos invertidos al máximo.

Cartera de Bestinver Internacional (31/12/2004)

VALORES	Inversión	% Total
TESORO DE ESPAÑA	11.001	4,98
TOTAL ADQ. TEMP. ACTIVOS	11.001	4,98
TOTAL RENTA FIJA	11.001	4,98
TOTAL CARTERA INTERIOR	11.001	4,98
Abrazas Petro	923	0,42
Amer Nat Ins	2.098	0,95
Ares	643	0,29
Avis Europe	1.676	0,76
Bally Tot Fit	804	0,36
Banque Privée Edmond	0	0,00
Barry callebaut	2.912	1,32
Batenburg	517	0,23
BE Semiconductor	641	0,29
Bell Holding AG	885	0,40
Bell Industries	902	0,41
Bilfinger	0	0,00
Boewe Systec AG	2.515	1,14
Bonduelle	719	0,33
Brantano NV	2.835	1,28
Bucherindstr	5.869	2,66
Buhrman	7.768	3,52
C&C Group	925	0,42
Camaieu SA	6.782	3,07
Carrere Group	1.311	0,59
Compass Group	1.281	0,58
CSM NV	0	0,00
D Ieteren SA	487	0,22
Dalet	143	0,06
DassaultAviat	3.063	1,39
De Telegraaf	1.511	0,68
Delhaize	0	0,00
Dentressangle	1.196	0,54

VALORES	Inversión	% Total
Devro Plc	951	0,43
Dolmen Computer	1.051	0,48
Econocom	4.870	2,20
Edel Music	841	0,38
Engineering	1.062	0,48
Escada AG	7.937	3,59
Esprinet	4.101	1,86
Etam Develop	2.955	1,34
Fairchild Corp	315	0,14
Fairfax Finci	4.730	2,14
Faiveley SA	2.463	1,11
Finlay Enter	2.369	1,07
Fleury Michon	899	0,41
Fuchs Petrolub	1.078	0,49
GFI informatique	1.290	0,58
GIFI SA	3.340	1,51
Guerbet SA	1.173	0,53
Hagemeyer	3.467	1,57
Head	767	0,35
Heineken Hld	1.215	0,55
IDT Corp	1.098	0,50
Imtech NV	819	0,37
ISS A/S	459	0,21
Kanaden Corp	862	0,39
Kindy SA	1.096	0,50
Kinepolis	6.908	3,13
Kone	0	0,00
KonniklijkeAhold	2.112	0,96
Konniklijke Boskalis	0	0,00
Lafuma	1.105	0,50
Lambert dur Chan	1.324	0,60
Macintosh NV	6.114	2,77
Maisons Fra Conf	809	0,37

VALORES	Inversión	% Total
MarionnaudParfm	2.947	1,33
Matalan	0	0,00
Medion	2.162	0,98
Metallwaren Hldg	6.319	2,86
Metsa Serla	1.294	0,59
MGI Confer SA	1.055	0,48
M-RealOY3	0	0.00
Nipponkoa	1.968	0,89
Nutreco NV	6.314	2,86
OCE NV	6.681	3,02
Okumura CORP	0	0,00
OPG Groep NV	5.687	2,57
Orchestra-Kazib	882	0,40
Panana Group	1.049	0,47
Passat	1.696	0,77
Pierre Vacances	935	0,42
Pinkcroccade	0	0,00
Playboy	0	0,00
Regent Inns PLC	1.645	0,74
Rentokil	0	0,00
REpower Systems	1.484	0,67
Rite Aid	5.168	2,34
Roto Smeets Boer	5.624	2,55
Roularta	2.137	0,97
Sabate SA	863	0,39
Sasa Industrie	1.303	0,59
Shire Pharmaceuticals	1.308	0,59
Signaux Girod	904	0,41
Sligro Food Grp	1.737	0,79
Smoby	1.405	0,64
Stef Tfe	348	0,16
Sthn Egy Homes	1.820	0,82
Tommy Hilfiger	1.275	0,58
Tonnellerie	2.038	0,92

VALORES	Inversión	% Total
Trigano SA	0	0,00
Unilever	951	0,43
United Services	2.535	1,15
Varsity Group	2.355	1,07
Vet Affaires	4.297	1,94
Vetropack	3.501	1,58
VM Materiaux	1.203	0,54
VNU N.V.	928	0,42
WamerChílcott	0	0,00
Wegener	7.212	3,26
Wolter Kluwer	0	0,00
Zapf Creation AG	962	0,44
TOTAL RENTA VARIABLE	**209.978**	**95,02**
TOTAL CARTERA EXTERIOR	**209.978**	**95,02**
TOTAL CARTERA (miles de euros)	**220.979**	**100,00**

Fuente: CNMV.

Sin embargo, y al revés de lo que sucedía con la cartera española, en la cartera global todavía no nos atrevíamos a aumentar los pesos de los valores, y, por ejemplo, en el cuarto trimestre de 2004 tan sólo cinco de ellos superaban el 3 por ciento de la misma: Camaieu, Kinepolis, Wegener, Escada y Burhman. Como curiosidad, en junio de 2005 compramos ya nuestra primera posición en BMW, que, después de muchos movimientos, con el tiempo ha resultado ser una inversión extraordinaria.

Ya se ve que nos centrábamos en valores medianos europeos, que nos dieron bastantes alegrías a pesar de fracasos claros como la propia Escada, Boewe Systec, Smoby, Schlott, Regent Inns, Alexon, Clinton Cards, y algunos otros de cuyo nombre duele acordarse, pues en todos ellos perdimos la práctica totalidad de la inversión. Estos fracasos, sin embargo, contribuyen a largo plazo a la mejora de la gestión, porque raro es que entre todos no saquemos algunas conclusiones útiles para el futuro. Es más conveniente sacar estas conclusiones leyendo sobre las experiencias de otros —probablemente sea imprescindible y disminuye la probabilidad de que alguno de nuestros errores sea fatal—, pero nuestros errores son inevitables, y hasta deseables, para no bajar la guardia, aprender y estar alertas.

A pesar de esos problemas, los resultados de esos dos años, un 19 y un 30 por ciento de rentabilidad, fueron muy positivos, superando también al índice de referencia. Como se ve, se puede obtener una rentabilidad muy satisfactoria a pesar de tener algunos fracasos, y la clave para ello probablemente sea doble: acertar más que fallar y tener mucho cuidado con el tamaño de los errores.

Acertamos habitualmente, pues los 30 o 40 errores graves cometidos suponen un 10 por ciento de las inversiones totales, ya que hemos invertido en unas 500 compañías a lo largo del tiempo. Es un porcentaje asumible.

Los tamaños de las posiciones deben seguir la máxima de Eugenio D'Ors: «los experimentos con gaseosa, no con champagne». Los valores en los que tenemos una ponderación alta, superior al 5 por ciento, deben ser aquellos en los que tenemos una confianza extrema, para minimizar la posibilidad de daños graves. Los más arriesgados deben mantenerse con un tamaño prudente, nunca superior al 1-2 por ciento.

2006-2007: Al borde del precipicio...

2006 fue el último año de incontestable recorrido alcista. En España empezamos con la ya comentada liquidez de un 20 por ciento, pero aprovechamos el recorte de mercado del segundo trimestre para incrementar nuestra inversión, que redujo la liquidez por debajo del 10 por ciento.

En ese segundo trimestre compramos acciones de Telefónica por primera vez en diez años. La corrección la había situado a precios interesantes, y continuamos comprando todo el año, para alcanzar en diciembre más del 8 por ciento del patrimonio de la cartera española, algo que nunca había sucedido. El país mientras tanto seguía viviendo el sueño inmobiliario, un sueño que, discretamente, estaba consumiendo el sistema financiero y político.

La cartera global tuvo de nuevo un gran año, +24 por ciento estando invertida todo el tiempo al máximo legal permitido, y ya con BMW entre las tres mayores posiciones, junto con Fuchs Petrolub y Metall Zug. Buen trío de ases.

Sin embargo, el acontecimiento más sobresaliente de 2006 no tuvo que ver con la gestión, ya que fue el accidente de avión que sufrimos en Pamplona el 7 de marzo cuatro miembros de Bestinver y dos pilotos. Aunque parezca increíble, ha sido la única vez en veinticinco años que utilizamos un avión privado para un desplazamiento. Un compañero de Bestinver, Alfredo Muñoz, director financiero y de operaciones, y un piloto, fallecieron. María Caputto, subdirectora comercial, Ignacio Pedrosa, director comercial, el segundo piloto y yo, sobrevivimos.

A pesar del enorme choque emocional, el impacto en la gestión de las inversiones en la empresa fue pequeño. Con Álvaro ya teníamos el apoyo necesario para tener continuidad y nuestra cartera siempre tiene un horizonte de inversión a largo plazo, por lo que puede estar un tiempo en «piloto automático». En realidad, el tiempo de inactividad fue corto, y aproximadamente en dos semanas pude comenzar a leer. Las heridas no habían sido importantes y recibí el apoyo absoluto de todos, incluyendo el de José Manuel Entrecanales y todo el grupo Acciona.

La ventaja de estar obligado a trabajar desde fuera de la oficina es que no tuve más remedio que empezar a utilizar los sistemas informáticos en remoto. Gracias a eso, poco a poco he podido adaptarme a las nuevas tecnologías que han ido apareciendo hasta llegar al iPad, del que ahora difícilmente podría librarme.

En 2006 se produjo el cénit de la continua y masiva entrada de clientes previa a la crisis de 2008-2009, alcanzando 6.000 millones de euros de activos gestionados. Eso suponía multiplicar esos activos por 20 en tres años. Fue algo verdaderamente insólito que nos situó con unas cuotas de mercado del 40 por ciento en el sector de fondos de inversión registrados en Inverco, la agrupación de gestoras de fondos, tanto para bolsa española como para bolsa europea.

Nuestra aspiración nunca fue ni será el crecimiento, pero trabajando sin objetivos conseguimos ir más allá de lo que nunca hubiéramos imaginado. A lo largo del tiempo tuvimos dos directores comerciales o de relación con clientes, Ignacio Pedrosa y Beltrán Parages, que nunca tuvieron objetivos de crecimiento. No hacíamos actividad comercial activa, ya que no hacíamos publicidad (excepto una mínima campaña en 2000: ¿Crisis, que crisis?, resaltando los buenos resultados de ese año), ni teníamos acuerdos de distribución (excepto algunos de menor cuantía y que databan de antes de 2000, y que respetamos como gesto de agradecimiento ante la confianza que habían depositado cuando éramos poco conocidos).

Hay varias razones para esta pasividad: primera, que el cliente tome la decisión activa de venir a nosotros establece un vínculo de confianza mucho más fuerte, pues se trata de una decisión compartida y sin presiones. Así se soportan mejor los tiempos difíciles. Segunda, con el crecimiento será necesario establecer límites a las cantidades gestionadas, y si esto es así, ¿qué sentido empresarial tiene compartir con distribuidores la rentabilidad de una capacidad limitada? Ninguno. Tercera, sinceramente, hemos tenido la suerte de no necesitarlo. En otras circunstancias quizás hubiéramos tomado decisiones distintas.

En cualquier caso, la rapidez del crecimiento nos sorprendió a todos y hasta mucho tiempo después no fuimos capaces de superar la situación y dar un buen servicio. No teníamos sitio físico para atender todas las muestras de interés, por lo que surgieron las inevitables colas y retrasos. Hasta que conseguimos doblar la capacidad, ampliando a otra planta, no pudimos solventar el problema.

2007

Así de confiados nos enfrentamos a 2007, año de transición después de un continuado comportamiento positivo. Como ya hemos visto en los años noventa, los periodos de transición de un mercado alcista a uno bajista son los más complicados para nosotros porque la cartera tiende a tener un carácter conservador que no encaja bien con esos últimos coletazos alcistas.

Afortunadamente, comenzamos el año con la incorporación del tercer gestor: Fernando Bernad. De nuevo fue una incorporación natural. Álvaro nos lo presentó después de haber trabajado directamente con él en dos etapas distintas, y desde el primer día nos ayudó mucho gracias a su amplia experiencia previa en nuestro tipo de gestión. De hecho, incluso había sido responsable de la gestión en una pequeña gestora ya desaparecida, Vetusta. Con él pudimos ampliar el equipo de analistas, al disponer de alguien capaz de dirigirlos y organizarlos. Álvaro y yo no teníamos el tiempo, y quizás tampoco las ganas, de dirigir un equipo amplio de personas, coordinando su trabajo. Teníamos una idea muy clara de donde aportábamos nuestro valor añadido, y queríamos mantener las condiciones de trabajo inalteradas.

La decisión de reforzar el equipo siempre es complicada, pues cada nueva persona añade capacidad de trabajo y valor, pero supone una restricción adicional para nuestro tiempo, ya que es necesario dedicar una parte del mismo a su formación. Perdemos grados de libertad, y a veces se confunde el papel de gestor de inversiones con el de gestor de personas. Por eso los gestores nuevos siempre han sido personas ya formadas, como Álvaro y Fernando. Con los analistas hemos seguido otra política, basada en titulados superiores brillantes, pero sin experiencia, para formarlos a nuestra manera. Esta política no hubiera sido posible sin Fernando, que ha tenido un papel decisivo en esa formación, creando un sólido equipo que con el tiempo será capaz de aportar buenas ideas.

A partir de ese momento se incorporarían Carmen Pérez Báguena y Mingkun Chan, uniéndose a Ivan Chvedine, que ya trabajaba con nosotros como analista. Entre todos formamos el sexteto con el que atravesamos la crisis.

También a comienzos de año, en marzo, le envié una carta de agradecimiento a Warren Buffett. Lo decidí en Tenerife cuando me enteré de que había comprado acciones de Posco, la acerera coreana. Nosotros recientemente habíamos estado involucrados en Arcelor y me gustó el paralelismo. En la carta le agradecía existir, ser un punto de referencia para un inversor aislado en un país como España, con poca tradición inversora. También le sugería comprar BMW.

Me contestó casi inmediatamente, dos días después, preguntando por ideas para invertir en compañías privadas españolas. No se me ocurría ninguna que encajara con su filosofía, por lo que no contesté y nuestra breve relación epistolar terminó ahí, desafortunadamente.

Durante la primavera se produjo otro hecho importante: me uní a un seminario de una semana que el IESE organizaba en China. Yo estaba positivamente predispuesto hacia el país, recordando los estupendos libros de Jim Rogers. Este gestor retirado recorrió dos veces el mundo, la primera en moto, la segunda en coche, haciendo un análisis comparativo «sobre el terreno» de los numerosos países que recorría. Su conclusión más relevante fue que el futuro estaba en China, con los siguientes argumentos: las ganas del pueblo chino por mejorar sus condiciones de vida; su capacidad de trabajo y ahorro; y un entorno razonable de defensa de la propiedad, con menor burocracia y corrupción que en otros países con un grado de desarrollo parecido.

Con gran interés, por tanto, visitamos empresas chinas, filiales de empresas extranjeras, inversores y académicos, añadiendo por mi cuenta visitas a filiales de las compañías de los fondos. Fue una experiencia extraordinaria que me permitió profundizar en el análisis para entender su desarrollo económico y su proceso de toma de decisiones. A partir de esa visita comencé a leer con avidez todo tipo de libros relacionados con China: tanto de ficción como ensayos académicos o periodísticos. Entre todos ellos destacaría el del antiguo embajador español en China Eugenio Bregolat, *La segunda revolución china*, y, sobre todo, el de Peter Hessler, *Country Driving*, iluminadora descripción del día a día del pueblo chino.

Con los años y después de varios viajes, uno de ellos con toda la familia, con un campamento de verano incluido, confirmé que el desarrollo era real y basado en una capacidad de trabajo y de ahorro que les permitía superar cualquier obstáculo. La imagen de una economía supuestamente teledirigida por el

Partido Comunista no era cierta. Existen amplias zonas de la actividad en las que el Gobierno no influye en absoluto, con una flexibilidad desconocida en Europa, Japón, Brasil y otros países en desarrollo. Esta libertad, y una competencia muy alta en sectores no estratégicos, ha permitido un crecimiento elevado sin inflación. E incluso en las áreas económicas efectivamente controladas por el Partido: electricidad, transporte, recursos básicos, etcétera, éste dispone de lo que el legendario presidente de Singapur, Lee Kuan Yew, constataba, la mejor burocracia del mundo, gracias a un sistema esencialmente meritocrático.

El desarrollo, además, no se basó en la deuda hasta 2009, año en que el impacto de la crisis global obligó a relajar las reglas monetarias. Este nivel de deuda sigue alto años después, pero los activos que soportan esa deuda son reales e importantes. Es posible que se haya producido mala inversión en algunas infraestructuras, pero la esencia de su desarrollo sigue siendo la enorme capacidad de la población para adaptarse a un entorno cambiante y un alto grado de competencia.

En todo caso, no empezamos a invertir en China, pero consideramos que era imprescindible tener un conocimiento cercano del país. Esto motivó la incorporación de Mingkun Chan, al que fuimos a buscar al IESE. Fue una elección muy complicada, dada la calidad de los 17 candidatos, todos de origen chino: el otro finalista había ganado un concurso de debates... ¡en la televisión japonesa!

Responsabilidad social corporativa. Fondo de Ayuda a África

También en 2007 lanzamos el Fondo de Ayuda a África, que además de contribuir en una mínima medida a paliar el atraso social y económico de algunas comunidades africanas, es parte de nuestra respuesta a un asunto que está en la mente de todos los que nos dedicamos a invertir en compañías públicas y que es innegable que hay que afrontar: la responsabilidad social corporativa.

Mi punto de vista sobre ello es similar al de Milton Friedman: las empresas o proyectos deben tener como objetivo aquel que le marcaron sus fundadores. Si pretendían aliviar la pobreza de una determinada parte de la población, o ayudar a las personas menos capacitadas, o fomentar actividades culturales, el éxito se debe medir por el impacto causado por la empresa, medición que debe realizar el emprendedor sin interferencias no deseadas de terceros.

Si el objetivo es ofrecer un producto o servicio a la sociedad de la manera más eficiente posible, a cambio de una contraprestación, también hay que dejar al emprendedor hacerlo de la manera que considere oportuna, respetando siempre la legislación vigente. Si, como parece natural, pretende maximizar la diferencia entre el valor de la venta y su coste, no hay que ponerse en su camino obligándole a asumir costes que no le corresponden. Si los beneficios son excesivos vendrá siempre, repetimos siempre, otro emprendedor que ayudará a reducir esos beneficios excesivos.

El objetivo en ambos casos debe marcarlo el emprendedor, y aquel que obliga a mezclarlos conduce a una confusión e incluso a un conflicto de metas que mandará un mensaje muy poco claro a la sociedad y no permitirá una correcta formación de precios, que son las señales para que otras personas actúen.

Recuerdo como un conocido banquero era nombrado doctor *honoris causa* por una prestigiosa universidad gracias a las generosas donaciones de su banco, mientras él se dedicaba a detraer dinero de los accionistas para su lucro personal y a dar lecciones escribiendo sobre la ética.

Nosotros exigimos a las compañías en las que invertimos el respeto total a la ley, aunque ésta no nos guste, y maximizar el retorno para nosotros como accionistas. Como accionistas utilizaremos los réditos obtenidos para nuestros objetivos personales, entre los que se pueden encontrar los de carácter «social». La separación entre los dos tipos de objetivos, los de las empresas y los personales, aclara enormemente el panorama, permitiendo un desarrollo sano de ambas actividades.

Cuando lanzamos el Fondo de Ayuda a África, colaborando con José María Márquez y África Directo, queríamos dejar clara esta separación entre la función de las empresas comerciales y la de las empresas «sociales». Ha tenido mucho éxito y hemos financiado hospitales, escuelas, medicinas, sistemas de tratamiento de agua, tratamientos para niños albinos, etcétera; una cantidad de proyectos muy numerosos en más de 20 países africanos, con una inversión cercana a los 3.500.000 euros.

Creo que con este proyecto hemos sentado las bases lógicas de la responsabilidad social de los accionistas de las empresas, que es la relevante. Sin embargo, y aunque este tipo de ayudas es imprescindible y hay que continuar con ellas, hay que complementarlas con otras a largo plazo. La más sostenible es la que implica a emprendedores que aplican a sus países en desarrollo las técnicas, ideas o tecnologías ya conocidas, o desarrollan otras nuevas. Y es la alternativa más válida, pues está financiada por los propios habitantes de los países afectados, con su propio dinero. No hay nada más sostenible que eso y que, además, no distorsione los mercados internos de los lugares que se pretende ayudar.

En la medida de lo posible es necesario ayudar por esa vía, pero el verdadero problema surge cuando políticos o funcionarios se dedican a rapiñar la riqueza propia del país o la generada por esos emprendedores, destruyendo su trabajo y eliminando los incentivos para acumular capital. Hay varias iniciativas globales para mitigarlo, como el Charter de Transparencia, promovido por Paul Collier, y en la medida que vayan teniendo resultado representaran un gran avance en el desarrollo de esas economías.

Otras iniciativas intermedias entre la donación pura y el mercado puro sería el capital paciente, por ejemplo, Acumen, que propone la inversión financiera con impacto. Busca rentabilidad en los proyectos, que tienen siempre un cierto carácter social, pero dedica esa rentabilidad a financiar otros nuevos.

Como se ve, hay muchas posibilidades de ayudar, pero es esencial no mezclar los objetivos perseguidos, pues lo único que se consigue es confundir al ahorrador y al recipiente de la ayuda y distorsionar las relaciones de intercambio tanto en el país donante como en el donatario.

Kilisun para personas con Albinismo
PONTE EN SU PIEL.
kilimanjaro suncare
kilimanjaro suncare
africa directo.

Construcción de Escuela Primaria de St Anthony en Kamwenge - Uganda
africa directo.

Fondo de Ayuda a África. Pesetas

País	Total país
Angola	202.000,00
Benin	73.427,00
Burkina	7.200,00
Burundi	58.500,00
Camerún	130.000,00
Congo Brazav.	5.350,00
Eritrea	110.000,00
Etiopía	64.000,00
Kenya	106.500,00
Mali	28.850,00
Malawi	699.076,00
Niger	5.000,00
Mozambique	24.540,00
Rep. Dem. Congo	44.300,00
Tanzania	684.013,50
Sierra Leona	139.041,00
Sudán	411.660,00
Uganda	527.107,29
Zambia	35.000,00
Total año	**3.355.564,79**

Fuente: Africa Directo.

Volviendo a los mercados, vemos que, después de un positivo primer semestre de 2007, los primeros problemas con algunos productos estructurados (productos soportados por derivados: opciones, futuros, etc.) con base en hipotecas inmobiliarias empezaron durante el verano a dejar sentir la sensación de cambio de ciclo. Nosotros prácticamente nunca hemos invertido en un producto estructurado (los bonos ligados a materias primas y a Japón en 1998 y el bono Nasdaq en 2000 son las únicas excepciones), pues son difíciles de entender y tienes la sensación de que están cobrando comisiones ocultas que hacen disminuir su atractivo. El resultado probable, por tanto, tiende a ser algo parecido a la inflación, y poco más.

Tampoco hemos invertido casi nunca directamente en esos productos derivados, opciones y futuros. Son instrumentos que cambian el foco de la inversión hacia el corto plazo (las coberturas a largo plazo son prohibitivas de precio, aunque las de corto tampoco son baratas), y nosotros pensamos que los movimientos a corto plazo son completamente aleatorios. La mejor cobertura para una cartera es que la compongan valores sólidos comprados a un precio razonable.

Merece la pena recordar como anécdota que decimos «casi nunca» porque en el periodo 2000-2001 intentamos excepcionalmente cubrir nuestra inversión en dólares. En aquel momento la cartera global tenía más del 30 por ciento de su patrimonio en dicha moneda, que cotizaba en sus máximos de los últimos treinta años, por debajo de 1 respecto al euro. Después de cubrirnos durante un par de trimestres ante una posible caída del dólar, el regulador, la CNMV, nos contactó para recordarnos que, dado que no teníamos «unidad de control de riesgos», no podíamos mantener dicha cobertura. Tras sopesar la posibilidad de crear esa unidad, decidimos no hacerlo, dado su coste y las escasas ocasiones en las que merecería la pena utilizar esos derivados.

Siempre hemos mantenido una relación excelente con el regulador, pero en esa ocasión no estuvo acertado. Cumplió con la letra de la ley, pero les costó a nuestros clientes una pérdida del 10 por ciento de su patrimonio cuando, durante los años posteriores, el dólar se depreció un 40 por ciento, hasta el 1,35 frente al euro en 2005.

Retomando 2007, aunque en España veíamos el futuro con claridad (y negro), con una cartera muy defensiva —de hecho, habíamos ampliado el campo inversor a Portugal para intentar limitar la exposición a la propia España—, no estábamos tan bien preparados para una crisis global, a pesar de explícitamente no tener exposición al sector financiero. No fuimos tan conscientes de la burbuja americana en el sector inmobiliario y sus implicaciones. No supimos aplicar el mismo razonamiento que hacíamos para España a sitios como Miami o Las Vegas.

Por otra parte, realmente pensábamos, y luego se demostró que correctamente, que nuestras carteras eran sólidas, con buenas compañías y precios razonables. Nos han preguntado muchas veces por qué no estábamos preparados para la caída, con más liquidez, pero la realidad es que nos gustaba la cartera global que teníamos. El problema no lo tenían nuestras compañías, sino otras muy endeudadas y ajenas a nosotros que provocaron la falta de liquidez temporal que arrastró a todo el sistema financiero, sin discriminar.

Nuestras inversiones importantes en aquella época se han comportado magníficamente a lo largo del tiempo, tanto en resultados como en cotizaciones, y únicamente Alapis y Cir/Cofide nos han decepcionado. La primera por un fraude que llevó a su presidente a la cárcel (lección: no hay que invertir en compañías que te invitan constantemente a eventos y en las que el presidente viaja con un nutrido grupo de guardaespaldas); y la segunda por la hecatombe del sector eléctrico europeo en los últimos años.

Ya el segundo semestre de 2007 fue complicado, con nuestros fondos obteniendo resultados negativos, tanto en términos absolutos como en relación al mercado.

Hemos comentado, y así se ha visto en el relato del pasado, que el peor momento para nosotros es el cambio de ciclo de un mercado alcista a uno bajista, pues el tipo de compañías en las que invertimos en esos momentos son defensivas y tenemos algo más de liquidez de la habitual. En ese momento la liquidez era la habitual, pero veníamos de un comportamiento extraordinario de los fondos que nos hizo bajar algo la guardia y no estar tan atentos como hubiéramos debido.

Con curiosidad, en ese mismo otoño de 2007 me acerqué al Día del lnversor de un gran banco español, para ver cómo respiraba la banca española y confirmar su ignorancia respecto a la situación inmobiliaria. Constaté que, efectivamente, no tenían ni idea de lo que se les venía encima. El director comercial aseveró sin inmutarse que en los siguientes cinco años se construirían 500.000-600.000 casas al año.

Si uno de los bancos más grandes de España no sabía lo que

estaba pasando, se confirmaba la impresión de que el sector financiero iba a sufrir mucho, y en especial las Cajas de Ahorro. En éstas su politización agravaba el daño, pues nos llegaban repetidos rumores de concesiones de préstamos fraudulentos dentro de ellas y de intentos para ocultar el tamaño del problema. Cuando se habla de nacionalizar la banca para que no vuelva a ocurrir algo parecido en el futuro, se da muestra de una completa ceguera ante lo sucedido en las Cajas de Ahorro, controladas por el *establisment* político regional, que prueba de nuevo que el grado de intervención política es un agravante en una crisis financiera.

El año lo concluimos con la novedad más importante en cuanto a productos en una larga temporada: el lanzamiento en ese mismo otoño del Hedge Fund, que en realidad se trataba de un fondo concentrado. Lo mejor de lo mejor, con la idea de que nuestras mejores ideas tendrían un mejor comportamiento, aunque algo más de volatilidad. Con el tiempo se ha demostrado que esto era cierto, obteniendo unos puntos adicionales de rentabilidad respecto a Bestinfond.

En el *hedge*, después de un primer sistema de comisiones parecido a los de la competencia, que cambiamos porque nos parecía injusto ya que penalizaba al cliente, establecimos uno muy novedoso. La comisión fija era idéntica a la de fondo que reflejaba nuestra cartera modelo, Bestinfond, y el exceso de rentabilidad obtenida por el *hedge* sobre este fondo se repartía al 50 por ciento entre el cliente y la gestora, una solución muy satisfactoria para todos.

2008: La gran caída

A pesar de estar muy preparados en la cartera española y no tener ninguna inversión en compañías financieras en la cartera global, ya el primer trimestre de 2008 fue muy negativo, con caídas del 6 y 12 por ciento en los valores liquidativos de las carteras nacional y global, respectivamente. Esto ocurrió a pesar de recibir tres opas (ofertas de compra) en la cartera global, destacando entre ellas la de Corporate Express, una compañía importante, pues tenía un peso del 3,5 por ciento. Era un mal presagio para el resto del año.

Sin embargo, el principal problema durante ese trimestre no fueron los resultados de los fondos, sino la retirada de dinero de los fondos por parte de los inversores. Curiosamente, nosotros sufrimos el grueso de las salidas en ese momento, no a partir de la quiebra de Lehman Brothers en septiembre. Y esto se debió a que, entre el número ingente de inversores de los años previos, había muchos que claramente no estaban preparados para soportar la volatilidad de la bolsa. Incluso había numerosos casos de compra de fondos gracias a préstamos bancarios, que también se concedían con facilidad fuera del sector inmobiliario. Así, el grueso de los reembolsos del año, que al final resultaron ser el 20 por ciento de los activos, se produjo en ese trimestre.

Estos reembolsos alcanzaron durante tres meses los 20-30 millones de euros diarios, pero pudimos atender sin problemas los reembolsos con la ayuda de las opas recibidas, con algunas ventas de bloques significativos y con las inversiones de nuestro accionista, que, dado lo atractivo de los precios de mercado, decidió realizar algunas inversiones en los fondos.

La liquidez

Algunos nos han achacado que hemos obtenido buenos resultados por exponernos a valores ilíquidos. Hemos visto que esto no ha sido siempre así, con largos periodos de inversión en grandes valores —realmente somos agnósticos respecto al tamaño de las compañías, nos interesa únicamente su negocio y su valoración—, pero el problema de la supuesta falta de liquidez de los valores pequeños es un falso problema. El factor esencial que puede complicar la gestión es equivocarte en la valoración. Cuando hemos acertado con ella, y la acción cotiza con descuento, siempre se encuentra la contrapartida necesaria. A veces es necesario ofrecer un pequeño descuento, quizás del 5 por ciento, pero otras veces se obtiene un precio superior al de mercado. El *trading* de la iliquidez (estar preparado para comprar una acción que tiene poco volumen de contratación y esperar pacientemente a que el mercado la valore correctamente), es uno de los más sencillos y seguros que existen.

Por otra parte, en una compañía grande, la supuesta liquidez puede desaparecer de un día para otro. Un ejemplo de ello que nosotros sufrimos fue el caso de Ahold unos años antes. Pensábamos que la compañía valía 13 euros, y como cotizaba a 9 nos parecía en aquel momento una propuesta atractiva para un miembro del EuroStoxx 50, el índice de las grandes compañías europeas. El problema fue que las cuentas no reflejaban su situación real, y cuando esto se descubrió, la cotización abrió al día siguiente a 3 euros. Es decir, una compañía grande y líquida perdió en una noche el 66 por ciento de su valor, y desde luego, no dio liquidez a 9 euros, si no a 3. Fue un error nuestro de valoración.

La pena es que, como casi siempre, en este caso particular había algún indicio que nos debía haber alertado, como la compra de la cadena de supermercados españoles Superdiplo, de la que éramos accionistas y conscientes del alto precio que Ahold había pagado por ella. Como el rencor no tiene cabida en el mundo inversor, años después hemos vuelto a ser accionistas de Ahold, y con cierto éxito.

La lista de compañías pequeñas vendidas a su valoración real es interminable, Cevasa, Inmobiliaria Asturiana, Fiponsa, Tudor, Grupo Anaya, Fuchs Petrolub, Camaieu, Hagemeyer, Buhrman, etcétera. En unos casos el propio mercado reconoce la infravaloración y las sitúa en su justo precio; en otros un industrial las decide comprar enteras; las razones pueden ser muy variadas, pero entre todas ayudan a eliminar esa ineficiencia. La mayor excepción que hemos sufrido fue la comentada venta de las filiales de Endesa, pues ésta, muy hábilmente, utilizó un proceso de fusión, que obligaba a acudir al canje si un valorador «independiente» confirmaba la bondad de la ecuación de canje entre ellas, como finalmente ocurrió. Si hubiera lanzado una opa no hubiéramos acudido, como nos ocurrió con Camaieu, la compañía francesa de distribución de ropa, donde sólo aceptamos la tercera opa que presentaron más de dos años después de la primera. En todo caso, con las filiales de Endesa no perdimos dinero, únicamente tuvimos un lucro cesante.

El último y más reciente ejemplo evidente del falso problema de la liquidez ocurrió con mi marcha y la posterior de mis compañeros de Bestinver en 2014. Un 25 por ciento del patrimonio fue reembolsado en un trimestre, pero ellos fueron capaces de vender las acciones necesarias sin necesidad de ofrecer descuentos, salvo en casos excepcionales, en un mercado bajista.

2008: Continuación

Volviendo a 2008, durante el segundo trimestre las dos carteras cayeron otro 6 por ciento, y aunque en el primer semestre la caída en la española era muy inferior a la de los índices, en la global era similar. Los mercados dieron un respiro en abril y mayo, con fuertes revalorizaciones, aproximadamente del 20 por ciento, pues la quiebra de Bear Stearns, uno de los bancos de inversiones más importantes de Wall Street se había superado con su compra por JP Morgan.

Los reembolsos continuaron, pero ya disminuyeron significativamente respecto al primer trimestre. Esto, unido a esas subidas que ayudaron a realizar las ventas necesarias, tranquilizó de forma apreciable nuestros ánimos. Curiosamente durante todo el año tuvimos obras en la oficina y todo el equipo estuvo trabajando en la misma sala, en vez de en los típicos despachos. Supongo que eso también nos ayudó a mantenernos fuertes.

En la cartera global pudimos reinvertir en Ciba parte de las ventas derivadas de acudir a las citadas opas. Era uno de los líderes mundiales en química especializada, y nos daría una grata sorpresa poco después. Buffett había comprado en verano Rohm & Haas, química de similares características que Ciba, por un precio muy superior al que se desprendía de los múltiplos de ésta.

Para agravar la situación creada por los problemas financieros en Estados Unidos, las materias primas y en especial, el barril de petróleo, que se situó en 140 dólares, elevaron las expectativas inflacionarias en todo el mundo. El petróleo, que diez años antes cotizaba por debajo de 10 dólares se había multiplicado por 15 en esos años, mientras que las bolsas en ese periodo no habían hecho gran cosa, con una rentabilidad cercana al 0 por ciento. Ya se podía intuir donde habría valor en el futuro.

Durante el tercer trimestre de nuevo nuestros fondos cayeron fuertemente, un 12 por ciento la cartera española y un 9 por ciento la global. Después de un verano relativamente calmado, el mes de septiembre desató la mayor tormenta económica de las últimas décadas. El día 15 se anuncia la quiebra de Lehman, acompañada días después de los graves problemas de AIG, Meryll Lynch, etcétera.

La crisis financiera

La sensación general en la opinión pública es que la crisis financiera la provocaron los perversos banqueros de Wall Street, que con su avaricia rompieron el idílico orden social establecido por una sociedad sana y diligente. Algo de culpa tuvieron, naturalmente, pero culparles a ellos es como culpar del problema de las drogas al camello que las vende en la calle. Todos sabemos que los culpables últimos o primeros son los grandes traficantes que ponen la droga en el mercado y los consumidores, mientras que el camello sufre los perjuicios derivados de su propia debilidad. En el caso que nos ocupa, la crisis financiera, el culpable último es el que rebaja artificialmente los tipos de interés o el que flexibiliza las obligaciones legales, facilitando el acceso al crédito a personas que no cumplen las condiciones mínimas necesarias.

En España, por ejemplo, no estábamos afectados por el virus de Wall Street ni por los CDOs («trozos» de hipotecas) que, de nuevo, tan bien se explican en *La gran apuesta*, y, sin embargo, tuvimos los mismos, o peores problemas que los americanos. Lo que sí teníamos en común con ellos eran los tipos de interés.

El problema esencial es que el precio del dinero (el tipo de interés) no lo determina el mercado, como sí ocurre con la ropa o la comida, lo determinan unos supuestos expertos del Estado con una información limitada (en el capítulo 4 lo analizaremos con más detalle). ¿Qué diríamos si el precio de la ropa lo decidiera un grupo de expertos? Ya ha ocurrido en algunos países y ya sabemos el resultado obtenido.

Volviendo a los tipos de interés, ¿cómo no va a haber efectos perversos con una política de tipos artificialmente bajos? Es evidente que alguien va a actuar intentando aprovecharla, y los operadores de Wall Street son los que están en una posición privilegiada para utilizar las herramientas que les ofrece la clase política, en este caso la Reserva Federal.

Estos bajos tipos, también causantes de la crisis española, tenían su origen en el año 1998, en el que recordemos se salvó a LTCM por el supuesto riesgo sistémico que suponía su quiebra. A partir de ese momento se produjeron la crisis tecnológica, los atentados del 11-S y la segunda guerra de Iraq, y la Fed encontró las excusas para mantener los tipos de intervención por debajo del 2 por ciento durante tres años, desde 2002 hasta 2005 —en primavera de 2003 los tipos de interés a corto plazo se situaban en el 1 por ciento, el tipo más bajo desde 1958—, en un entorno en que la inflación se situaba por encima de ese 2 por ciento, es decir, manteniendo intereses reales negativos durante tres años. Como consecuencia de ello, en el periodo de dos años 2004-2005, el precio de la vivienda en las 10 principales ciudades americanas se incrementó un 38%, según el índice Case-Schiller.

Tipos de Interés de la Reserva Federal de Estados Unidos

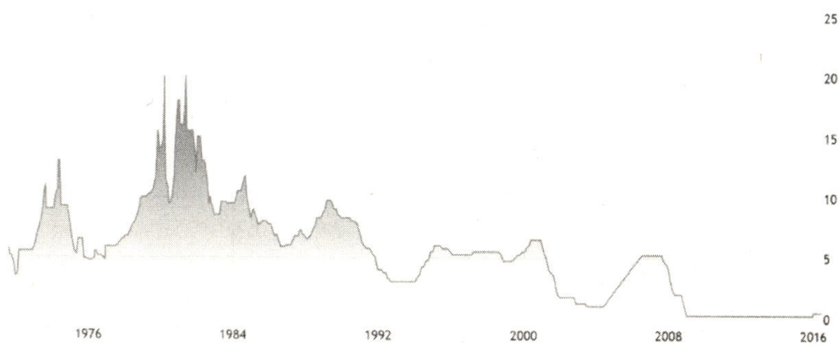

Fuente: Reserva Federal.

Pero no sólo la Fed fue culpable, el Congreso americano también lo fue. (Si el problema hubieran sido únicamente los tipos bajos, quizás se podría haber evitado la crisis. De 2008 a 2015 los tipos han estado en el 0 por ciento sin causar un daño aparente, pues parece que el dinero no ha penetrado en el sistema de la misma forma que lo hizo previamente.) Es increíble recordar las palabras en 2003 de Barney Frank, el congresista demócrata que dirigió la política relacionada con las empresas esponsorizadas por el Gobierno (GSE), Fannie Mae y Freddy Mac, las instituciones financieras dedicadas a garantizar las hipotecas del sistema financiero: «Pienso que no quiero el mismo foco en la seguridad y la solidez que tenemos en la OCC y la OTS. Quiero ser más agresivo en lo referente a las casas subvencionadas».[5]

A Frank no le preocupaba tanto la solidez del sistema como fomentar la propiedad de viviendas entre los segmentos de población más desfavorecidos, y para ello, no cejó en su empeño de

5. *«I do think I do not want the same kind of focus on safety and soundness that we have in the OCC (Office of the Comptroller of the Currency) and the OTS (Office of Thrift Supervision). I want to roll the dice a little bit more in this situation toward subsidized housing»*, Barney Frank, oído en el House Financial Services Committee, 25 de septiembre de 2003. *(T. del a.)* En esa misma época dijo: *«The more people in my judgement, exaggerate a threat of safety and soundness, the more people conjure up the possibility of serious financial losses to the Treasury, which I do not see. I think we see entities that are fundamentally sound financially and withstand some of the disaster scenarios»*. (Se refiere a las entidades semipúblicas que esponsorizan las hipotecas), 10 de septiembre de 2003.

Importante también fue la CRA (Community Reinvestmente Act), antigua ley de la época del presidente Carter que fue reforzada durante la administración Clinton y que obligaba a no discriminar a las minorías en la concesión de préstamos, obligando a los bancos a concederlos. En este sentido son instructivas las palabras de otro político, el gobernador Andrew Cuomo, antiguo secretario de vivienda con Bill Clinton, acerca de la decisión judicial de obligar a un banco a dar hipotecas a personas desfavorecidas: «el banco tomará más riesgo con estas hipotecas, sí... dará a las familias hipotecas que no hubieran podido conseguir de otra manera, sí... Préstamos que supondrán 2,1 billones de dólares en hipotecas de mayor riesgo, y estoy seguro de que habrá un mayor índice de fallidos en estas hipotecas que en el resto de los préstamos» (T. del a.). En Thomas Woods, *Meltdown*, Regnery Publishing, Washington DC, 2009. Y se quedó tan tranquilo después de estas palabras.

obligar a los bancos a seguir su ideario, sin preocuparle la capacidad de repago de esas personas. Antes, en 1992, se impuso a las GSE la ley de vivienda asequible, que obligaba a que una cuota del 30 por ciento de las hipotecas garantizadas por ellas fueran a hogares desfavorecidos. Esta cuota subió al 50 por ciento con Clinton en 2000, y al 55 por ciento con Bush en 2007. Como consecuencia de ello, una parte importante de las hipotecas *subprime* o de baja calidad estaban garantizadas por organizaciones cuasi gubernamentales controladas por el Congreso americano. Según la investigación de la SEC, las GSE garantizaban 1,7 trillones de dólares de hipotecas de alto riesgo.[6]

Es decir, durante los quince años previos a la crisis el Congreso y el ejecutivo americano promocionaron activamente la compra de viviendas por parte de sectores desfavorecidos. Esto es algo loable si se hace con prudencia, sin exceder los límites de lo deseable, pero no fue así como ocurrió.

La crisis financiera global no hubiera ocurrido si dos de las principales entidades políticas norteamericanas se hubieran abstenido de intervenir en la formación del precio del dinero (mediante los tipos de interés) y en las condiciones de contratación de préstamos hipotecarios (mediante la legislación que fomentaba el endeudamiento de personas con poca capacidad de repago).

En este contexto, parte de la banca comercial americana, la banca de Wall Street —gente que, por otra parte, no tiene mucho que ver con la forma que nosotros tenemos de trabajar—, y las agencias de calificación, actuaron con excesiva agresividad, como hacen a menudo aprovechando cualquier resquicio susceptible de generar una comisión, emitiendo productos confusos y poco transparentes. A ello contribuyó el sistema de incentivos que premia las «apuestas» asimétricas a corto plazo, pues si el *trader* pierde, en realidad pierde la institución para la que trabaja, mientras que si gana obtiene beneficios personales importantes.

6. Gene Epstein, «The Fannie and Freddie Chronicles», *Barron's*, 7 de enero de 2012.

China, con su importante compra de bonos americanos a largo plazo contribuyó también a reducir los tipos de interés a largo plazo.

Estos factores agravaron el problema que se había creado, llevándolo a una situación límite. Pero ni a los banqueros de Wall Street ni al Gobierno chino se les puede acusar de ser los principales causantes de algo que tiene su origen en otro lugar, y de lo que únicamente son responsables subsidiarios respecto a las organizaciones políticas citadas.

Quién predijo la crisis y quién no

Mientras que Barney Frank y el resto del *establisment* político y académico intervencionista fomentaban la concesión de préstamos a personas de dudosa capacidad de repago, había algunas excepciones, como la del congresista libertario Ron Paul, que en esa misma época, 10 de Septiembre de 2003, decía en el Congreso Americano:

> La línea de crédito (a las GSEs)... distorsiona la asignación de capital. Más importante aún, la línea de crédito es una promesa en nombre del gobierno para realizar un gigantesco, inmoral e inconstitucional traspaso de rentas de los trabajadores americanos a los tenedores de deuda de las GSE.
>
> Irónicamente, al transferir el riesgo de pérdidas generalizadas en hipotecas, el Gobierno aumenta las probabilidades de un *crash* doloroso en el mercado inmobiliario.
>
> A pesar del daño a largo plazo que inflige a la economía la intervención del Gobierno en el mercado inmobiliario... a corto plazo genera un *boom*... que no va a durar siempre.

Supongo que el hecho de ser médico le ayudaba a Ron Paul a ver las cosas claras. Mientras tanto uno de los economistas vivos mas influyentes, el Nobel Joseph Stiglitz emitía un informe en 2002 acerca de las GSE. En este informe, realizado con Jonathan y Peter Orszag, indicaban que con sus nuevos estándares de capital el riesgo de un *shock* severo en ellas era inferior a 1 entre 500.000.[7] Otro Nobel, Paul Krugman, también intervencionista, todavía decía en 2008 que las GSE no tenían nada ver con la crisis inmobiliaria.

Ciba: salvación en los momentos más graves

Nosotros tuvimos la enorme coincidencia de que ese mismo día 15 de septiembre de 2008, cuando se anuncia la quiebra de Lehman Brothers, recibíamos una opa sobre Ciba, nuestra segunda mayor posición en la cartera global, un 8 por ciento de la misma. Basf, la empresa química alemana, aprovechaba la coyuntura para comprar activos a buen precio. La acción cotizaba a 25 francos suizos en verano, subiendo por encima de 30 ante los rumores, que finalmente se concretaron el día 15 con una oferta a 50 francos. Nuestra valoración era cercana a los 100 francos (los asesores de la propia Basf, en el documento que acompañaba a la opa, reconocían en su *fairness opinion* un valor para la compañía de entre 80 y 87 francos), por lo que anunciamos que no acudiríamos a la oferta.[8]

Después de semanas de espera, y ante las enormes caídas de los mercados, en noviembre decidimos vender todas las acciones a Basf. Como Ciba se había revalorizado un 75 por ciento, y el resto de la cartera había caído un 25 por ciento, ya representaba el 20 por ciento de la cartera, lo que suponía un cierto riesgo y todo un potencial arsenal de liquidez en un momento óptimo para disparar. Las alternativas se habían vuelto muy atractivas, por lo que el incentivo para mantener las acciones de Ciba y pelear por un precio más alto disminuía día a día. Evitar los lazos emocionales con las inversiones es un gran activo que hay que cuidar; ya hemos comentado que no hay que enamorarse de una

7. Joseph E. Stiglitz, Jonathan M Orszag y Peter R. Orszag, «Implications of the New Fannie Mae and Freddy Mac Risk-based Capital Standard», Fannie Mae Papers, Volume I, Issue 2, March 2002.

8. Perella Weinberg Partners, «Fairness Opinion for the attention of the Board of Ciba Holding Inc.», 13 de septiembre de 2008.

acción o empresa determinada ni, por supuesto, odiarla: si las circunstancias cambian debemos adaptarnos a ellas. En este caso, a pesar de que Ciba podía todavía tener un potencial de revalorización del cien por cien, nos inclinamos por venderla para comprar compañías con potenciales del 200 por ciento. La liquidez nos serviría también para afrontar cualquier nuevo agravamiento de la crisis.

Éste es un nuevo ejemplo de cómo hay que centrarse en la selección de valores y no en adivinar qué es lo que va a suceder en el mundo. Vivimos en la incertidumbre permanente y así continuaremos viviendo hasta que la única certidumbre que existe nos llegue. Recuerdo que cuando empezaba a trabajar en los mercados financieros en 1990 escuché por primera vez esa dichosa palabra, y no la he dejado de oír hasta hoy. ¿Adivinamos en qué momento estamos? Un momento de gran incertidumbre, claro.

A pesar de las continuas caídas, en otoño de 2008 nuestros inversores ya no reembolsaban significativamente. Teníamos inversores sensatos, y ya hablábamos de caídas superiores al 25 por ciento desde el 1 de enero, por lo que las ganas de vender disminuían. Durante todo el año realizamos un esfuerzo especial de comunicación y transparencia. Hicimos conferencias telefónicas, empezamos a publicar los valores objetivos de los fondos, y aumentamos la información dada en los informes trimestrales y en otras comunicaciones con los clientes.

El 30 de septiembre enviamos una nueva carta a los clientes, en línea con la enviada en diciembre de 2000. En la nueva carta resaltábamos que nuestras carteras eran muy conservadoras y que el ajuste inmobiliario americano estaba bastante avanzado. La carta y el resto de esfuerzo de comunicación parece que surtieron el efecto perseguido.

Madrid, 30 de septiembre de 2008

Estimado inversor:

Los últimos acontecimientos han afectado significativamente a numerosas entidades financieras en Europa Occidental y especialmente en Estados Unidos. Esta crisis ha tenido el mismo origen que crisis anteriores: el exceso de endeudamiento de un sistema financiero garantizado por el apoyo tácito o expreso del Estado correspondiente. Como hemos venido indicando reiteradamente, estos excesos siempre terminan de forma muy negativa, perjudicando a la mayoría de las partes implicadas.

Sin embargo, tenemos que insistir en que, aunque a corto plazo parece que a los fondos de Bestinver les afecta la situación, a largo plazo el impacto será mínimo, pudiendo aprovecharnos de dichas turbulencias. Varias son las razones para ello:

- ✓ Nuestra exposición al sector bancario ha sido desde hace varios años y continúa siendo cero, evidentemente no por casualidad, sino en previsión del estallido de la burbuja crediticia.
- ✓ Más del 90 por ciento de nuestras compañías tiene un endeudamiento mínimo o inexistente. No necesitan del crédito para operar, disponiendo algunas de ellas de tesorería neta positiva.
- ✓ Los clientes de nuestras compañías están repartidos por todo el mundo, pudiendo ajustar sus ventas a aquellos mercados más favorables (China, Brasil, Alemania, etcétera).
- ✓ Hay que recordar que el crecimiento global en 2008 va a ser del 3 por ciento aproximadamente. Es posible que se ralentice en 2009 pero siempre con crecimientos positivos, ya que el apoyo que China continental está dando al crecimiento global es muy importante, y basado en factores sostenibles como el ahorro y el trabajo productivo, factores ambos que han escaseado en algunos países del mundo occidental. Es necesario resaltar que a pesar de las reiteradas noticias negativas procedentes de nuestro entorno occidental, numerosos países se están desarrollando de manera sana y sin endeudarse.
- ✓ El exagerado movimiento alcista de las materias primas, que tanto ha afectado a corto plazo a algunas compañías de los fondos, empieza a cambiar de sentido. Esto supone un apoyo muy significativo para el consumidor occidental, que pronto se reflejará en su capacidad de compra.

✓ Como dijimos en enero, el impacto más negativo para nuestros fondos está siendo la falta de liquidez de algunos coinversores en nuestras compañías. Esto es un fenómeno temporal, que pasará y permitirá demostrar el enorme valor de nuestras inversiones. Este valor lo publicamos todos los meses en nuestra página web y mantiene una sostenida tendencia alcista desde el inicio de la crisis.

Probablemente no viviremos el final de la «crisis» hasta que la caída de precios en el sector inmobiliario en USA se detenga. En algunas zonas esta caída se acerca al 50 por ciento por lo que probablemente este final no esté lejos. La enorme ventaja de la economía norteamericana es su enorme flexibilidad. En menos de dieciocho meses se está realizando un ajuste fortísimo que permitirá afrontar los próximos años con unas bases mucho más sólidas. Sinceramente pensamos que a largo plazo los efectos serán positivos.

En cualquier caso insistimos en que, aunque parezca sorprendente, las acciones son el mejor activo para conservar el patrimonio cuando el sistema financiero estalla, por lo que con paciencia y tranquilidad recogeremos los frutos a medio plazo.

En octubre, en nuestra carta trimestral, nos extenderemos en estos puntos en nuestra tarea de explicar de la mejor manera posible nuestro trabajo.

Francisco García Paramés
Director General de Inversiones

Hay que tener en cuenta que la transparencia ha sido una parte esencial de nuestra relación con los clientes. Es cierto que hay límites, pues la competencia está siempre al acecho de los movimientos que hacemos, pero dentro de esos límites intentamos ayudar al máximo, pues así facilitamos la comprensión por los clientes de nuestro trabajo y nos ayudamos a nosotros mismos.

Gracias a ello, en el conjunto de la crisis, desde verano de

2007 hasta primavera de 2009, los reembolsos representaron algo más del 20 por ciento de los activos gestionados, fundamentalmente de instituciones, que tienen más dificultades para soportar la presión del entorno que las familias.

Estamos a finales de 2008 y durante el último trimestre la crisis no sólo no amainó, sino que se agravó, y las caídas fueron todavía más fuertes: ¡Un 15,7 por ciento la cartera nacional y un 20,9 por ciento la global! Con ello las pérdidas anuales se situaron en el 35,16 por ciento y en el 44,71 por ciento respectivamente. En la nacional un 5 por ciento mejor que el mercado y en la global un 5 por ciento peor.

Especialmente terrible fue el mes de octubre, con pérdidas del 15 por ciento, pero con días de caídas cercanas al 10 por ciento, acompañados de rebotes importantes. Los peores momentos fueron los días centrales del mes, pero el día 9 nació nuestra tercera hija.

Esta nueva situación personal me mostraba la crisis desde una nueva perspectiva, relajando el ambiente que nos rodeaba y marcando cierta distancia con los problemas. La sensación que provocaban las continuas caídas era completamente irreal, casi de broma. Álvaro traía al hospital las posiciones actualizadas de las carteras e intentábamos aprovechar al máximo los movimientos de los valores.

Al final del año 2008 la cartera nacional cotizaba a PER 6 y la global a PER 3.4. Obviamente los precios más bajos de nuestra historia, que tardarán mucho tiempo en repetirse. Con ello su potencial de revalorización era enorme, el 150 y el 340 por ciento respectivamente.

2009: Recuperación inmediata

El año comenzó como finalizó 2008, con nuevas pérdidas, que continuaron hasta la primera semana de marzo. Pero ya algunos indicios empezaban a ser muy positivos, y a caballo del cambio de año me planteaba seriamente endeudarme para invertir; lo pensaba por primera vez en dieciocho años. Cualquier inversión, y más aún la bursátil, debe realizarse con excedentes en forma de ahorro, con dinero no necesario para nuestra vida diaria. La deuda debe ser un componente pequeño de esa inversión. Es cierto que una inversión inmobiliaria se puede apoyar en una hipoteca que suponga un 50 por ciento del valor del activo, como máximo, pero una inversión en acciones sólo debe utilizar una deuda muy moderada, que no supere en ningún caso el 15-20 por ciento del valor de las acciones. Con esos porcentajes de deuda podremos vivir razonablemente tranquilos y soportar cualquier movimiento de mercado.

Yo no invierto con deuda, salvo la ya relatada excepción que hice cuando comencé a invertir; sin embargo, en 2009 la oportunidad era demasiado clara para no aprovecharla. Al final no me decidí.

El indicio más claro de que estábamos en el punto más bajo fue casero. Mi mujer se cuestionaba por primera vez si la moderada inversión de su madre en los fondos, cuya rentabilidad le ayudaba para sus gastos, no estaría mejor colocada en algún fondo menos volátil. Esto ocurrió en febrero, en la cocina de nuestra casa, y definitivamente pensé que si hasta ella, que había sido y es una firme creyente en lo que hacemos, flaqueaba, es que el fin de la crisis estaba cerca.

Efectivamente, el mínimo de ese ciclo se alcanzó coincidiendo con nuestras Conferencias para Inversores. La de Barcelona el jueves 5 de marzo y la de Madrid el lunes 9, día en que se alcanzó ese mínimo. Eran unas cotizaciones que no se veían desde 1996, trece años antes. El S&P 500 el 9 de marzo cotizaba un 57 por ciento por debajo de su máximo de un año y medio antes. La segunda mayor caída de su historia, después del crac del 29.

Cuando llegamos a Barcelona, a la primera de ellas, el valor liquidativo del fondo internacional era de 9 euros por acción, una caída del 62 por ciento respecto a su máximo de 23,6 euros de julio de 2007, dieciocho meses antes. Nunca, ni en mis peores pesadillas pensé que una cartera gestionada por nosotros pudiera tener pérdidas superiores al 25-30 por ciento de su valor, y qué decir de una del 62 por ciento... Por tanto, no estábamos muy seguros de la reacción de los clientes. Es verdad que habíamos hecho un buen trabajo de explicación a lo largo de los años, que incrementamos en 2008, pero también es cierto que eran unas pérdidas enormes.

Hicimos una presentación muy extensa, la más detallada que nunca hayamos hecho, ilustrando la cartera hasta niveles poco habituales en el mercado. Como ejemplo, hablamos de nuestras dos principales inversiones: nos estaban regalando BMW, cotizando a 11 euros (hoy cotiza a 70 euros), y Ferrovial, cotizando a 3 euros (hoy cotiza a 20 euros).

BMV

Fuente: Bloomberg.

FERROVIAL

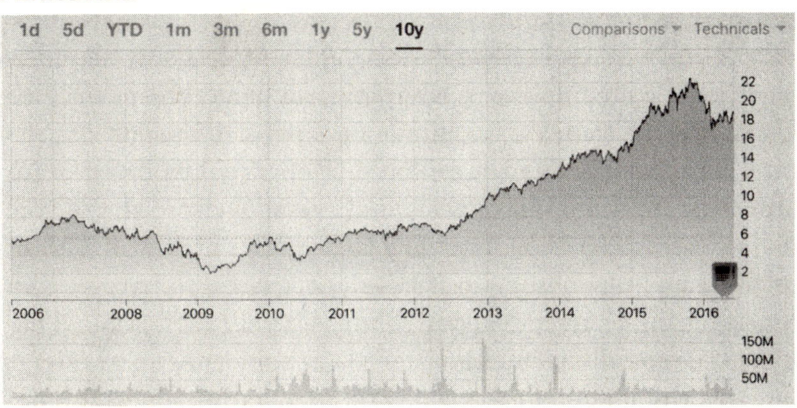

Fuente: Bloomberg.

Como siempre, aceptamos todas las preguntas de la audiencia, y la respuesta fue extraordinaria: no sólo fueron comprensivas e interesantes, sino que al terminar la conferencia los clientes aplaudieron. Nos aplaudieron. Para mí puede ser el hecho más extraordinario que nos ha ocurrido a lo largo de nuestros años como inversores. Personas que han perdido el 60 por ciento de sus ahorros (eso sí, temporalmente, como nosotros insistíamos), animando con sus aplausos a las personas «culpables» de esas pérdidas. En Madrid, tres días después se repitieron los aplausos, y esta actitud tan sorprendente nos dio renovadas fuerzas para seguir peleando contra las caídas.

Pero las caídas pararon ese mismo día 9 de marzo.

Conviene detenernos un momento para hablar de la viabilidad de la compañía y de nosotros como gestores, algo que me planteé también por sugerencia de mi mujer. En esos momentos de 2009 gestionábamos 2.000 millones de euros, una caída enorme desde los 6.500 millones de julio de 2007. Nunca tuvimos deuda, y siempre el apoyo de Acciona, por lo que nos enfrentamos a la crisis muy saneados. Hicimos un cálculo rápido, y constatamos que podíamos asumir una caída adicional de mercado de un 75-80 por ciento sin poner en duda el futuro de la empresa. Es decir, podíamos pasar de 6.500 a 500 millones de activos y mantener la misma filosofía de inversión y el mismo equipo de personas. Esto fue una fuente adicional de tranquilidad.

Mantener un *break-even*, punto muerto o umbral de beneficios bajo, tanto profesional como personal, es el rasgo esencial para sobrevivir con independencia y fortaleza. Es sorprendente escuchar cómo compañeros competidores deben cerrar sus fondos porque no tienen un volumen de fondos suficiente, cuando gestionan varios cientos de millones de euros o dólares. En algunos casos se esconde el cuasi fraude, pues el cierre se produce porque tienen comisión de éxito y las pérdidas no les permitirán cobrarla en mucho tiempo. Pero en otros casos se trata de una construcción de empresa poco sólida, sin pensar en un peor escenario y sus consecuencias.

Para completar esa fortaleza con la que nos enfrentamos al trabajo, esa empresa sólida hay que acompañarla con un umbral de gasto familiar o personal que debe ser también extremadamente bajo, lo que nos permitirá afrontar cualquier eventualidad también en nuestra vida privada. En todo momento debemos estar preparados para soportar los malos momentos con tranquilidad, por lo que ni alta deuda ni un tren de vida exagerado tienen cabida en nuestra forma de gestionar. En mi familia, tanto mi mujer como yo siempre lo hemos tenido muy presente.

Sinceramente debe haber coherencia entre la forma de invertir y la forma de vivir.

Pero en aquel momento la tranquilidad nos la dio la rapidez de la subida de los mercados a partir del 9 de marzo. Ya en marzo varios valores muy penalizados, como Debenhams, Esprinet, Oce, etcétera, subieron entre un 80 y un 170 por ciento. En algunos de ellos habíamos aumentado las posiciones gracias a la liquidez generada por Ciba, y estábamos especialmente contentos porque muchas de las revalorizaciones se producían después de que las compañías publicaran buenos resultados. Como tiene que ser.

Ya en el segundo trimestre las rentabilidades se dispararon. Un 21 por ciento para la cartera española y un 43 por ciento para la global. Esta revalorización de la cartera global ha sido la más alta obtenida por nosotros en un trimestre, y fue seguida de continuas subidas en el segundo semestre. El valor liquidativo de Bestinver Internacional, que había tocado el mínimo de 9 euros en marzo, termino el año en 18, un cien por cien de subida respecto al mínimo y un 71 por ciento respecto a inicio del año.

Calidad de las compañías

Alguien nos podría achacar que a pesar de haber previsto los excesos financieros del sistema no tuviéramos más liquidez en las carteras para afrontar la crisis. La realidad es que, como hemos dicho, nos gustaban nuestras compañías y pensábamos que eran sólidas en cualquier situación. Hay que insistir en que, aunque pudiéramos pensar que algunos sectores estaban sobrevalorados o en situación de riesgo potencial, si la cartera es buena la actitud correcta es esperar a que amaine el temporal.

Sin embargo, con la perspectiva del tiempo está claro que la calidad de nuestras compañías en la cartera global no era todo lo deseable que debiera haber sido para afrontar una crisis. En la cartera nacional teníamos una muy buena selección de valores defensivos y exportadores, con Ferrovial como máximo exponente, un 9 por ciento de la misma, pero no así en la global, donde en algunos casos todavía incidíamos más en el precio que en la calidad.

Coincidentemente, aprovechamos la crisis para constatar que las compañías de mayor calidad a un precio razonable tienen mejor comportamiento a largo plazo que las compañías simplemente baratas. Es el recorrido de Graham, especialista en compañías con activos reales muy infravalorados, a Buffett, centrado en valores de mayor calidad, medida ésta por el tamaño de la ventaja competitiva de que disponga.

Este camino lo han recorrido muchos inversores, y prácticamente todos los inversores *value*. La razón principal es que a largo plazo se obtienen mejores resultados, aunque haya pocos estudios que lo confirmen, por lo que no es una conclusión obvia. Una razón secundaria es que cuando somos jóvenes y empezamos a invertir tenemos un ansia desmesurada por hacerlo bien y destacar, y con ese objetivo escogemos las compañías más baratas, que aparentemente tienen un potencial más alto de revalorización. Con el tiempo, después de sufrir algunos descalabros y/o *value traps* (compañías baratas en negocios malos, que están años sin generar valor) y una vez que estamos en mejor situación económica, pensamos que es mejor opción la calidad, aunque haya que pagar un poco más por ella.

Nos extenderemos sobre ese recorrido hacia la calidad más adelante, pero ahora diremos que el catalizador para la decisión de seguirlo fue el pequeño libro de Joel Greenblatt, *El pequeño libro que aún vence al mercado*, donde confirma estadísticamente que esto es así, que la calidad es rentable. Tras reflexionar sobre nuestra cartera —de calidad moderada— y sobre el objetivo al que queríamos llegar —más solidez—, empezamos a moverla con más intensidad por ese camino. Y ya aparecen o reaparecen en cartera en 2009 valores como Schindler (viejo conocido), Wolters Kluwer (también conocido) o Thales, que nos darán grandes alegrías durante varios años. En sentido opuesto y conforme se revalorizaban, vendíamos parcial o totalmente valores como Debenhams, Smurfit Kappa, Cir (parcialmente) y Alapis, por ejemplo.

Una consecuencia natural de ese salto de calidad y la creciente confianza en nuestros valores, fue la concentración de la cartera global. En ese momento ya nos encontrábamos con una cartera de 60-70 valores, número que hemos venido manteniendo estable hasta ahora.

2010-2012: Crisis europea y española

Sorprendentemente, la crisis financiera global no había afectado en exceso a las economías europeas, pues se asumía que el sistema financiero europeo era más sólido que el americano. Pero en 2010 los mercados, ya con el foco en Grecia, empezaron a preocuparse por Europa y, particularmente, por los países llamados periféricos, entre los que estaba España. Excepto el caso español, lo ocurrido en esos países periféricos, incluido Portugal, nos sorprendió de la misma forma que a todo el mundo.

En España el tiempo pasaba, con un Gobierno embarcado en una política keynesiana sin sentido, gastando un dinero que el país no se podía permitir. Mientras tanto, el sistema financiero estaba acercándose a su fase terminal, entrando en una situación crítica en 2012. Hasta ese año, las entidades financieras españolas todavía conseguían esconder los problemas, refinanciando morosos con la connivencia de su entorno. A nadie le interesaba decir la verdad, ni al sistema financiero, ni a la clase política, ni al sector inmobiliario, ni a las personas que habían tomado préstamos que sabían que no podrían pagar. Los técnicos del Banco de España que eran conscientes de la situación eran acallados por los dirigentes políticos de la entidad.

No hay que olvidar que en España los problemas más graves ocurrieron en las Cajas de Ahorro, entidades «sin ánimo de lucro» controladas por los poderes políticos regionales. No se trataba de capitalistas avariciosos. Se trataba de una clase política que, de nuevo, velaba por sus intereses particulares, como es inevitable. Únicamente cuando no se pudieron pagar las nóminas de los trabajadores inmobiliarios y bancarios no quedó otro remedio que decir la verdad.

La crisis europea comenzó en Grecia en la primavera de 2010 y definitivamente explotó en el verano de 2011, iniciando una senda muy negativa para los mercados hasta el verano de 2012. Durante muchos años varios países europeos, España, Grecia, Portugal e Irlanda fundamentalmente, habían vivido por encima de sus posibilidades, generando grandes desequilibrios externos que se cubrían con fuerte financiación extranjera. Además, en España e Irlanda el foco de las inversiones había sido el sector inmobiliario, que aporta poco al incremento de la productividad y, por tanto, de la riqueza. Se repetía la historia de Asia en la década anterior

Cuando se hizo evidente la insostenibilidad de ese tipo de crecimiento se cortaron las vías de financiación externa y se descubrió que el rey estaba desnudo. Los incrementos del gasto público no hicieron sino agravar el problema, escondiéndolo hasta que en 2012 no hubo más remedio que afrontar la realidad, especialmente en España, el país más relevante de todos ellos.

El caso español lo veníamos anticipando desde hacía mucho tiempo, por lo que, durante esos tres años, 2010-2012, nuestra cartera ibérica obtendría una ligera revalorización, a pesar de que el índice español perdería de nuevo un 30 por ciento de su valor. Por segunda vez en diez años conseguíamos salvar pérdidas importantes en la bolsa española (en otra ocasión, 2008, no las pudimos evitar).

Nuestra cartera de valores defensivos y/o exportadores cumplió perfectamente su función en época tan turbulenta, y, por fin, estábamos llegando a una nueva fase en la que las esperadas malas noticias llegaban a las portadas de los periódicos, que era la condición que creíamos necesaria para invertir en España. En 2012, después de diez años, empezamos a comprar valores puramente «españoles», como Antena 3, Mediaset (Tele 5), o Catalana Occidente, ante la constatación de que el alcance de la crisis se empezaba a reflejar en el comportamiento de las cotizaciones, mucho peor que el de los mercados globales e incluso europeos. Habría que esperar, sin embargo, hasta 2013 para ver los primeros bancos españoles en nuestra cartera después de dieciséis años: Bankia y Bankinter. En Bankia no invertimos en la primera salida a bolsa, en julio de 2011, sino en la readmisión en 2013, después del rescate. Nos gustaba el nuevo Consejo de Administración, el equipo gestor y la cantidad elevada de provisiones que habían exigido antes de aceptar el reto de sacar el banco adelante.

En 2011 se había producido en España el cambio de Gobierno. En un principio el impacto fue pequeño, pues a pesar de contar el PP (centro-derecha) con mayoría absoluta en el Parlamento, no tuvo la valentía necesaria para actuar decisivamente. Sin embargo, el continuo deterioro de la situación y la presión externa, fundamentalmente alemana, le obligaron a ser más decidido:

- Con la ayuda de los organismos europeos se reconoció la crítica situación del sector financiero. Con ello se sentó la base para que el sector inmobiliario encontrara paulatinamente un precio real de mercado para sus activos.
- Se congelaron los gastos del Estado. Es cierto que no se redujeron drásticamente, pero al menos se cambió la mentalidad de los años anteriores.
- Se abordó una reforma laboral que flexibilizó la relación entre empleador y empleado, permitiendo a las empresas adaptarse mejor a las cambiantes circunstancias de los mercados.

En suma, una crisis tan brutal, consecuencia de vivir por encima de nuestras posibilidades durante un largo periodo, provocó un cierto cambio de mentalidad en todos los españoles. La prioridad ya no era ser funcionario cerca de la ciudad donde habíamos nacido; esto ya no era posible. Ahora había que lanzarse a buscar trabajo allí donde éste estuviera, incluso en países lejanos.

Como consecuencia de todo ello, sinceramente creo que España tiene en estos momentos una oportunidad única para aprovechar sus recursos y dar un salto significativo en su posición global. Con una infraestructura (telecomunicaciones, transporte, hospitalaria, etcétera.) de primer nivel, una posición geográfica a caballo de tres continentes y unos costes tanto laborales como inmobiliarios muy ajustados, es un lugar muy atractivo para cualquier emprendedor global con ganas de crear nuevos negocios o de ampliar los que tenga.

Por supuesto que tenemos problemas, como la corrupción o el acomodo de las autonomías a un Estado más viable y austero, pero no son suficientemente graves como para estropear las ventajas comentadas. Creo que no soy un patriota al uso, pero le tengo cariño a mi país y me gustaría que «los españolitos» tuviéramos un buen futuro. Mi pequeño grano de arena es volver a España, crear una empresa junto con un buen grupo de profesionales dando un servicio a los clientes que les guste nuestra forma de trabajar y contribuir como pueda a la promoción de mi ciudad y mi país.

En la cartera española, visto desde hoy, nuestro mayor error en esta etapa de crisis fue no invertir con mayor convencimiento en esos valores puramente españoles. Después de haber esperado tanto tiempo, y acertar también con el momento de empezar a comprar, no estuvimos muy decididos, invirtiendo apenas un 10 por ciento de la cartera ibérica.

La crisis europea también afectó a la cartera global, aunque de una forma limitada. Únicamente en el verano de 2011 tuvimos pérdidas importantes, que se recuperarían paulatinamente. Todos nuestros grandes valores, a los que se había unido Exor, el holding de la familia Agnelli, tuvieron un buen comportamiento, pero destacando siempre nuestra queridísima BMW.

2013-2014: Punto y aparte

En 2013 decidimos mi mujer y yo pasar dos años en Londres. Las razones originales eran puramente familiares: tener la experiencia de vivir fuera de España y exponer a nuestros hijos a la educación en lengua inglesa. Además, habíamos pasado parte de los dos veranos anteriores en China y en Estados Unidos, y no había dudas de que con las nuevas tecnologías se podía trabajar eficazmente desde cualquier lugar del mundo. Al menos como gestor de fondos.

Pero Londres, además, no es cualquier sitio, es el centro financiero europeo (o lo era antes del Brexit) y, por tanto, podíamos probar si merecía la pena tener una oficina allí para complementar nuestro trabajo en Madrid.

Todo parecía sencillo, pero, sin embargo, surgieron algunos

problemas en Acciona con mi marcha a Londres y, después de meditarlo durante todo el verano de 2013, decidí que en nuestro tipo negocio, que es casi artesanal, los gestores deben tener el control de la gestión de la empresa, no sólo de la gestión de las inversiones. Una vez tomada la decisión, intenté buscar durante un año el acomodo de la misma con Bestinver y Acciona, pues les debía la comprensión y el apoyo incondicional recibidos durante veinticinco años.

Las opciones que barajamos fueron varias: tomar una participación de control en la compañía; diluir el poder de decisión de la matriz mediante la entrada de un tercer socio; realizar una separación amistosa y algunas otras. El proceso fue muy lento pues la contraparte no tenía muchas ganas de cambiar el *statu quo*, lógicamente, y después de quince meses sin encontrar un punto de encuentro, el cansancio y la frustración cundieron, y no me quedó más remedio que anunciar mi marcha.

Durante todo el proceso mi objetivo fue que los clientes tuvieran una transición sin complicaciones, pudiendo elegir lo que consideraran más conveniente. Pero esto no pudo ser: mi marcha se anunció muy bruscamente, y el error fue en buena parte mío. Pensaba que podría trabajar en breve, de una forma u otra, y que mi salida no sería un problema, pero me equivoqué. Después de consultar la interpretación de mi contrato a cinco asesores legales, cuatro me aconsejaron trabajar y el quinto esperar los dos años que indicaba el contrato. Me convenció el que me aconsejaba no competir y esperar pacientemente dos años, Valeriano Hernández-Tavera, y esto es, para bien o para mal, lo que he hecho, pues encaja mucho mejor con mi manera de ser, ya que tengo fuerte tendencia a evitar la confrontación.

Un segundo error, aunque de menor relieve, fue pensar que el canon a pagar si decidía trabajar aumentaba si permanecía de septiembre a diciembre de 2014, y esto fue quizás el detonante para presentar la dimisión en ese preciso momento. Si hubiera sabido que esto no era así, hubiese anunciado en septiembre que continuaría hasta el mes de diciembre, momento en que hubiera salido definitivamente. Dos meses, en cualquier caso, no hubieran cambiado mucho el resultado final, pues supongo que el mayor problema para algunos clientes fue la imposibilidad de tener una alternativa impulsada por mí a corto plazo.

En fin, errores míos y silencio por la otra parte, que ya no contestaba a mis propuestas últimas.

Bestinver, en todo caso, incomprensiblemente tampoco aceptó mi oferta para colaborar durante una transición ordenada, pero gracias al esfuerzo combinado de Álvaro, Fernando y Beltrán de la Lastra, mi sustituto, y a la fortaleza de la cartera, todo aquel que hizo caso a mi recomendación —desafortunadamente privada, pues no quise hacer anuncios públicos— de mantener sus ahorros en Bestinver, y no tomar decisiones precipitadas, ha obtenido unos resultados razonables durante estos dos años. De nuevo se demostró que una buena cartera enfocada al largo plazo resiste todo, hasta la repentina marcha de uno de sus gestores en un momento de mercado bajista.

La clave para no repetir los errores es reconocerlos. Uno es dueño de sus errores y de aprender de ellos. El que no aprende de los suyos tiene un problema aun mayor que el propio error. Yo cometí algunos que espero me hayan enseñado lecciones duraderas.

Han pasado los primeros veinticinco años de vida profesional, trabajando con absoluta independencia. Han sido buenos para los clientes —especialmente para los iniciales, que han visto multiplicar sus ahorros por 30, al pasar su fondo de 6 a 180 euros en veinte años—, para los accionistas, que han recibido unos amplios dividendos y para nosotros, los empleados, que también fuimos compensados adecuadamente.

He cambiado una posición estable, tranquila y muy rentable por el deseo inevitable de independencia absoluta. Creo que ha sido una buena decisión para todo. Para mí, desde luego, ha sido la mejor.

En estos dos años he seguido los mercados cada día, con algo de distancia, sí, pero todos los días; he viajado a algunos países que me interesaba comprender mejor, como la India o los Emiratos Árabes; he escrito este libro que puede resultar útil a algunos; y he pasado más tiempo con mi familia, con mis amigos y con los conocidos que se han acercado a mí.

Ahora empieza una nueva etapa que espero sea igual de larga y positiva que la anterior. No puedo tener ninguna queja ni de los primeros veinticinco años invirtiendo ni de los dos últimos sin invertir. Intentaré no tenerla de los próximos veinticinco, otra vez invirtiendo.

Anexo

Cartera de Bestinver Internacional (31/03/2003)

VALORES	Inversión	% Total
Deuda del Estado(repo)	200	2,32
TOTAL ADQ. TEMP. ACTIVOS	**200**	**2,32**
TOTAL RENTA FIJA	**200**	**2,32**
TOTAL CARTERA INTERIOR	**200**	**2,32**
7-Eleven Inc. (SE)	77	0,89
Advanced Micro Devices (AMD)	44	0,51
Aegon NV (AGNNA)	61	0,71
AGF (AGF)	62	0.72
AholdNV (ANLN)	42	0,49
Alico Inc. (ALCO)	30	0,35
Alstom (ALS FP)	35	0,41
Allied Domecq (ALLD LN)	72	0,83
Allied Waste Ind. (AW US)	55	0,64
AMB Aachener & Mun.DEM (AMB29	23	0,27
American Natl.Insurance (ANAT)	55	0,64
American Real (ACP)	21	0,24
Avenus SA (AVE)	141	1,63
Aviva Plc (AV/ LN)	39	0,45
Axel Springer Ver. AG (SPR GR)	100	1,16
Azko Nobel (AKZA NA)	55	0,64
B. Privée Edmond Rothschild RLD	119	1,38
Bally Toal Fitness (BFT US)	18	0,21
Barry Callebaut AG (BARN)	89	1,03
Batenburg Beheer (BTBN NA)	21	0,24
BE Semiconductor Ind. (BESI)	110	1,27

VALORES	Inversión	% Total
Bell AG Basel CHF (BELN)	51	0,59
Bell Inds. (BI US)	54	0,63
Bellsouth Corp. (BLS US)	0	0,00
Big Food Group (BFP)	19	0,22
Bilfinger Berger AG (GBF)	131	1,52
Boskalis Westminster (BOKC)	76	0,88
Bristol Myers (BMY US)	74	0,86
Bucher lud. Bearer (BUC SW)	101	1,17
Bohrmann (BUHE)	31	0,36
Cable & Wireless GBP (CW)	0	0,00
Cambridge Antibody Tech (GBP)	23	0,27
Cap Gemini (CAP FP)	19	0,22
Circuit City Stores USD (CC)	48	0,56
CNP Assurance (CNP)	28	0,32
Codan DKK (CORAN)	45	0,52
Commerzbank	0	0,00
Cvs Corporation (CSV US)	51	0,59
Chubb PLC (CHB LN)	68	0,79
Daichi Pharma (4505 JP)	5	0,06
Dassault Aviation (AM)	109	1,26
Delhaize Le Lion (DELB)	132	1,53
Devro lutemational (DVO)	129	1,50
E. On AG (EOA)	53	0,61
Earthlink Inc. (ELNK US)	92	1,07
Eastman Kodak (EK)	0	0,00
Edel Music (EDL)	58	0,67
Edipress (EDI)	54	0,63
Electronic D. Systems (EDS US)	24	0,28
Elior (ELR FP)	32	0,37
Escada AG (ESC GR)	43	0,50
Etam Developpement (TAM)	64	0,74
Fairchild Corp-CL A (THE) FA US	52	0.60
Fairfax Financial Holdings (FFH)	176	2,04
Federated Dept. Stores Inc. (FD)	33	038

VALORES	Inversión	% Total
Fleming Companics Inc. (FLM)	7	0,08
Fraport AG (FRA GE)	121	1,40
Getronics (GTN)	0	0.00
GEI Informatique (GFI FP)	52	0.60
Glaxosmithldine (GSK LN)	80	0.93
Great Atlantic & Pactea (GAP)	12	0,25
Greencore (GNC ID)	55	0,64
Hagemeyer (HAGN NA)	35	0,41
Havas (HAV FP)	54	0,63
Head	103	1,19
Healthsouth Corp. (HLSH US)	6	0,07
Healthsouth Corp. (BRC US)	0	0,00
Heidrick & Struggles (HSII)	44	0,51
Hochtief (HOT)	112	130
Honeywell Ind. (HON)	22	0,25
Hypovereinsbank (HVM)	12	0,14
IDT Corp.-B (IDT US)	283	3,28
IDT Corp.-B (IDT/B)	0	0,00
Imperial Chen Lids (GBP)	22	0,25
ING (INGA)	63	0,73
Ivax Corp. (IVX US)	38	0,44
Karstadt STK (KAR GR)	40	0,46
Kuoni Reisen CaLB (KUNN)	68	0,79
Level 3 Comm. Inc. (LVLT US)	40	0,46
Liberty Media Corp. (L US)	75	0,87
M-Real B OYJ (MRLBV)	44	0,51
Macintosh Retail Group. (RWNT)	46	0,53
Mcdonalds Corp. (MCD US)	40	0,46
Mediclin (MED GR)	34	0,39
Medisana AG (Mali)	29	0,34
Merck KGAA (MRK GR)	0	0,00
Metallwaren PS (METP)	117	1,36
Metro AG (MEO GR)	127	1,47
Mitsui Sumitomo Ins. (8752)	68	0,79

VALORES	Inversión	% Total
NipponKoa Insurance Co. (8754)	140	1,62
Nortel Networks Corp. (NT)	0	0,00
MT Corp. (9432)	96	1,11
Numico (NUTV)	101	1,17
Nutreco Holding (NUT)	113	1,31
Oce (OCEN)	94	1,09
OfliceMax (OMX)	76	0,88
Okumura Corp. (1833)	86	1,00
OPG (OPG)	65	0,75
Ordina (ORDN)	74	0,86
Pinkroccade NV (PINK)	44	0,51
PlayBoy Enterprises (PLA)	38	0,44
Premier Oil (PMO)	0	0,00
Prudential PLC (PRU LN)	15	0,17
R W E	82	0,95
Randstad Holding (RSTD)	41	0,48
Rite Aid Corporation Com. (RAD)	157	1,82
Roularta Media Group (ROU BB)	89	1,03
Royal & Sun GBP (RSA)	25	0,29
Scotish & Newcastle GBP (SCTN)	65	0,75
Schering (SCH GR)	76	0,88
Schering Plough Corp. (SGP)	42	0,49
Silke Pharmaceuticals (SHP LN)	43	0.50
Shofu INC. (7979)	30	0,35
Six Flugs Inc. (PKS)	23	0,27
SMG (SMG)	44	0,51
Sol Im (SOL)	0	0,00
Somerfield (SOF)	26	0,30
Spherion Corp. (SEN)	0	0,00
SSL International PLC (SSL)	72	0,83
Stagecoach Holdings PLC. (SGC)	37	0,43
Stork (VMFN)	57	0,66
Suez Lyonnais-Eaux (SZE)	36	0,42
Swift Energy Co. (SFY)	37	0,43

VALORES	**Inversión**	**% Total**
Syms Corp. (SYM)	15	0,17
Telegraaf Holding (TEAC)	58	0,67
Tommy Billiger Corp. (TOM)	60	0,70
Topps Inc USD	40	0,46
Toys R US (TOY)	46	0,53
Trinity Mirror (TN1)	66	0,76
United Services Group (UNI)	112	1,30
Valuevision Media Inc. (V VTV US)	18	0,21
Vendex KBB (VNDX)	104	1,21
Vivendi Environ (vie fp)	45	0,52
Vopak (VPK)	49	0,57
Wegener (WEGA)	227	2,63
Wessanen (WESS)	49	0,57
Wolters Kluwer Shares-WLSNC-NA	113	1,31
Yum! Brands Inc. (YUM US)	45	0,52
Zurich Fin. Services AG (ZURN)	66	0,76
TOTAL RENTA VARIABLE	**8.040**	**93,18**
DWS Japan-Fonds Anteile SI.	388	4,50
TOTAL PARTICIP. FONDOS	**388**	**4,50**
TOTAL CARTERA EXTERIOR	**8.428**	**97,68**
TOTAL CARTERA (miles de euros)	**8.628**	**100,00**

Fuente: CNMV.

Segunda parte

La teoría: las claves de la inversión

4

La Escuela austriaca de Economía

Aunque descubrí a los economistas austriacos después de diez años como inversor, encontrarlos fue un acontecimiento decisivo para mí. Su idea de la economía me ha ofrecido desde entonces una explicación de los fenómenos económicos que coincide sorprendentemente con mi experiencia diaria en los mercados y con mi visión como inversor, y, en este sentido, son para mí estupendos compañeros de viaje. Por este motivo, y aunque no sea habitual incluir teoría económica en un libro sobre inversión en valor, he considerado natural dedicarles este capítulo.[9]

Tener un conocimiento de experto de la economía no es esencial para las decisiones diarias de inversión, pero sí es conveniente contar con un marco conceptual sólido de base, una idea suficientemente profunda del asunto que nos permita caminar con brújula. Tanto es así, que ahora ya me resulta muy

9. Hay muy poco publicado sobre la Escuela austriaca y su relación con la inversión. Últimamente han llegado dos libros a mis manos. El primero con el que me topé es *The Dao of Capital*, de Mark Spitznagel. Encontré a Mark en mayo de 2016 en una entrevista que le hacían en el *Financial Times*. Centra su análisis en el concepto de *roundabout*, que describe el alargamiento del proceso productivo que desarrolla la economía cuando funciona correctamente. Es una ángulo distinto, pero que me ha servido para redescubrir las aportaciones de Eugene Böhm-Bawerk a la escuela, especialmente algunos conceptos esenciales como la preferencia temporal. El segundo libro es *Austrian School for investors*, de Taghizadegan, Stóferle, Valek, Blasnik, lo encontré gracias a Gabriel Calzada, rector de la Universidad Francisco Marroquín. También es una buena introducción a los aspectos de la escuela que más nos interesan.

difícil explicar algunos conceptos básicos de inversión sin dejar antes establecidos unos fundamentos económicos sólidos.

A pesar de la existencia de cientos de *hedge funds* que intentan predecir el comportamiento de la economía, la mayoría de los *value investors* no piensan mucho sobre ello y apenas dedican tiempo a esta predicción, pues consideran que su valor lo añaden en la selección de compañías. Podemos decir incluso, que esa falta de interés en la economía es uno de los rasgos definitorios del *value investor*.

Y hacen bien, porque, en verdad, adivinar cómo va a evolucionar una economía significa intentar adivinar el comportamiento de millones de personas actuando, y específicamente, el del grupo político dirigente, y esto se ha demostrado casi siempre imposible.

Por otra parte, sin embargo, la experiencia prueba que comprender cómo funciona eso que llamamos la economía, que no es otra cosa que comprender cómo funciona la acción del hombre, puede ayudar significativamente en el proceso de inversión a largo plazo. Invertir es intentar predecir el comportamiento de consumidores, empresarios, trabajadores, políticos y todo aquel que está a nuestro alrededor. Si comprendemos cuáles son los resortes que les mueven y qué se puede esperar de ellos, habremos recorrido una gran parte del camino. La economía y la inversión están íntimamente relacionadas, y no lo están porque ambas disciplinas traten de números, que apenas los necesitan, sino porque en ambos casos lo esencial es comprender al hombre que actúa. Esa comprensión es a lo que aspiran en última instancia los buenos economistas y los buenos inversores.

Por fortuna, existe una rama de la teoría económica que nos puede ayudar notablemente en este sentido. En la Escuela austriaca encontramos eso que los clásicos llamaban «la economía con sus economistas». No aprendices de brujos, sino hombres sensatos y lúcidos que esclarecen los fenómenos relacionados con el comportamiento humano, particularmente en el área de la economía. Esta economía con sus economistas no nos va a decir cuánto va a crecer el año que viene el PIB o cómo se comportará la inflación, pero sí nos pondrá sobre aviso sobre qué puede ocurrir con un país o con un sector particular al cabo de unos años según la actuación presente de los diversos actores económicos. Por dónde puede venir el peligro, y en qué aguas nos podemos bañar seguros. Nos va a enseñar, en último término, a prestar atención a las variables esenciales, que casi nunca coinciden con las que los economistas aprendices de brujos, en general neoclásicos, nos señalan.

Vamos a detenernos, pues, en este grupo de economistas austriacos que siempre han estado un poco al margen, olvidados y alejados del sistema, para intentar probar que la comprensión de la acción humana en el ámbito de la economía nos va a permitir ver el futuro con más claridad y vivir más tranquilos.

Podría haberme limitado a recomendar las estupendas lecturas de *La acción humana*, de Ludwig von Mises, o la *Historia del pensamiento económico*, de Murray N. Rothbard. Pero en ambos casos se trata de más de mil páginas, y no es cuestión de intimidar a nadie. Considero, además, que, por su trascendencia en mi camino, la Escuela austriaca se merece un capítulo aparte en este libro, y no una simple nota bibliográfica.

Voy a intentar, pues, apoyándome en el excelente manual introductorio *La escuela austriaca*, de Jesús Huerta de Soto, recoger aquí brevemente la historia de la Escuela y sus principios básicos. Terminaremos con la posible aplicación de sus ideas en nuestro proceso inversor.

Breve historia de la Escuela

Orígenes

La Escuela austriaca comienza formalmente en el siglo XIX con Carl Menger y la revolución subjetivista que supuso la publicación de sus *Principios de economía política*. Pero antes de él, existen antecedentes históricos que van a configurar las ideas básicas de la Escuela, como el taoísmo, como señala Rothbard en su mencionada *Historia*.

Ya la tradición legal romana estaba fundamentada en la costumbre y en el origen evolutivo de las instituciones —especialidad de Friedrich A. Hayek—, y su propia formación y desarrollo estaba sostenida en la contribución continuada de sucesivas generaciones. Así, como nos recuerda Huerta de Soto, Catón afirmaba:

> En cambio, nuestra república romana no se debe a la creación personal de un hombre, sino de muchos. No ha sido fundada durante la vida de un individuo particular, sino a través de una serie de siglos y generaciones. Porque no ha habido nunca en el mundo un hombre tan inteligente como para preverlo todo, e incluso si pudiéramos concentrar todos los cerebros en la cabeza de un mismo hombre, le sería a éste imposible tener en cuenta todo al mismo tiempo, sin haber acumulado la experiencia que se deriva de la práctica en un largo periodo de la historia.[10]

Es evidente la intemporalidad de estas palabras, que desarrollaron a lo largo del tiempo numerosos pensadores, culminando con Hayek en el siglo XX. Más adelante, y siguiendo la tradición tomista, los españoles pertenecientes a la Escuela de Salamanca de nuestro Siglo de Oro contribuyeron con decisivas aportaciones a lo que siglos después será el pensamiento austriaco. Hayek los considera de hecho los principales precursores de la teoría de la economía de mercado. Los pensadores más relevantes son: Diego de Covarrubias, Luis Saraiva de la Calle, Luis de Molina, Juan de Lugo, Juan de Salas, Juan de Mariana, Martín de Azpilicueta, y algunos otros. Una constelación de estrellas que crearon o descubrieron conceptos como la teoría subjetiva del valor, la correcta relación entre precios y costes, la naturaleza dinámica del mercado y, como consecuencia, la imposibilidad de alcanzar el equilibrio en economía, el principio de la preferencia temporal o el carácter distorsionador de la inflación. Los miembros de la Escuela de Salamanca, como puede comprobarse, tenían las ideas más claras en los siglos XVI y XVII que la mayoría de los economistas del siglo XXI, incluidos varios premios Nobel.

10. En Jesús Huerta de Soto, *La escuela austriaca.*

Después de ellos, el pensamiento subjetivista decae, contribuyendo parcialmente a ello el propio Adam Smith. El que es considerado padre de la economía moderna tuvo contribuciones extraordinarias, pero se desmarcó de la tradición subjetivista, elaborando una teoría objetiva del valor-trabajo y concediéndole gran importancia al precio natural de equilibrio. Sobre esa teoría del valor-trabajo construyó posteriormente Marx su edificio. Rothbard argumentará más adelante que la historia del pensamiento económico no es la de un avance lineal, como ocurre con la de las ciencias físicas, sino que sufre constantes frenos y regresiones.

No obstante, algunos economistas clarividentes mantuvieron viva la llama subjetiva durante los siglos XVIII y XIX. Destacan Cantillon, Turgot y Say en Francia; y en España, Jaime Balmes. Say, por ejemplo, enunció la famosa Ley de Say, que establece que toda oferta genera su propia demanda, pues con lo

EL ÁRBOL GENEALÓGICO DE LA ESCUELA AUSTRÍACA DE ECONOMÍA

Fuente: <puntodevistaeconomico.wordpress.com>

ingresado con la venta de nuestros productos podemos demandar otros que nos interesen. Esta sencilla idea fue malinterpretada por Keynes, que un siglo después puso en valor la idea errónea de demanda insuficiente, que pretende que la demanda en una economía pueda ser inferior a la oferta, con lo que habría que aumentarla artificialmente. Desafortunadamente, esta idea sin sentido sigue hoy vigente, provocando el mismo daño que ha causado a lo largo de los siglos.

Carl Menger

Carl Menger (1840-1921) recoge lo esencial de sus antecesores históricos, y en su pugna metodológica con los historicistas alemanes sienta las bases sobre las que se consolidará la moderna Escuela austriaca. Frente al estudio de la historia y los datos empíricos, propugna el análisis lógico a priori.

En su libro, *Principios de economía política*, edifica su teoría económica partiendo del ser humano real y creativo, a diferencia de los entes objetivos teóricos inventados por Adam Smith y Marx. Su teoría culmina con la ley de utilidad marginal, que establece cómo, de acuerdo con los fines a alcanzar y los medios disponibles, valoramos cada unidad adicional de forma decreciente.

Otra contribución esencial de su pensamiento es la teoría sobre el origen y evolución de las instituciones sociales —lingüísticas, económicas o culturales—. Se pregunta: «¿Cómo es posible que las instituciones que mejor sirven al bien común y que son más extremadamente significativas para su desarrollo hayan surgido sin la intervención de una voluntad común y deliberada para crearlas?». Esas instituciones, nos aclara, surgen en el tiempo por las interacciones humanas, y esas interacciones constituyen precisamente el objeto principal de estudio de la ciencia económica. Entre las principales instituciones a las que aplicará su análisis evolutivo se encuentra el dinero.

Después de Menger nos encontramos con Eugen von Böhm-

Bawerk (1851-1914), que expandió la teoría subjetiva a la teoría del capital, —ya que fue el primero en desarrollar una muy completa explicación de la estructura temporal de producción— y a la teoría del interés.

En la teoría del interés fue el primero en utilizar el concepto de preferencia temporal como base para determinar el tipo de interés, ampliándolo, además, a todos los intercambios, y no sólo a los de dinero.

Por último, y esto nos interesa especialmente, fue el primer autor en profundizar en el componente psicológico que dificulta tener una «correcta preferencia», resaltando el exceso de peso que damos al presente y las inconsistencias en las elecciones. Con ello se adelantó a la *behavorial finance* [finanzas del comportamiento], tan de actualidad en estas últimas décadas.

Tras ellos llegamos al que puede considerarse como el teórico más importante de la Escuela austriaca: Ludwig von Mises.

Ludwig von Mises

Ludwig von Mises (1881-1973) nació en Lemberg, en el Imperio austro-húngaro. Tras leer los *Principios de economía política,* de Menger, se hizo economista. Y tras asistir al seminario de Böhm-Bawerk en Viena, comenzó a dar clases en esa ciudad, y más tarde en Ginebra. Cuando los nazis llegaron al poder tuvo que huir a Estados Unidos, donde dio clases en la Universidad de Nueva York. Sus contribuciones son definitivas.

En su teoría del valor del dinero y, especialmente, a través de su teorema regresivo del dinero, establece que la demanda de dinero de hoy se basa en el conocimiento del valor que el dinero tuvo ayer, y el de ayer se basa en el de anteayer, y así sucesivamente, hasta el principio en que una mercancía original, oro, por ejemplo, fue utilizada como dinero por primera vez.

En su esclarecedora teoría de los ciclos económicos señala que los ciclos se originan por la creación de crédito sin ahorro previo, por medio del sistema de banca con reserva fraccionaria —sin respaldo de oro—, y con el apoyo de los bancos centrales. Con estas bases, la banca otorga préstamos a plazo con los depósitos a la vista que los clientes le entregan. Al no mantener todo el dinero necesario en la cuenta para pagar al depositante, el banco crea dinero «de la nada». Huerta de Soto explica en *Dinero, crédito bancario y ciclos económicos* que el banco incumple el contrato de depósito que tiene con el cliente, prestándole su dinero a un tercero. En éste, como en otros asuntos, y como en cualquier escuela de economía, hay discrepancias entre miembros de la escuela, que no es un bloque monolítico.

En su teoría sobre la imposibilidad del socialismo, Mises parte de la evidencia de que no hay nadie capaz de acumular todo el conocimiento y la información que se va creando en cada momento en una economía dinámica. La necesidad de innumerables valoraciones de fines y medios de los agentes económicos hacen imposible un ajuste de los recursos disponibles a los fines deseados. Todo esto no lo puede hacer una persona o un grupo de personas sabias, y pretenderlo conduce a una descoordinación extrema de las acciones humanas en el ámbito de la economía. En consecuencia, en su teoría de la función empresarial, presentará al ser humano concreto, libre y creativo, como el gran protagonista de un proceso social dinámico.

Merece la pena resaltar que Mises creó el Instituto austriaco de coyuntura económica, que, dirigido por Hayek, fue el único en predecir la hecatombe que se produciría a partir de 1929, rechazando un trabajo en el Kreditanstalt austriaco ya que no se fiaba de su situación.[11] Uno de los padres más adorados de la escuela neoclásica, Irving Fisher, comentaba con asombrosa inocencia en 1929 que «las acciones habían alcanzado un estado de cotización permanente alto».[12]

11. Ver Mark Skousen, 1993. Finalmente, el banco quebró como consecuencia de la depresión.

12. Para más ejemplos de predicciones acertadas de economistas austriacos ver Taghizadegan, Stóferle, Valek, Blasnik, 2015, capítulo 3.

En 1949, Mises escribió su obra cumbre: *La acción humana*, que es el libro más relevante de la Escuela austriaca. Se trata de una lectura apasionante, recomendada para todo aquel que quiera profundizar en estos asuntos.

Friedrich A. Hayek

Friedrich A. Hayek (1899-1992) fue el alumno más brillante de Mises. Mi descubrimiento de la Escuela austriaca se lo debo a Hayek. Como ya he comentado, en el año 2000, cayó en mis manos *Camino de servidumbre*, que, sin ser su mejor libro, tuvo un gran impacto después de la segunda guerra mundial. La lectura de *La fatal arrogancia*, su último libro, me sedujo definitivamente. Se trata de un estupendo resumen de su pensamiento, especialmente en lo relativo a la creación y evolución de las instituciones y al orden espontáneo del mercado.

También nacido en el imperio austro-húngaro, en Viena, Hayek dejó de ser socialista después de leer *Socialismo*, de Mises. Fue discípulo suyo y continuó con brillantez su obra. Completó su explicación del ciclo, incidiendo en la importancia de la manipulación del tipo de interés.

La creación artificial de crédito con intereses bajos es el principal causante de unos auges económicos desmesurados que inevitablemente desembocan en duras recesiones, donde se ajustan con rigor los excesos cometidos. Una aplicación de su teoría le permitió predecir en 1928 la crisis que se avecinaba: la Fed trató de evitar, bajando los tipos, una caída de precios producida por el enorme incremento de la productividad en los años veinte. La Fed no era consciente de que esa caída era natural, y no había que combatirla, provocando así un exceso de liquidez en el sistema. (En 2015 pasa algo parecido, aunque con un incremento menor de productividad.) Sorprendentemente, cuando los economistas mayoritarios, neoclásicos, o los historiadores analizan la depresión de los años treinta, apenas mencionan a Hayek, que mantuvo intensas polémicas intelectuales con Keynes, Milton Friedman y la Escuela de Chicago y, por supuesto, con los «socialistas de todos los partidos».

En su brillante teoría evolutiva de las instituciones afirmará que la sociedad no es un sistema organizado racionalmente por una mente humana, sino que se trata de un proceso complejo producto de una continua evolución natural que no puede ser dirigida conscientemente. La sociedad es un orden espontáneo y dinámico, y es imposible que un solo hombre consiga mejorarlo con una dirección consciente, pues nadie puede disponer de la información necesaria para ello. Además, la coacción que eso supondría impediría que cada persona pudiera conseguir los fines que libremente persigue.

Fuera del ámbito económico estricto, Hayek desarrolló, además, una importante labor investigadora en el terreno del derecho y la naturaleza de las leyes. Merece la pena destacar el concepto de libertad como ausencia de coacción y el de justicia en su sentido clásico de igualdad de todos ante la ley. Estos conceptos han sido en muchos casos pervertidos por grupos particulares interesados.

Rothbard

Existen otros pensadores extraordinarios como Murray N. Rothbard, con contribuciones importantísimas como la mencionada *Historia del pensamiento económico*, o *La gran depresión*, una lúcida explicación de las verdaderas causas de la depresión americana de los años treinta.

Jesús Huerta de Soto

En España contamos con nuestro querido Jesús Huerta de Soto, el más renombrado representante de la escuela en nuestro país. Ha realizado una intensa labor de profundización en diversas áreas y una gran tarea de divulgación de las principales ideas de la escuela en su libro introductor *La escuela austriaca*. Además, merece mención aparte su iluminador *Dinero, crédito bancario y ciclos económicos*, que tanto nos ha ayudado a entender los dichosos ciclos económicos.

Principios básicos de la Escuela

Huerta de Soto nos ofrece en *La escuela austriaca* los principios básicos de la escuela y sus principales diferencias con la escuela neoclásica, ya sea keynesiana o monetarista. Esta comparación, recogida en la siguiente tabla, resulta necesaria y esclarecedora, pues la escuela neoclásica es la corriente dominante de pensamiento económico de nuestro tiempo, a pesar de haberse mostrado incapaz de ayudarnos a encauzar sin sobresaltos nuestra vida en común.

Puntos de comparación	**Paradigma austriaco**	**Paradigma neoclásico**
1. Concepto de lo económico (principio esencial):	Teoría de la acción humana entendida como un proceso dinámico (praxeología).	Teoría de la *decisión*: maximización sometida a restricciones (concepto estrecho de «racionalidad»).
2. Punto de vista metodológico:	*Subjetivismo.*	Estereotipo del *individualismo metodológico* (objetivista).
3. Protagonista de los procesos sociales:	*Empresario* creativo.	*Homo economicus.*
4. Posibilidad de que los actores se equivoquen a priori y naturaleza del beneficio empresarial:	Se concibe la posibilidad de cometer errores empresariales puros que hubieran podido evitarse con más perspicacia empresarial para darse cuenta de las oportunidades de ganancia.	No se concibe que existan errores de los que uno pueda arrepentirse, pues todas las decisiones pasadas se racionalizan en términos de costes y beneficios. Los beneficios empresariales se consideran como la renta de un factor más de producción.
5. Concepción de la información:	El conocimiento y la información son *subjetivos*, están *dispersos y cambian* constantemente (creatividad empresarial). Distinción radical entre conocimiento científico (objetivo) y práctico (subjetivo).	Se supone información plena (en términos ciertos o probabilísticos) de fines y medios que es objetiva y *constante*. No distinguen entre conocimiento práctico (empresarial) y científico.

Puntos de comparación	**Paradigma austriaco**	**Paradigma neoclásico**
6. Foco de referencia:	Proceso general con tendencia coordinadora. No se distingue entre la micro y la macro: todos los problemas económicos se estudian de forma interrelacionada.	Modelo de *equilibrio* (general o parcial). Separación entre la micro y la macroeconomía.
7. Concepto de «competencia»:	Proceso de rivalidad empresarial.	Situación o modelo de «competencia perfecta».
8. Concepto de coste:	*Subjetivo* (depende de la perspicacia empresarial para descubrir nuevos fines alternativos).	Objetivo y constante (se puede conocer por un tercero y medir).
9. Formalismo:	Lógica *verbal* (abstracta y formal) que da entrada al tiempo subjetivo y a la creatividad humana.	Formalismo *matemático* (lenguaje simbólico propio del análisis de fenómenos atemporales y constantes).
10. Relación con el mundo empírico:	Razonamientos *apriorístico-deductivos:* Separación radical y, a la vez, coordinación entre teoría (ciencia) e historia (arte). La historia no puede contrastar teorías.	Contrastación *empírica* de las hipótesis (al menos retóricamente).
11. Posibilidades de predicción específica:	Imposible, pues lo que suceda depende de un conocimiento empresarial futuro aún no creado. Sólo son posibles *pattern predictions* de tipo cualitativo y teórico sobre las consecuencias de descoordinación del intervencionismo.	La predicción es un objetivo que se busca de forma deliberada.
12. Responsable de la predicción:	El empresario.	El analista económico (ingeniero social).
13. Estado actual del paradigna:	Notable *resurgimiento* en los últimos veinticinco años (especialmente tras la crisis del keynesianismo y la caída del socialismo real).	Situación de *crisis y cambio* acelerado.
14. Cantidad de «capital humano» invertido:	*Minoritario,* pero creciente.	*Mayoritario* y con signos de dispersamiento y disgregación.
15. Tipo de «capital humano» invertido:	Teóricos y filósofos multidisciplinares. Liberales radicales.	Especialistas en intervenciones económicas (*piecemeal social engineering*). Grado muy variable de compromiso con la libertad.

Puntos de comparación	**Paradigma austriaco**	**Paradigma neoclásico**
16. Aportaciones más retientes:	• Análisis crítico de la coacción institucional (socialismo e intervencionismo). • Teoría de la banca libre y de los ciclos económicos. • Teoría evolutiva de las instituciones (jurídicas, morales). • Teoría de la función empresarial. • Análisis crítico de la «Justicia Social».	• Teoría de la Elección Pública. • Análisis económico de la familia. • Análisis económico del derecho. • Nueva macroeconomía clásica. • Teoría económica de la «información» (*economics of information*). • Nuevos keynesianos.
17. Posición relativa de diferentes autores:	Rothbard, Mises, Hayek, Kirzner.	Coase, Friedman, Becker, Samuelson, Stiglitz.

Como puede apreciarse, las diferencias son numerosas y muy variadas, tanto de metodología como de enfoque. Destaquemos algunas de las más relevantes:

El paradigma austriaco parte de «una teoría de la acción humana», entendida como un proceso dinámico y creador continuo. En este proceso los fines a alcanzar y los medios para conseguirlos no están dados ni pueden ser fijados de antemano ya que son siempre cambiantes por la continua acción y reacción de los agentes económicos. El hombre que actúa es, por tanto, la clave de un proceso que no tiene fin y que nunca alcanza el equilibrio —el «estado estacionario» de Mises—, pues siempre habrá actores que con su actuación rompen otra vez ese pretendido equilibrio aportando nuevos elementos al proceso. Ese hombre que actúa es el empresario creador que intenta aprovechar las descoordinaciones del mercado para obtener un beneficio ofreciendo un producto o servicio con el coste más reducido posible. Con ello contribuye a coordinar los procesos de mercado en dirección a un equilibrio que naturalmente nunca se alcanza del todo.

Así, escribe Huerta de Soto:

> El problema económico fundamental que se plantea la Escuela austriaca es muy distinto del que analizan los neoclásicos: consiste en estudiar el proceso dinámico de coordinación social en el que

> los diferentes seres humanos generan empresarialmente de manera continua nueva información al buscar los fines y los medios que consideran relevantes en el contexto de cada acción en que se ven inmersos, estableciendo con ello, sin darse cuenta, un proceso espontáneo de coordinación.

El hombre que actúa, el empresario creador o emprendedor es el héroe de nuestra historia, que sacrifica sus ahorros para conseguir satisfacer una necesidad nueva, o una ya existente, pero de distinta manera. No sabe si está acertando con su decisión, pero se arriesga; recordemos que el 90 por ciento de las empresas no sobrevive tres años. Cuando se critica al empresario exitoso porque obtiene grandes beneficios hay que recordar los innumerables fracasos de ése y de otros empresarios que le han precedido y que están detrás de ese éxito y que le han ayudado con la información aportada.

Y es que este empresario creador puede cometer errores puros, por estimar incorrectamente la situación futura en términos de demanda y precios o en términos de costes. Como la información es siempre incompleta y subjetiva, creada continuamente por los actores económicos, nadie puede tener nunca certeza total de lo que ocurre, y aún menos de lo que va a ocurrir. Las predicciones específicas son, pues, imposibles, ya que dependen de un conocimiento que, en la mayoría de los casos, no se ha creado todavía. Lo único que puede hacer el empresario son predicciones generales que tenderán a cumplirse según la lógica del análisis a priori, que es al cabo el análisis de los fenómenos por introspección, es decir, por la reflexión personal sobre el funcionamiento de la realidad a partir de unos pocos axiomas que son ciertos en cualquier situación. (Un axioma sería, por ejemplo, el hecho de que no se puede actuar y no actuar al mismo tiempo.)

A pesar del éxito de los economistas austriacos en algunas predicciones, intentar predecir el futuro es una arrogancia muy habitual, buscando y creyendo encontrar relaciones causales que no existen y obviando la existencia de fenómenos completamente imprevisibles pero recurrentes, como explica Nassim Nicholas Taleb.

Por este motivo, los austriacos consideran un «error básico y de enorme gravedad aplicar los métodos de las ciencias de la naturaleza a las ciencias sociales». En la ciencia económica no existen constantes o relaciones funcionales, porque estamos analizando el comportamiento humano, la acción humana, que como hemos indicado tiene una capacidad creativa innata e infinita. Como dejó dicho Newton: «Puedo calcular el movimiento de los cuerpos celestes, pero no la locura del hombre». Se refería precisamente a una burbuja bursátil que sufrió en sus propias carnes, la de la Compañía de los Mares del Sur, en 1720.

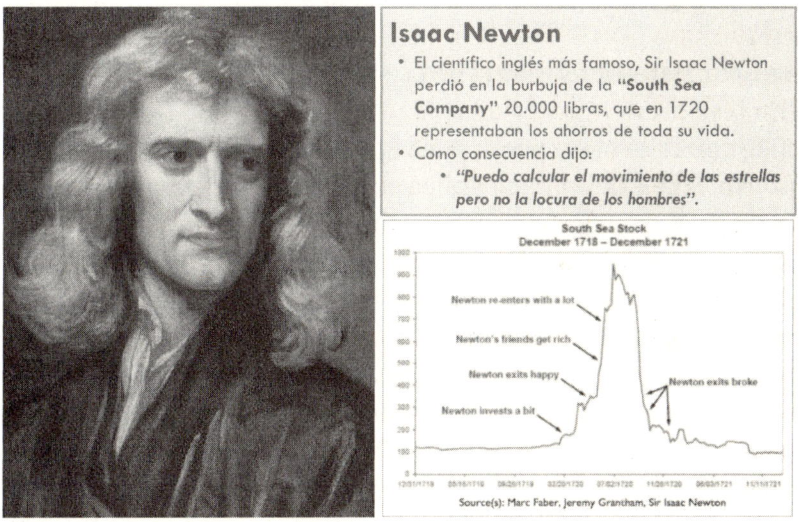

Fuente: Grantham, Mayo.

Otro centro de la teoría austriaca es «el concepto de coste». Para los austriacos los costes son subjetivos, como aclara Huerta de Soto: «Coste es el valor subjetivo que el actor da a aquellos fines a los que renuncia cuando decide seguir y emprender un determinado curso de acción». Es decir, los costes no son objetivos y dados, sino que se van descubriendo conforme se actúa, y, por supuesto, varían en cada momento según las circunstancias y alternativas. Es, al fin, el coste de oportunidad: qué dejo de hacer con el recurso que estoy utilizando: materia, tiempo, trabajo...

Éstos son los conceptos que más nos pueden interesar en nuestra labor inversora, pero hay que resaltar que el cuerpo doctrinal de la escuela es muy extenso, abarcando prácticamente todos los campos que nos interesan como personas. No estoy de acuerdo con absolutamente todas las ideas que han desarrollado —recordemos la curiosa teoría de Rothbard acerca de la legitimidad del chantaje, pues considera que con la información disponible podemos actuar como creamos conveniente, y con el chantaje le damos una última oportunidad al chantajeado—, pero en conjunto creo que explican en gran medida la realidad de nuestras vidas.

Aplicaciones a la inversión

Lo comentado hasta ahora puede parecer un discurso teórico sin interés, con una limitada aplicación a nuestro pequeño entorno inversor. Nada más lejos de la realidad. Es cierto que no nos va a ayudar a saber lo que van a hacer las cotizaciones bursátiles el mes o el año que viene, o qué sector novedoso va a despuntar en los próximos años; tampoco nos dirá lo que va hacer el PIB de este o aquel país. Pero sí nos ayudará a mirar con perspectiva la realidad económica en la que desempeñamos nuestra tarea, mirar un poco a vista de pájaro, y así quizás entender algo mejor lo que está pasando: qué país está actuando correctamente o en qué sector hay quizás demasiado capital, y por tanto qué país recogerá frutos en el futuro y qué sector tendrá problemas para generar una rentabilidad adecuada a medio plazo, por ejemplo.

Concretaré ahora algunas ideas de la Escuela austriaca que para mí tienen una aplicación real en un proceso de inversión:

1. Los mercados funcionan, por definición. Los mercados son millones de personas interactuando entre sí, emprendedores con unos fines y unos medios para conseguirlos que sólo ellos conocen. Cuando se interviene en esa interacción, se descoordina artificialmente el mercado y se obtienen unos resultados distintos y peores de los pretendidos por las personas que actúan. Quizás mejores a corto plazo para los que realizan la interven-

ción, pero peores para el conjunto de la sociedad, pues no son los libremente elegidos por ella.

Es dogma aceptado por el pensamiento económico dominante que el mercado falla a menudo —la competencia imperfecta, las externalidades, los bienes públicos, etcétera— y que hay que corregirlo. Sin embargo, no está muy claro cuál puede ser el error del mercado cuando se trata de personas que persiguen libremente sus objetivos, con sus aciertos y sus errores. En general, definiendo correctamente los derechos de propiedad, se resuelven los «fallos». Pero, aunque los hubiera, ¿cómo sabemos que la solución es mejor que el error? De hecho, la solución la van a proponer en última instancia personas muy parecidas a los demás, con sus propios errores que combatir. La discusión puede ser interminable.

Mi experiencia es que, a mayor intervención, mayor descoordinación, que puede llegar al caos en los casos de economías muy dirigidas, como fue la soviética. Porque, además, a la intervención normalmente se le añade la arbitrariedad legal: la justicia no es igual para todos.

Aplicación: A mayor intervención, menor crecimiento económico y menor seguridad jurídica, por tanto, menor disposición a invertir en esa economía. Un ejemplo sorprendente es Brasil. Un país que no comprendía por qué a pesar de sus enormes posibilidades de desarrollo, convive con unos tipos de interés muy elevados, derivados de una persistente inflación. En mi único viaje allí, en 2010, constaté cuál era el problema: la economía está muy intervenida, controlada por variopintos grupos de presión: las empresas piden aranceles proteccionistas y los consiguen; los trabajadores piden una protección social que su productividad no permite, y también la consiguen. Además, los políticos no se deciden a desmantelar una burocracia gubernamental excesiva (la empresa automovilística Fiat tiene 1.000 empleados para presentar las múltiples declaraciones fiscales). Estos excesos intervencionistas provocan innumerables cuellos de botella que desembocan en desigualdades y desequilibrios, con rentas excesivas concentradas en ciertos grupos sociales, mientras otros sufren la elevada inflación y el estancamiento. Parece que el nuevo Gobierno quiere imponer el fin del crecimiento del gasto público, reformar las leyes laborales y la maraña impositiva; veremos si tiene éxito.

China es el caso contrario. A pesar de estar organizada supuestamente bajo un sistema económico socialista, en amplios sectores de la economía apenas hay intervención del Gobierno, como hemos comentado, permitiendo una competencia tan fuerte que produce altos niveles de crecimiento sin inflación.

Especial atención merece la intervención en el mercado del dinero. Más adelante estudiaremos con más detalle las dañinas consecuencias de dicha intervención, que progresivamente ha desnaturalizado el valor del dinero. Será interesante aplicar el grado de intervencionismo a la predicción a largo plazo de los tipos de cambio. A pesar de que a corto plazo esta predicción es imposible, un alto grado de intervención nos permite predecir una devaluación de una moneda a largo plazo.

2. Los mercados nunca están en equilibrio. Los mercados están inmersos en un proceso continuo e inacabable, y siempre habrá un emprendedor intentando aprovechar un conocimiento nuevo o una descoordinación temporal para ofrecer un producto a un precio atractivo y con un coste razonable. Gracias a estos emprendedores alertas es muy difícil, y a veces imposible, que una compañía consiga mantener beneficios extraordinarios durante mucho tiempo. Siempre habrá alguien intentando copiar una buena idea con una rentabilidad alta sobre el capital empleado.

Esto significa que las compañías con ventajas competitivas duraderas son muy escasas y estas ventajas limitadas en el tiempo, porque, además, el desarrollo del conocimiento provoca cambios imposibles de predecir. La cara positiva es que esto también nos dice que tampoco hay mal que cien años dure, y en los sectores en crisis con exceso de capital invertido, acabará produciéndose tarde o temprano una salida de capital, mejorando la situación de los que permanecen.

Así, casi todos los sectores acaban regresando a una rentabilidad sobre el capital razonable, ni alta ni baja —entre un 5 y un 10 por ciento, aunque los últimos años se sitúa por encima de la media histórica—, que premia la asunción de riesgo y la menor preferencia temporal del inversor.

Rentabilidad del capital a largo plazo

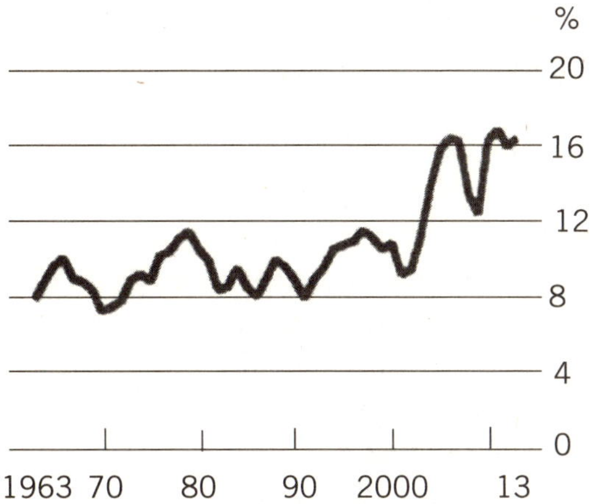

Fuente: Bureau of Economic Analysis; Reserva Federal; «Measuring and Managing the Valve of Companies», 6.º edición, McKinsey Corporate Performance, agosto de 2015.

Aplicación: Un inversor debe tener en cuenta los momentos de exceso o de falta de rentabilidad de un sector determinado, esperando con paciencia que cambie la situación. El ejemplo más claro son las compañías cíclicas, con un negocio sometido a los vaivenes que los ciclos económicos producen en la oferta y la demanda, con las consiguientes alteraciones en su rentabilidad. Se trata en cualquier caso de encontrar compañías con altas rentabilidades derivadas de ventajas competitivas, pero es imprescindible entender por qué tienen esa rentabilidad y si es sostenible en el tiempo.

Estas dos primeras ideas: que los mercados funcionan y que siempre están en un proceso de búsqueda de equilibrio, y sus correspondientes aplicaciones, pueden parecer obvias, pero no lo son tanto para el pensamiento dominante o para analistas que hablan sobre sus sectores. Realmente, son dos principios que conviene no sólo no olvidar, sino también enfatizar.

3. El crecimiento económico está basado fundamentalmente en el incremento de la productividad derivado de la división del trabajo, todo ello con la financiación del ahorro. El «orden extendido» del que habla Hayek, es el que permite esa división del trabajo; ser capaces de organizarnos y confiar más allá de nuestro limitado ámbito familiar o de clanes. El incremento del aho-

rro y de la productividad será posible, en todo caso, en un marco institucional favorable, en el que la estabilidad sea el factor dominante.[13] Para ello, el marco legal es esencial, pues tiene que hacer predecibles las consecuencias de nuestro comportamiento: el *rule of law* o «imperio de la ley» debe ser real y efectivo.

Aplicación: Después de analizar con detenimiento el tipo de crecimiento que experimenta un país o un grupo de países, lo decisivo es establecer si dicho crecimiento es sólido o inestable, según esté basado en el ahorro y la productividad o en el crédito y la rapiña.

China creció hasta 2009 con fuertes incrementos de productividad, la incorporación al mercado de millones de personas y tasas de ahorro muy altas. Como ya hemos comentado, esto ocurrió como consecuencia de un mercado cada vez menos intervenido y una cierta estabilidad legal, con excepciones en ambos casos en los sectores estratégicos, algo, por otra parte, habitual en el resto del mundo. A partir de 2010, el incremento del crédito, por la falta de desarrollo de los mercados de capitales, pone en cuestión este modelo de crecimiento, si bien mi percepción cara al futuro es que la creatividad empresarial se sobrepondrá al relativo exceso de deuda.

En España ha sucedido exactamente lo contrario. En la primera década del siglo XXI se creció gracias a un endeudamiento masivo. Cuando ese crecimiento poco sano se hizo insostenible, tuvieron que asumirse de golpe las pérdidas por proyectos fallidos, lo que obligó a que se redujeran bruscamente los costes laborales y de suelo. Con esta corrección, se pusieron de nuevo los

13. La causa del gran desarrollo de los últimos trescientos años se ha atribuido a las instituciones, a las ideas, a los individuos, al desarrollo de las capacidades energéticas o a la suerte. Ver Adam Smith, *La riqueza de las naciones*; David S. Landes, *La riqueza y pobreza de las naciones*; Daron Acemoglu y James Robinson, *Why nations fail*; Dreidre N. McCloskey, *Bourgeoise equality (Por qué fracasan los países: los orígenes del poder, la prosperidad y la pobreza*, Deusto, Barcelona, 2012). McCloskey propone convincentemente que el gran avance desde 1700-1800 tuvo su origen en la extensión de las ideas igualitarias, ya que pasó a ser bien visto y accesible para todos tener éxito en las aventuras comerciales. Surgieron por primera vez la libertad y dignidad de la gente común como consecuencia de lo que llama las cuatro R: reforma, revolución, revuelta y lectura (*reading*).

factores de producción en relación con su verdadera productividad, reconduciendo el crecimiento a una senda más sólida y sostenible, con una reducción progresiva de los niveles de deuda.

Nosotros, particularmente, no creímos en las alarmas sobre China previas a 2009 porque entendimos que el desarrollo allí se basaba en una profundización del mercado, e invertimos en compañías beneficiarias de ello como BMW, Schindler, y otras. Desde 2010 estamos más atentos, pero continuamos con una visión razonablemente positiva.

En cambio, en España, después de no invertir en sectores estrechamente relacionados con su economía durante bastantes años, en 2012 empezamos a invertir de nuevo, tras constatar el cambio en el tipo de crecimiento.

4. La explicación austriaca del proceso productivo como el del sacrificio inmediato para desarrollar una capacidad productiva más profunda e incrementar la productividad, tiene como elemento esencial el tiempo. La producción no es instantánea, y requiere que ese proceso se realice durante varias fases, desde el uso de los materiales esenciales, tierra, petróleo, etcétera, hasta los productos consumidos al final de la cadena.

Aplicación: Nuestro proceso inversor debe también rechazar la satisfacción inmediata de nuestras necesidades de consumo y, posteriormente, de inversión. Ahorramos y comenzamos el proceso inversor sacrificando resultados inmediatos. Sólo recogeremos frutos si somos capaces de ver más allá de ese momento inicial en la inversión.

El paralelismo entre el proceso productivo sano a largo plazo y el proceso inversor sano a largo plazo es evidente y estéticamente deslumbrante.

Ese sacrificio es una necesidad esencial del proceso, pero como veremos en el capítulo 9, se enfrentará con nuestra naturaleza, que no está preparada para ello. Un conocimiento profundo del funcionamiento de la economía —cómo actúa el hombre—, nos ayudará en ese enfoque, especialmente cuando lo habitual en la comunidad inversora es una falta total de perspectiva a largo plazo.

5. Existe un tipo particular de intervención en el mercado del

dinero de especial trascendencia: la manipulación de la moneda mediante el control de los tipos de interés por los bancos centrales. Genera importantes distorsiones en el mercado de créditos, excesos de inversión y burbujas financieras, que tienen como consecuencia la creación o el agravamiento de los ciclos económicos, que pueden llegar a ser especialmente pronunciados y largos. Como ya vamos entendiendo, los responsables de los bancos centrales no tienen una sabiduría singular para determinar las condiciones monetarias o el tipo de interés adecuado, pues su única ventaja es tener acceso a la información relevante quince días antes que el resto de los operadores. Y éste no es el único problema, pues se encuentran sometidos a servidumbres políticas y personales que hacen imposible su independencia a la hora de tomar decisiones. Es muy difícil escapar del consenso o del pensamiento dominante cuando la carrera profesional está en juego.

En verdad, un tipo de interés formado por las decisiones de todos los actuantes en el mercado reflejaría más adecuadamente las necesidades del momento, como reconoce en sus memorias precisamente Alan Greenspan, el banquero central más famoso de las últimas décadas: «Dije que todavía estaba preocupado por que los precios de las acciones estuvieran demasiado altos, pero que la Fed no adivinaría los movimientos de "cientos de inversores bien informados". La Fed, en cambio, se posicionaría para proteger la economía ante un eventual crac».

Aquí Greenspan no se refiere a los inversores de bonos, que determinan el precio del dinero, sino a los inversores en acciones. Pero no es posible distinguir entre los conocimientos de unos y los de otros. Es evidente que, siguiendo su razonamiento, no es tampoco lógico «adivinar» los movimientos de «cientos de inversores de renta fija bien informados» e intentar controlar los tipos de interés, como efectúa la Fed.

Aplicación: El inversor debe evitar economías que basen su crecimiento en la creación de crédito al amparo de tipos de interés bajos establecidos por los bancos centrales. Así fue como nosotros evitamos pérdidas permanentes de capital durante la burbuja financiera de los años 2006 y 2007. Nuestra exposición al sector inmobiliario y financiero era prácticamente nula.

Quizás el caso más esclarecedor acerca del impacto de la intervención en una economía durante el siglo XX es la diferente política de las autoridades en las crisis de 1921-1922 y 1929-1945, en Estados Unidos. En la primera se permitió al mercado ajustarse libremente, liquidando las malas inversiones, y la crisis se superó en pocos meses. Sin embargo, en los años treinta, y después de mantener una política monetaria demasiado relajada en el final de los años veinte, como explicaba Hayek en aquel momento, se cometió un segundo error fundamental: no se permitió la formación libre de precios —mecanismo de ajuste esencial del mercado—, congelando los salarios cuando los precios de los productos estaban bajando. La consecuencia fue la acumulación de pérdidas en infinidad de compañías y su inevitable quiebra. Únicamente después de la segunda guerra mundial se desmantelaron los controles en la economía introducidos por Herbert Hoover y Franklin D. Roosvelt y se produjo el impresionante *boom* económico de la posguerra.[14]

En 2016 continúa la agresiva manipulación de tipos por parte de los bancos centrales, obligados por el entorno político. Por suerte, y como consecuencia de la resaca de la crisis anterior, esa creación de dinero no está fluyendo con claridad desde el sistema financiero hacia el resto de la economía; pero esto puede cambiar en cualquier momento, provocando una pérdida significativa del valor de las monedas y la consiguiente hiperinflación.

6. Si no se aumenta artificialmente la cantidad de dinero en circulación el estado natural de una economía es el deflacionario. Los incrementos de productividad permiten producir más bienes con el mismo dinero. Esto es algo positivo para el consumidor, que se beneficia de la continua bajada relativa de los precios frente a los salarios, como ha ocurrido con los ordenadores o los teléfonos.

14. Ver Murray N. Rothbard, *La gran depresión* y James Grant, *The forgotten depression. 1921: The crash that cured itself*; ambos para comprender las crisis de los años veinte y treinta; y Robert Higgs, *Depression, war and cold war*, para entender la salida de la depresión después de la segunda guerra mundial.

El mayor crecimiento de la economía americana se produjo desde el final de su guerra civil hasta finales del siglo XIX. Fueron treinta años gloriosos caracterizados por una evolución marcadamente deflacionaria. Es verdad que también ha habido dos conocidos procesos deflacionarios acompañados de recesiones continuadas, como acabamos de ver en los años treinta en Estados Unidos y en Japón en los últimos veinticinco años. En el caso japonés, no obstante, el crecimiento por habitante sí ha sido positivo y similar al de otros países desarrollados, y el problema esencial ha sido la falta de crecimiento de la población. Las causas de la gran depresión americana ya hemos comentado que hay que buscarlas en las sucesivas medidas intervencionistas que no permitieron ajustar el precio de los factores de producción a su productividad real.

Últimamente, hemos vuelto a asistir a varios casos de deflación y fuerte crecimiento en España, Irlanda y los países bálticos. En España, por ejemplo, hemos asistido desde 2013 a tres años de deflación acompañada de un crecimiento económico del 2 por ciento.

La deflación, en verdad, no es la causa del estancamiento, sino un síntoma y, en todo caso, parte de la solución al problema. En España era evidente que los costes laborales e inmobiliarios habían superado su precio razonable, y hasta que no se han situado de nuevo en niveles de mercado, la economía no se ha recuperado. Japón hace veinticinco años era el país más caro del planeta y es muy posible que eso fuera parte de un problema que había que corregir, unido a un exceso de intervención en amplias zonas de su economía, a la falta de meritocracia y al problema demográfico señalado.

Es común leer y oír sobre los peligros de la deflación, pero éstos son más inventados que reales: no provocan trampa de liquidez, ni desempleo masivo, ni caída de la producción.[15]

Entonces ¿por qué tanto ruido con la deflación? Este ruido

15. Ver: «Five common errors about deflation», Philipp Bagus, *Procesos de mercado*, III[1] (primavera 2006), pp. 105-123.

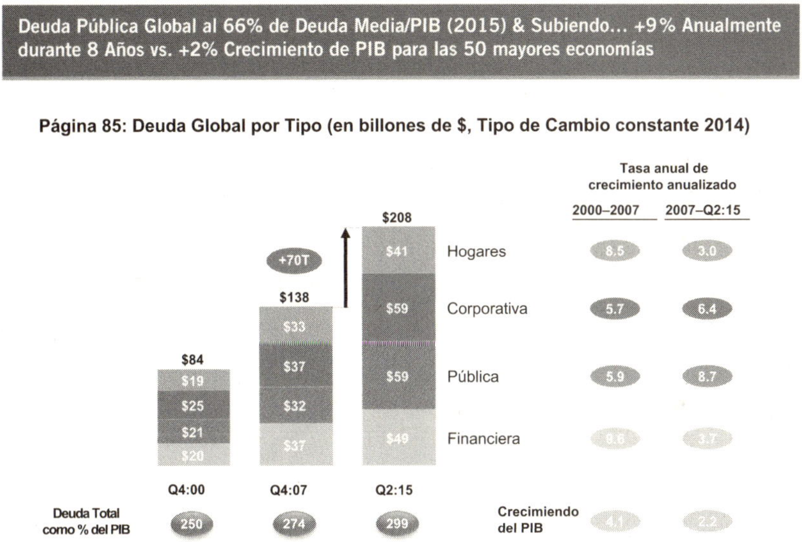

Fuente:McKinsey Global Institut (3/16) IMF.

se deriva de que, a los gobiernos, en general muy endeudados,[16] no les conviene la deflación. El peso de la deuda aumenta con la deflación. La deuda es constante en esa situación, pero el dinero vale más, porque se pueden comprar más cosas con él, y, por tanto, cuesta más esfuerzo devolver esa deuda. La inflación, por el contrario, facilita la devolución de las deudas. ¿Qué prefiere el Estado y todo su entorno, inflación o deflación? La respuesta es evidente.

Aplicación: El escenario más probable en una economía con intervención estatal será una inflación alta, pues el Gobierno es juez y parte y naturalmente decide en la dirección que más le interesa. Conviene estar preparado invirtiendo en activos reales: acciones públicas o privadas, casas o materias primas. Siempre. En el siguiente capítulo nos extenderemos sobre ello.

7. La falta de una moneda respaldada por el oro o algo similar independiente de una decisión política, implica que ésta se

16. Como se observa en el gráfico, la deuda pública global ha aumentado a ritmo muy elevado en los últimos quince años, con el agravante de no disponer de activos que la compensen, como les ocurre a las familias y a las empresas.

Poder adquisitivo de $1 desde que la Reserva Federal fue establecida en 1913

Fuente: BLS CPI Data.

depreciará permanentemente frente a los activos reales. Siempre ha ocurrido así y siempre ocurrirá. La presión de los gobiernos para depreciar la moneda es permanente.[17]

Aplicación: Invertir, de nuevo, y exclusivamente, en activos reales, salvo por necesidades puntuales de liquidez. Siempre, insistimos. También nos extenderemos sobre el asunto en el siguiente capítulo.

8. Los precios de los productos —que dependen de lo que están dispuestos a pagar por ellos los consumidores— determinan sus costes, y no al revés, como muchos creen. Es sorprendente lo extendido que está este error. Por ejemplo, la columna «Lex» del *Financial Times*, la más prestigiosa de las columnas financieras globales, lo ha cometido más de una vez.

El analista Paul Gait, de Bernstein, ha realizado el análisis para las compañías mineras, y observa que la correlación entre costes y precios del periodo anterior es muy elevada. El precio acaba determinando los costes en los siguientes dos años.

17. Lo explica perfectamente Murray N. Rothbard, en *What has government done to our money?*

Nota: los números de costes de 2015 son estimaciones de Wood Mackenzie.
Fuente: Estimaciones y análisis de Woord Mackenzie, AME, Bloomberg L.P., y Bernstein.

En dos materias primas básicas, carbón térmico y petróleo, vemos un ejemplo evidente de la caída reciente de costes posterior a la caída original del precio del producto.

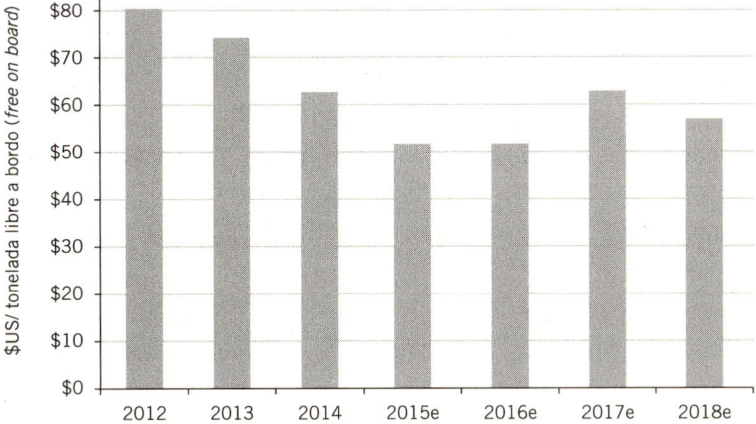

Fuente: Wood Mackenzie, Morgan Stanley Research.

El coste marginal de producción para el top 50 de Upstream (exploración y producción) cayó un 30% hasta $US73/barril en 2015, motivado por la deflación de costes de la industria.

Fuente: Bernstein análisis y estimaciones.

Aplicación: Variabilidad permanente del coste marginal, el del productor último y más caro, pues este coste dependerá de la cantidad de la demanda. Si la demanda de petróleo es de 80 millones de barriles diarios, y el barril que hace el número 80 millones cuesta producirlo 100$ barril, el precio de mercado será de 100 dólares, y producirá todo aquel que pueda hacerlo con un coste inferior a 100 dólares. Si la demanda cae a 50 millones de barriles, el precio marginal caerá también, pues si el productor marginal que produce el barril número 50 millones produce a 40$/barril, el precio de mercado será de 40 dólares, y sólo producirán los que lo hagan por debajo de 40 dólares. Si la demanda cae a 0 barriles, el coste será 0 dólares y nadie producirá. Parece claro, pero no lo es para muchos.

El inversor, por tanto, no debe olvidar el orden: primero se calcula la demanda; después se calcula el coste necesario para satisfacer esa demanda.

9. Los costes de producción son subjetivos, por lo que cualquier estructura de producción es susceptible de variar dependiendo de las circunstancias. Como hemos dicho, coste es igual a mi mejor alternativa, y como éstas son variables y subjetivas, el coste es variable y subjetivo.

Aplicación: No tomar como dados los costes, error habitual en las compañías *commodities* o que venden un producto no diferenciado o en las compañías cíclicas o con productos novedosos. Los costes varían permanentemente, conforme las circunstancias del mercado cambian o se produce desarrollo tecnológico. Con la caída del precio del petróleo en 2014 y 2015, muchos ingenieros se han quedado sin trabajo, empeorando sus alternativas, por lo que están dispuestos a trabajar por menos dinero, reduciendo los costes de extracción. El mismo efecto ha tenido el desarrollo del *shale oil* y gas en Estados Unidos, una alternativa tecnológica que ha permitido una caída en el coste de producción de los barriles marginales.

10. Los modelos económicos son prácticamente inútiles. Modelar el impredecible comportamiento humano y los probables, pero desconocidos, sucesos futuros es imposible, por lo que hay que contentarse con unas predicciones generales y limitadas.

Aplicación: No cometer la arrogancia de pensar que podemos predecir de una manera precisa lo que va a pasar. Esto es especialmente claro en el ámbito de las predicciones económicas, sometidas a unos cambios no sólo probables, sino ciertos, e imposibles de prever. Las predicciones más generales sí pueden ser útiles, pero deben centrarse en movimientos de fondo, siempre a largo plazo. Por todo ello, es práctico usar una simple calculadora que haga operaciones muy sencillas: evitaremos la tentación de caer en cálculos demasiado complejos.

La lista de ideas con sus aplicaciones no pretende ser exhaustiva, pero éstas son algunas de las más útiles para nuestro proceso inversor. Como se observa, en general no hay una relación directa o próxima entre causa y efecto, sino un conjunto de conceptos que nos permiten caminar por ese proceso con más seguridad.

Conclusión: Subjetivismo y precio objetivo

Puede parecer una contradicción hablar continuamente de la metodología subjetivista que aplican los economistas austriacos, donde el hombre que actúa es el centro y nada es objetivo, pues depende de su continua acción cambiante, y a la vez habla de precios «objetivos» de las compañías en las que invertimos basados en nuestras valoraciones.

En realidad, lo que hacemos al invertir es intentar prever hacia dónde van a dirigir los emprendedores (en su sentido más amplio, es decir, todos nosotros) su acción futura, provocando así un cambio en las valoraciones subjetivas actuales. Nos interesa conocer cuál va a ser en el futuro el valor «objetivo», que no es otra cosa que la suma de esas innumerables valoraciones subjetivas de esos emprendedores. Es una labor empresarial pura: se trata de intentar predecir dónde habrá una necesidad en el mercado, quién la puede satisfacer y a qué coste. Una vez estimado esto, habrá que esperar a que los mercados de valores nos permitan aprovechar una formación incorrecta de precios como consecuencia de errores empresariales de otros agentes. Se trata de nuevo de una labor empresarial pura.

En conclusión, mi experiencia es que la visión a largo plazo que debe tener todo inversor se complementa perfectamente con una escuela de economía con un marco de razonamiento sólido y con perspectiva también a largo plazo. Comprender el funcionamiento general de las instituciones económicas será, en tantos momentos de volatilidad, una brújula de conocimiento que nos va a dar la tranquilidad necesaria para navegar en aguas revueltas sin temer un irremediable naufragio.

5

La inversión

Establecido el marco conceptual económico con el que hemos elegido trabajar, vamos a empezar a ocuparnos concretamente de la inversión. Para hacerlo, entiendo que es oportuno empezar destacando la importancia decisiva del ahorro. No en vano, el ahorro es la clave de la inversión y la fuente esencial de la riqueza futura. Sin ahorro no hay inversión sana ni bienestar general.

El ahorro y la inversión

El ahorro lo acumula cada persona a ritmo distinto y con sacrificio variable con esa parte de nuestros ingresos que no dedicamos al consumo. El ahorro financia el desarrollo tecnológico y la creación de riqueza, a la que debemos la mejora continua de las condiciones de vida que disfrutamos en nuestro tiempo.

A pesar de que algunos despistados alarman sobre el supuesto exceso puntual de ahorro, ese exceso nunca es una mala noticia, pues siempre contribuye a la financiación de proyectos que mejoran la estructura productiva. Si en un periodo razonable de tiempo no se encuentra un buen destino para ese ahorro porque su elevado nivel provoca que la rentabilidad obtenida sea muy baja, se acabará consumiendo en productos y servicios.

La inclinación personal al ahorro está condicionada por muchos factores: la renta, la edad, las oportunidades de consumo o de inversión, la ansiedad ante el futuro o una herencia... No hay dos personas con la misma inclinación, ni ésta se mantiene estable a lo largo del tiempo.

La realidad es que el ahorro se convierte para muchas personas en un problema —afortunado— que hay que resolver. Y las preguntas clave que nos hacemos son: ¿qué hacer con él?, ¿cómo conservarlo?, ¿cómo aumentarlo?, ¿podré jubilarme?

Es sorprendente el poco tiempo que dedicamos a dar respuesta a estas preguntas. Cuando compramos una casa pasamos meses investigando, dándonos y quitándonos razones. Esto es lógico, pues a menudo se trata de la mayor decisión de inversión de nuestra vida. Lo mismo ocurre cuando nos compramos un coche o cuando decidimos dónde vamos de vacaciones. Siempre sopesamos las diversas opciones, y nos inclinamos por alguna después de un exhaustivo análisis de pros y contras.

Sin embargo, cuando lo que tenemos que decidir es la conveniencia o no de comprar acciones de Telefónica, o qué fondo de inversión es el adecuado para nuestros ahorros, sorprendentemente tomamos la decisión en unos minutos, escuchando los consejos más o menos interesados de los que se encuentran a nuestro alrededor, sin un asesoramiento verdaderamente cualificado, y sin tomarnos el tiempo para el estudio y la reflexión que una decisión de esta trascendencia requiere.

Nosotros como gestores hemos llegado a merecer la confianza de varios miles de clientes, que es una cifra importante —teniendo en cuenta que no hacemos marketing de ningún tipo—, pero también ridícula, pues en España hay casi 10 millones de partícipes en fondos de inversión. ¿Cómo fue posible que un producto que de forma evidente añadió valor al cliente —con un 15 por ciento de rentabilidad anualizada durante veinte años— no tuviera más éxito? No se trata de una queja, sino de constatar algo sorprendente, y especialmente grave, en estos momentos en los que tenemos toda la información necesaria a nuestro alcance gracias a internet.

Decidir cómo invertir nuestros ahorros debe ser en toda circunstancia un proceso lento y madurado de evaluación de alternativas a partir de nuestras necesidades particulares y de las características de esas alternativas. Y conocernos es, como en casi todo en la vida, el primer paso para tomar una decisión correcta, que no necesariamente pasa por obtener la mayor rentabilidad posible. Más adelante, intentaremos describir los problemas que nos puede generar una personalidad inadecuada para la inversión, pero ahora vamos a tratar de hacer algo menos ambicioso: exponer de una manera sencilla las distintas posibilidades de inversión para nuestro ahorro.

Inversión real e inversión monetaria

Para hablar de las alternativas de inversión, no vamos a extendernos en los múltiples tipos de activos que se describen habitualmente. Vamos a limitarnos a una simple clasificación que acota el problema y lo lleva a su esencia: las inversiones en activos reales y las inversiones monetarias. Curiosamente he descubierto recientemente que Böhm-Bawerk distinguía entre bienes y promesas, que viene a ser lo mismo que activos reales y monetarios. Dentro de las inversiones en activos reales, consideraremos sobre todo las acciones, pero también analizaremos otros activos más fácilmente replicables o *commodities*.[18]

Esta clasificación entre activos reales y monetarios no es la más habitual, pero aclara significativamente el panorama inversor:

Inversión en activos reales

Los activos reales son aquellos que, con mayor o menor inmediatez, reflejan la propiedad del activo subyacente. Ese activo genera rentas por el servicio concreto que da a la sociedad. Aquí

18. *Whether legal rights and relationships are economic goods*, 1981, en Shorter classics of Eugen von Böhm-Bawerk, vol. 1, Libertarian Press (1962), pp. 25-138. Lo he encontrado en Jorge Bueso Merino, *Teoría del intercambio.* Propuesta de una nueva teoría de los cambios interpersonales basada en tres elementos más simples. *Procesos de Mercado*, Vol XII, Número 1, primavera de 2015.

se incluirían las acciones, los bienes inmobiliarios (casas, hoteles, oficinas...), las materias primas (oro, petróleo, cobre...), el arte (en el más amplio sentido, incluyendo cualquier coleccionismo) y, en general, cualquier producto o servicio que sea valorado y demandado por el ser humano: mesas, sillas, el derecho a los ingresos de un deportista o artista, etcétera.

También hay que considerar como activos reales todas las capacidades y cualidades que podemos desarrollar personalmente: la educación, las habilidades, las relaciones, etcétera.

Las características esenciales de los activos reales son: «la propiedad de la cosa», que puede ser directa o indirecta —las acciones, por ejemplo, son representaciones de la propiedad—, y total o parcial —podemos ser dueños de todo el activo o de un porcentaje mínimo—; y «la variabilidad de las rentas» que genera el activo. Esta variabilidad de las rentas dependerá, en primer lugar, del interés de la sociedad por el producto, que variará a lo largo del tiempo y que tendrá su reflejo inmediato en el precio que se está dispuesto a pagar por el bien; y, en segundo lugar, de la capacidad del productor de ofrecerlo a un coste razonable, porque no todo el mundo está en condiciones de ofrecerlo de manera eficiente.

Como se observa en las fotografías, los activos reales son muchos y muy variados, cubriendo una parte muy significativa de los que poseen la mayoría de las personas, y especialmente de las que tienen rentas más reducidas y limitan su ahorro a sus bienes materiales más próximos: casas, muebles, coches, etcétera.

La consecuencia fundamental de ser propietarios de un activo que satisface un servicio que la sociedad demanda es que mantendrá razonablemente su poder adquisitivo en cualquier entorno económico, mientras la sociedad mantenga su interés por él. Su rentabilidad dependerá de numerosos factores, pero el hecho de que mantiene razonablemente bien su poder adquisitivo es incontestable y decisivo.

Sin embargo, dentro del conjunto de activos reales conviene hacer rápidamente una distinción clara entre los activos únicos o con una ventaja competitiva diferenciadora y los activos fácilmente replicables o sustituibles. No hay una línea discreta que

Ejemplos de activos reales: centros comerciales, educación, plantas industriales, granjas, casas, centrales térmicas y carreteras

separe ambos tipos de activos; nos encontramos con una línea continua en la que en un extremo se encontrarían los activos únicos, con una capacidad muy alta para generar rentas extraordinarias. Un ejemplo serían las acciones de compañías cotizadas defendidas por altas barreras de entrada: Coca-Cola lo ha sido en el siglo XX, y Facebook puede serlo en el siglo XXI.

En el extremo opuesto estarían las materias primas y especialmente el oro. Están sujetas a las mejoras tecnológicas que han permitido ininterrumpidamente durante décadas reducir su coste de extracción y, por tanto, su precio. En los últimos años, sin embargo, esta extracción se ha encarecido como consecuencia del repentino y espectacular crecimiento de China. Esto ha mitigado el impacto de los avances tecnológicos, pero no será un efecto duradero.

A lo largo de esa citada línea se van situando las acciones con menor ventaja competitiva, los activos inmobiliarios, y todos los demás activos, según su calidad.

Inversión monetaria

La inversión monetaria es aquella que otorga al inversor una promesa de pago de unas rentas fijadas en una moneda determinada. Normalmente esa promesa se apoya en los flujos de rentas que genera el emisor de la moneda, pero con ciertos límites.

En este caso, el inversor no es propietario de la entidad que ha emitido la promesa de pago, sino únicamente de una promesa regulada por un contrato y fijada en una moneda determinada.

Ejemplos de este tipo de inversión son los depósitos bancarios o las emisiones de deuda de Estados y empresas.

Es cierto que en las emisiones de deuda privada el impago permite al inversor en última instancia acceder a la propiedad, y recuperar al menos parte de la inversión. Pero esto no ocurre en la deuda pública. Recordemos las palabras del extraordinario y olvidado Harry Scherman: «Este tipo de promesa —la pública— no representa, en la mayoría de los casos, ninguna forma de riqueza tangible». La deuda pública no ofrece ninguna garantía, salvo la palabra del emisor, porque nunca podremos acceder a los activos del Estado en cuestión, que tiene más tanques que el inversor. (Elliot Associates intentó recientemente recuperar parte de su inversión en bonos del Estado argentino, y para ello persiguió algunos activos del país por todo el mundo, como el buque-escuela de la Marina argentina. No tuvo mucho éxito en esta búsqueda, pero con el cambio de Gobierno llegó a un acuerdo con ellos.)

Sin embargo, el problema que nos interesa analizar no es tanto el del impago evidente, que en la deuda privada está protegido con los activos subyacentes, sino el del impago no evidente, es decir: la pérdida de valor de la promesa de pago como consecuencia de la pérdida de valor de la moneda en que se denomina o referencia el contrato. Este problema es menos evidente, y por ello mucho más peligroso para el ahorrador, porque puede estar oculto o reprimido durante mucho tiempo detrás de una aparente estabilidad. Como inversores vamos recibiendo nuestros intereses cada mes o cada año sin altibajos ni sustos, hasta que un día la crisis no puede ocultarse más y se desencadena repentinamente.

Además, afecta a todas las promesas de pago, privadas y públicas, no sólo a las fallidas por impago, que son la excepción.

En realidad, los dos tipos de activos descritos, reales y monetarios, son incomparables porque su naturaleza es distinta. En un caso hablamos de unos derechos de cobro derivados de la propiedad de un activo que interesa al público —activos reales—; mientras que en otro hablamos de una promesa de pago soportada en un papel moneda —activo monetario.

La única lógica para que en los mercados financieros se utilice de manera habitual la comparación entre acciones y bonos, los dos ejemplos más evidentes de ambos tipos de activos, es la comodidad. En el Anexo I, al final del capítulo, se explica el impacto que tienen estas ideas en un concepto clave como es la tasa de descuento.

¿Qué es más interesante y rentable a largo plazo?

La pregunta clave en cualquier caso es: ¿qué tipo de activo es más interesante como inversión a largo plazo?, ¿cuál es el más rentable?, ¿cuál es el menos arriesgado?

La respuesta debe comenzar por un razonamiento a priori de carácter austriaco: cualquier inversor debe tener como primer objetivo mantener el poder adquisitivo de su ahorro. Es la prioridad, y como principio básico es elemental. La idea de ganar poder adquisitivo debe ser posterior a, por lo menos, mantener la situación de partida.

Los activos reales cumplen esa función, pues lo mantienen por definición; podemos adaptarlos a cualquier entorno económico. Dentro de ellos el atractivo dependerá de su calidad, representada ésta por el grado de diferenciación del activo. Como veremos, los activos más interesantes son las acciones cotizadas (y las habilidades únicas).

Por el contrario, no cabe en un planteamiento a largo plazo invertir en un activo monetario a expensas de la moneda en que está denominado. Como consecuencia del abandono del patrón oro o de cualquier soporte similar para la moneda, ésta se verá sujeta a la depreciación continua, causada por la inflación monetaria, que es la emisión de más papel moneda del que correspondería por el crecimiento de la producción (en realidad la producción no necesita más dinero cuando aumenta, cualquier cantidad de dinero es óptima para apoyar a la producción. Ya hemos dicho que el estado natural de una economía es el deflacionario).

Parece, por tanto, que a priori tenemos más probabilidades de mantener el poder adquisitivo de nuestros ahorros con los activos reales.

Partiendo de una premisa que a priori se entiende ineludible, el siguiente paso es investigar si efectivamente el tiempo ha confirmado esta realidad lógica.

Evidencia histórica

Para ello, y a pesar de la dificultad que supone comparar activos tan diferentes, vamos a analizar la evidencia histórica, para después profundizar en el soporte teórico que explica los resultados obtenidos. Como hemos mantenido en el capítulo anterior referido a la economía, entendemos que, sin un soporte lógico, el análisis empírico no tiene ningún valor.

La evidencia la podemos buscar en los numerosos estudios de rentabilidad a largo plazo de diversos activos. Los activos mejor analizados han sido las acciones cotizadas y la deuda pública, pero veremos que también podemos investigar lo ocurrido con otros activos reales.

Si comenzamos con el conocido estudio de Jeremy Siegel, las acciones americanas han obtenido a largo plazo una rentabilidad anual real, después de inflación, del 6,6 por ciento. Cada año se ha ganado, pues, un 6,6 por ciento de poder adquisitivo.

Rentabilidad real total en acciones de EE. UU., bonos, bonos del Tesoro, oro y el dólar, 1802-2012

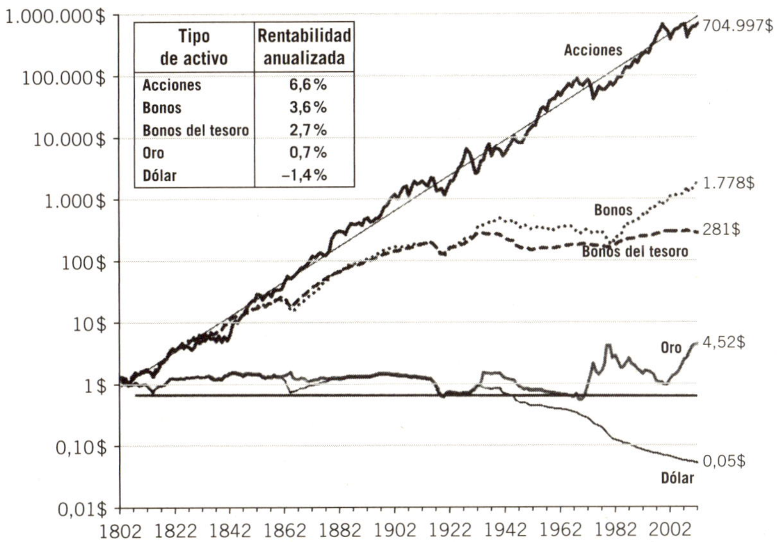

Fuente: Jeremy Siegel. *Stocks for the long run.*

Son datos de los últimos doscientos años y ofrecen una sorprendente consistencia a lo largo del tiempo. Tanto es así, que las grandes crisis, como la de 1929, se ven en perspectiva como pequeños altos en el camino.

El crecimiento económico es en definitiva la base de la rentabilidad de las acciones, pues son un espejo del comportamiento de las economías. A largo plazo, los países con estructuras sólidas y sanas que ahorran, invierten y no se endeudan en exceso —es decir, los países donde las cosas se hacen bien— crecen, crean empleo y tienen un sistema financiero fuerte que permite acometer nuevos proyectos y dar liquidez a quienes financian esos proyectos con su ahorro. Con estos ingredientes, se genera un mercado de capitales desarrollado, que a largo plazo reflejará esa evolución económica positiva, permitiendo obtener una buena rentabilidad no sólo a los inversores iniciales en proyectos empresariales, sino también a los que dan liquidez a aquéllos, con la compra de acciones de las compañías cotizadas en una fase posterior de su desarrollo.

El crecimiento económico global en los últimos cien años ha sido del 3 por ciento anual. Esto ha sido suficiente para permitir unos mercados de capitales sanos y atractivos para el ahorro y la inversión. Algunos autores discrepan, pero las acciones a largo plazo reflejan en su incremento de valoración un entorno económico estable, que permite esa creación de riqueza real.[19]

El resto de activos ha tenido un comportamiento a largo plazo muy inferior a las acciones: los bonos del Estado han obtenido un 3,6 por ciento; las letras del tesoro un 2,7 por ciento; y el oro un 0,7 por ciento. La suspensión del patrón oro y el subsiguiente incremento de la inflación ha provocado que en los últimos ochenta años la rentabilidad de la renta fija haya descendido frente a periodos anteriores, situándose en niveles inferiores a ese 3,6 por ciento. El oro, por su parte, ha tenido un mejor comportamiento desde finales de los años sesenta, cuando se eliminó el último anclaje de las monedas al patrón oro.

19. Jay R. Ritter, «Economic growth and equity returns», *Pacific-basin finance journal*, agosto de 2005.

Crecimiento global del PIB real (%), 1980-2015

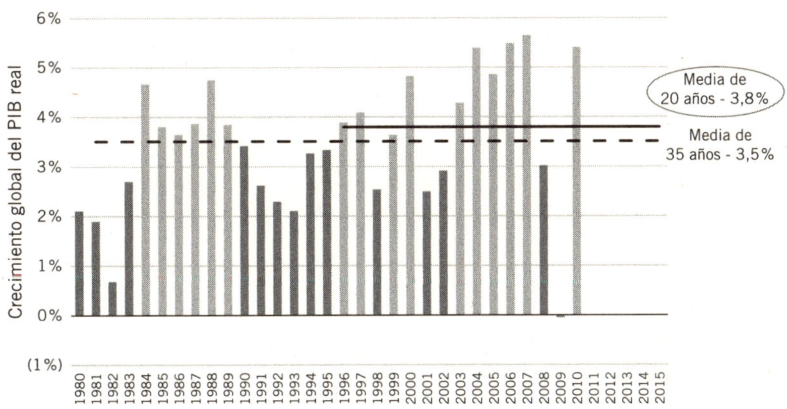

Fuente: IMF WEO, 4/16. Stephen Roach, «A World Turned Inside Out», Yale Jackson Institute for Global Affairs, 5/16.

Aunque una diferencia de un 2-3 por ciento anual puede parecer pequeña, a largo plazo el efecto es asombroso. Basta constatar la diferencia de patrimonio acumulado en los diferentes casos para comprobarlo: 1 dólar de 1802 en acciones se convierte en 704.997 dólares de 2012, en términos reales. Es decir, el poder adquisitivo ha aumentado... ¡700.000 veces! Mientras tanto, ese mismo dólar, invertido en bonos, se habría convertido en 1.778 dólares. Una buena rentabilidad, desde luego, pero claramente inferior a la que ofrecen las acciones.

Un dólar en oro, material habitual de refugio, se habría convertido en 4,52 dólares, manteniendo a duras penas su poder adquisitivo, mientras que haber dejado el dinero en un cajón habría supuesto una devastadora pérdida de poder de compra, al perder ese papel moneda el 95 por ciento de su valor: 1 dólar se habría convertido en 5 céntimos de poder adquisitivo.

Este comportamiento de las acciones ha ocurrido, como se aprecia en el gráfico siguiente, en todos los países estudiados:[20]

20. Elroy, Dimson, Paul Marsh y Mike Staunton, «Equity Premiums around the world», *CFA Institute Research Foundation*, 4 (2011).

Rentabilidad Anualizada Real en acciones *vs.* bonos y bonos del Tesoro internacionalmente, 1900-2010

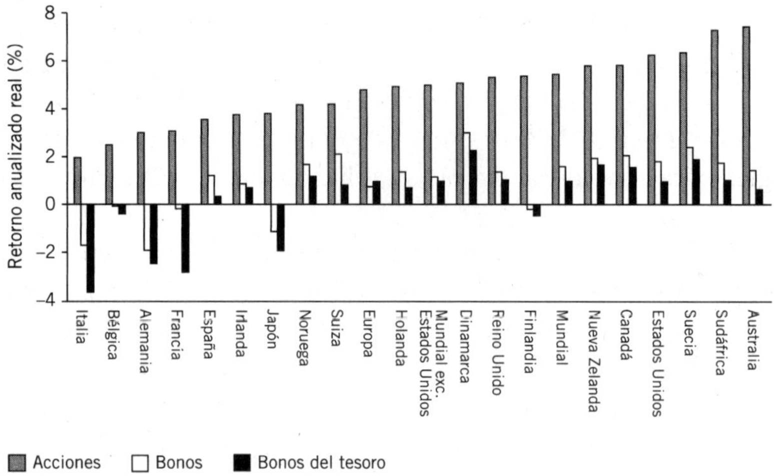

Fuente: Basado en Dimson, Marsh, y Stauton (2002) y actualizado por Dimson, Marsh, y Stauton (2011b).

El análisis para otros países se ha realizado para un periodo más corto: 1900-2000, pero con resultados igual de contundentes. Todos los países muestran una mayor rentabilidad de las acciones frente a la renta fija. Incluso aquellos que han atravesado varias guerras y situaciones financieras calamitosas, como Alemania o Japón. Nuestra querida España muestra una rentabilidad real anual del 3,6 por ciento para las acciones. Muy superior también a la renta fija.

En este análisis se han utilizado países que suponían el 89 por ciento del mercado en 1900, por lo que la muestra es muy representativa. Además, en aquellos países con menor rentabilidad para las acciones como Alemania, Italia, Francia o Bélgica, los bonos tuvieron un comportamiento aún peor, con rentabilidad real negativa.

Por último, en el peor escenario, cuando se produce una confiscación revolucionaria de activos, del tipo soviética, se pierde la inversión con cualquier activo, y, por tanto, no hay un riesgo mayor en la renta variable.

Como conclusión, y a pesar de la dificultad asumida que supone hacer predicciones, podemos afirmar tranquilamente que a largo plazo se obtiene una mejor rentabilidad y aumenta más el poder adquisitivo de nuestros ahorros siendo propietario de una cartera diversificada de acciones que en cualquier otra alternativa de inversión, y específicamente frente a los activos monetarios. Desarrollaremos un poco más adelante la explicación lógica para ello, que apoyará a la relacionada con el crecimiento económico.

Se confirma también que otros activos reales han tenido un peor comportamiento que la renta variable. Ya lo hemos visto para el oro, y si analizamos otros activos como los inmuebles (lo hacemos en el Anexo 2 al final de este capítulo), el petróleo o los metales, vemos que mantienen su poder adquisitivo, pero a gran distancia de la rentabilidad obtenida por las acciones.

Precios reales de la gasolina, 1920-1989. Índice: 1982 = 100

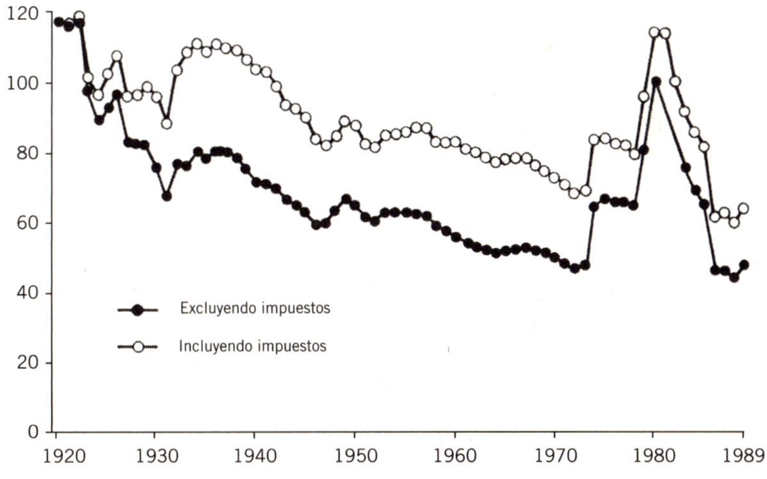

Fuente: Morris A. Adelman en Julian L. Simon, *The State of Humanity* (1998).

Esto es así, porque se trata de activos fácilmente replicables o sustituibles, y el incremento de productividad generado por el desarrollo tecnológico y de métodos de gestión reduce sistemáticamente el coste de producción, y consecuentemente, gracias a

Precios reales del cobre, 1801-1990. Índice: 1982 = 100

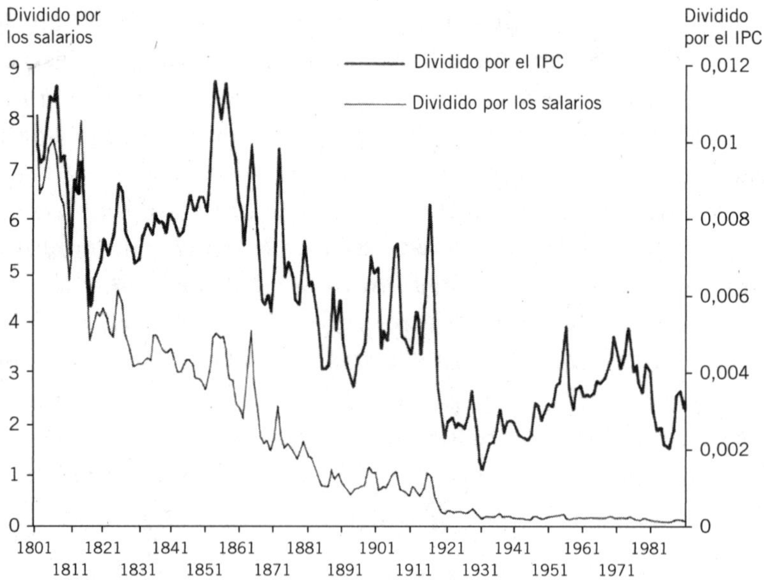

Fuente: John G. Myrs, Stephen Moore y Julian L. Simon, *The State of Humanity* (1998).

la competencia, los precios para el consumidor. Eso explica que mantengan a duras penas el valor adquisitivo: tienen que luchar cada año con un 1 o un 2 por ciento de reducción de precios como consecuencia de las mejoras en la producción.

Estos «otros» activos reales pueden tener en periodos largos una rentabilidad inferior a los monetarios, pero tienen una importante ventaja frente a ellos: su carácter defensivo. No todos los inversores valoramos de la misma manera la tranquilidad, pero yo la considero esencial: mantener el poder adquisitivo del ahorro en los momentos más dramáticos es clave para un inversor. Por esta razón estoy dispuesto a sacrificar algo de rentabilidad a cambio de la certeza de mantener ese poder adquisitivo a largo plazo. También un poco más adelante veremos por qué se defienden mejor en esos momentos dramáticos.

Volatilidad (que no riesgo)

Curiosamente, a esa diferencia positiva de rentabilidad que obtenemos con las acciones se le denomina «prima de riesgo». En ese lenguaje, está implícito que la mayor rentabilidad implica asumir más riesgo. Como veremos, nada más lejos de la realidad.

Las acciones están sujetas a una mayor volatilidad a corto plazo, pero no a largo plazo. Cuanto más largo es el plazo que analizamos, la volatilidad disminuye progresivamente.

En la tabla observamos que para periodos de hasta cinco años, la rentabilidad positiva extrema de las acciones es más alta, pero también más fuerte su caída. Esto encaja con nuestra percepción de variabilidad de las acciones. Pero esto ya no es así para periodos de diez años: el peor periodo de diez años para un

Mayores y menores Rentabilidades Reales en Acciones, bonos y letras del Tesoro en periodos de tenencia de 1, 2, 5, 10, 20, y 30 años, 1802-2012

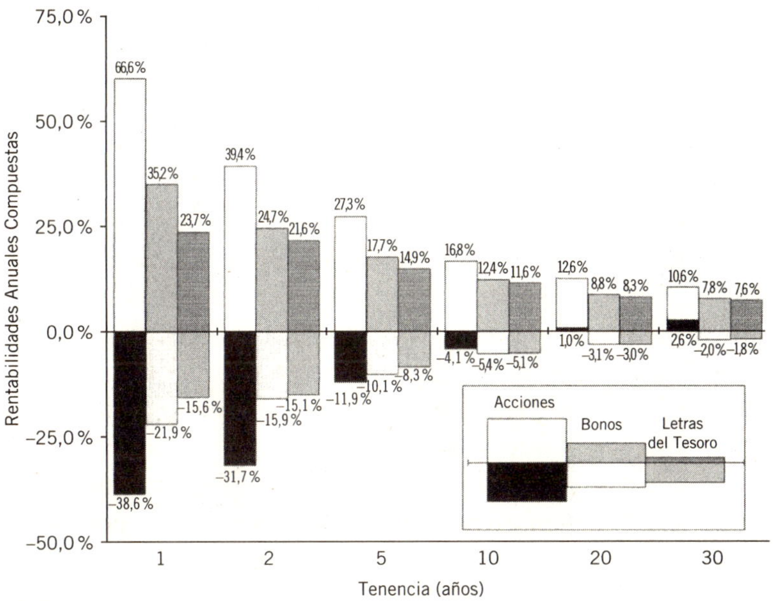

Fuente: Jeremy Siegel, 2015.

inversor en acciones ha sido una pérdida anual real del 4,1 por ciento, frente a un 5,4 por ciento para los bonos.

Este mejor comportamiento de las acciones se acentúa para periodos más largos: entre los de veinte años no hay ninguno con pérdida de poder adquisitivo para las acciones: el peor presenta una rentabilidad del 1 por ciento sobre la inflación. Para treinta años ocurre lo mismo: el peor periodo genera una rentabilidad real del 2,6 por ciento. Por el contrario, los peores periodos de veinte y treinta años para los bonos son muy negativos.

Si calculamos la volatilidad como la desviación estándar de las rentabilidades, el método habitual, veremos que obtenemos resultados similares, como es de esperar.

De todo esto deducimos la sorprendente conclusión de que para todo inversor a largo plazo, las acciones no sólo le permiten

Desviación Estándar de las Rentabilidades Reales Medias de acciones, bonos y bonos del Tesoro durante varios periodos de tenencia. Datos históricos e hipótesis de un camino aleatorio

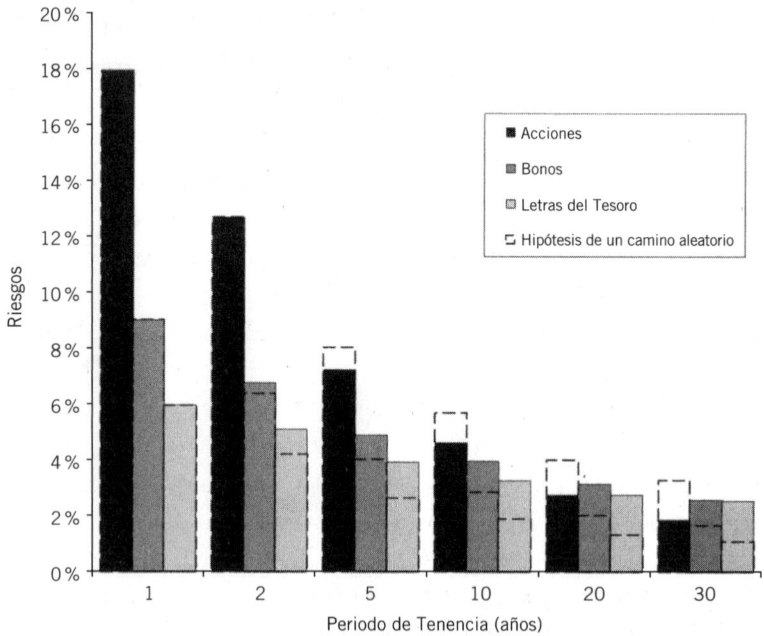

Fuente: Jeremy Siegel, 2015.

obtener mayor rentabilidad, sino que lo hace asumiendo menos volatilidad. Esto puede no ser algo tan intuitivo para el lector, por lo que es necesario analizar su causa con cierto detalle.

¿Qué es el riesgo?

Antes de realizar ese análisis conviene aclarar que la volatilidad no es la mejor medida del riesgo. El riesgo de una inversión es la posibilidad de perder poder adquisitivo permanente como consecuencia de un error de juicio en la inversión.

Ya hemos visto que la posibilidad de que esto ocurra con una cartera de acciones diversificada a largo plazo es muy reducida. Invirtiendo en un índice o en un fondo indexado podemos limitar los posibles errores en la selección específica de valores.

La volatilidad mide la intensidad de la variación de las cotizaciones de los activos, que puede tener o no tener verdadera relación con lo que le ocurre al activo subyacente. La volatilidad, de hecho, es la gran aliada del inversor a largo plazo, pues le permite encontrar oportunidades que no existirían sin ella. A mayor volatilidad a corto plazo, más oportunidades de inversión se producirán y mayor rentabilidad a largo plazo, y con menos riesgo. Por ejemplo, si se produce un colapso en el mercado y las acciones caen un 50 por ciento, estaremos comprando activos más baratos y asumiendo menos riesgo. La base del razonamiento es que la caída no está justificada por razones consistentes (y que existe la reversión a la media), sino que es consecuencia del errático comportamiento humano, algo que analizaremos más adelante.

Por otro lado, con un activo monetario, el riesgo, es decir, la posibilidad de perder poder adquisitivo permanente, es muy real y puede llegar a ser muy alta. Éste ha sido el caso en innumerables ocasiones a lo largo de la historia, donde los impagos de los Estados y la depreciación de las monedas ha sido una constante. En algunos casos las pérdidas han sido hasta del cien por cien, como en Alemania en 1921-1923.

Como hemos indicado, cuando se ha perdido toda la inversión en acciones por una revolución u otra situación igualmente dramática, también se ha perdido toda la inversión en activos monetarios. Es decir, en el peor de los escenarios estamos igual de mal defendidos con ambos tipos de activos.

¿Por qué las acciones son más rentables y tienen menos riesgo a largo plazo?

Este resultado tan sorprendente y distinto a lo que leemos a diario en la prensa económica y a las recomendaciones típicas de los asesores financieros, tiene una explicación relativamente sencilla si atendemos la naturaleza básica de los dos tipos de activos.

En los activos reales, y específicamente en las acciones, somos copropietarios de unos activos vigilados por el resto de los dueños que, normalmente —no podemos decir siempre porque en ocasiones el gobierno corporativo no es el adecuado—, comparten una misma visión a largo plazo, clave para el éxito futuro de la empresa. El entorno es importante, y si hay una crisis económica o financiera que deprecie la moneda, la compañía se verá afectada, pero la capacidad de adaptación y su visión a largo plazo le permitirá continuar con el negocio en unas nuevas circunstancias, con cambios de moneda o legislativos: pasará a vender su producto en reales, pesos o dracmas, o a un precio superior en caso de existir hiperinflación, pero al final, si el producto es bueno y la gente lo necesita, lo seguirá vendiendo en las nuevas circunstancias, y seguirá generando un excedente en forma de beneficio.

La causa de esa depreciación de la moneda es el incremento de la cantidad en dinero en circulación, que genera también un incremento en el precio de los activos en esa moneda de referencia. Digamos que son dos caras de la misma moneda: inflación y depreciación de la moneda. Cuando un activo que ofrece un servicio a la sociedad: una oficina, una casa, una fábrica de salchichas o de móviles, etcétera, se enfrenta a esa situación inflacionaria ajustará el precio de sus productos y la retribución a los factores de producción de acuerdo con la nueva situación. Si hay una subida de precios del 5 por ciento, subirá sus precios y sus costes un 5 por ciento, y por tanto su situación relativa no cambiará. Si suben un 50 por ciento, ocurrirá lo mismo, y si suben un 1.000 por ciento diario ocurrirá lo mismo. Evidentemente no serían situaciones óptimas para desarrollar su actividad, pero lo puede hacer, y al menos sobrevive. Los propietarios, por lo tanto, mantendrían también su posición relativa, e incluso la mejorarían frente a los rentistas de renta fija, que no pueden adaptar el precio de su activo a la nueva situación.

La participación en el activo a través de las acciones, es decir, ser copropietarios de una compañía que produce un bien tangible, concreto y real que es valorado y demandado por el resto de agentes económicos, es lo que nos permite defendernos del principal riesgo en una inversión, que es la depreciación de la moneda en que se denomina.

En los activos monetarios, por el contrario, dependemos enteramente del valor de la moneda, sujeto siempre a las vicisitudes políticas. Se produce un problema de plazos y otro de agencia. Mientras nosotros, al invertir, pensamos a largo plazo, en el futuro, los representantes políticos piensan en «su futuro», un futuro casi siempre demasiado corto, marcado por las próximas elecciones. Pensando en la reelección, el político tenderá a aplazar todo lo posible algunas decisiones necesarias pero difíciles e impopulares, provocando una acumulación de problemas sin resolver que tarde o temprano generarán desajustes estructurales, pérdida de confianza en la economía y depreciación inflacionaria de la moneda. Esto significará para nosotros pérdida inmediata de valor de nuestra inversión monetaria.

El problema de agencia surge por la diferente alineación de intereses entre los inversores en activos monetarios y los políticos y/o sus asesores o inspiradores intelectuales. Estos pueden cometer errores, debido a las siempre presentes consecuencias no previstas de sus actos, pero estos errores sólo se verán expuestos en el medio y largo plazo, por lo que no sufren un riesgo importante a corto plazo. Tratarán más adelante de explicarlos apelando a factores externos «imprevisibles» o a la poca decisión con que se tomaron las medidas previas, pero el error permanecerá.

Existen algunos activos monetarios con mecanismos de defensa ante la depreciación monetaria, como los bonos indiciados a la inflación. Pero en el caso de alta inflación el Gobierno en cuestión repudiará esa deuda por ser precisamente la más onerosa de todas. Un Gobierno en crisis no pagaría tipos de interés del 30 por ciento, si la inflación estuviera cerca de esos niveles.

Otra forma de verlo, para concluir, se observa en las tablas de Jeremy Siegel que vemos en la página siguiente. En ellas se observa que durante periodos cortos (un año, por ejemplo), las acciones son el mejor activo, a pesar de su menor rentabilidad en periodos de alta inflación; en periodos largos (treinta años), las acciones tienen un comportamiento constante y muy positivo, cercano a su rentabilidad media histórica. No ocurre así con los bonos y letras del Tesoro, que sufren enormemente con inflación muy alta.

Veamos un ejemplo: Nos ofrecen elegir entre una participación en las ganancias futuras de Cristiano Ronaldo o de Lionel Messi, digamos un 10 por ciento de los beneficios que obtengan en los próximos diez años (asumamos que la oferta nos la hacen cuando ambos están en el momento óptimo de sus carreras), o un bono emitido por ellos pagadero en diez años en euros. No nos detendremos en analizar la potencial rentabilidad de ambas ofertas. Ésta dependerá del futuro de los jugadores, pero la referenciada a los beneficios tendrá más volatilidad, pues puede haber lesiones o variaciones en el juego, y más rentabilidad, como es lo habitual.

El problema que nos ocupa es que el bono tiene un riesgo adicional: la depreciación de la moneda. Imaginemos que ocurre una crisis financiera y la moneda de referencia pierde su valor. En ese caso nuestros jugadores se cambiarán de equipo o se cambiarán de moneda. Harán lo necesario para continuar maximizando su capacidad de generar beneficios en ese nuevo entorno económico: cobrarán en dólares o yuanes, o se irán a la Liga japonesa; se adaptarán. Y nosotros cobraremos nuestro 10 por ciento, aunque con algo de cambio de poder adquisitivo, en un

Periodos de Tenencia e Inflación, 1871-2012

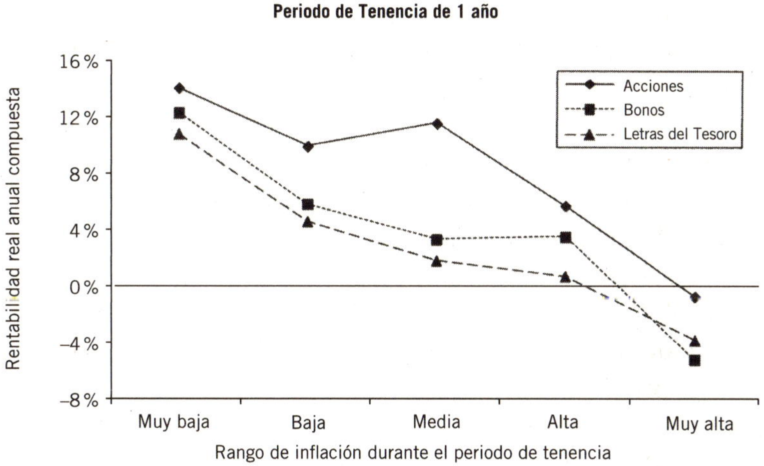

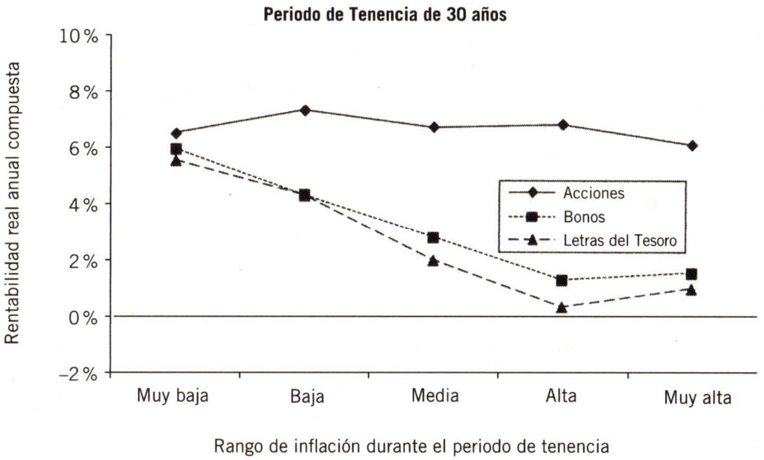

Fuente: Jeremy Siegel, 2015.

sentido o en otro, dependiendo de si con la crisis el fútbol es relativamente más interesante o no para el resto de la sociedad.

Mientras tanto, los tenedores de los bonos de Ronaldo o Messi, que han vivido durante un tiempo cómodamente la aparente menor volatilidad que sufre su bono, cuando se produce el *shock* recibirán su pago en un euro que tendrá un valor más reducido y habrán perdido en la misma proporción en que se haya depreciado la moneda (menos lo que hayan cobrado de intereses).

En general, en esas situaciones extremas el impacto causado en el bono por la pérdida de valor de la moneda excede lo que se pueda haber perdido como propietario por no haber ajustado completamente los beneficios a la nueva situación. Y esas situaciones extremas son sorpresivas, pero siempre llegan. Por tanto, siempre que estemos dispuestos a aceptar más volatilidad a corto plazo, como accionistas que participamos en los beneficios estaremos evitando los desastres financieros que tarde o temprano ocurrirán, afectando dramáticamente a los activos monetarios.

Argentina

Hablando de Lionel Messi hablemos también de Argentina, un país que era la séptima potencia mundial a principios del siglo XX. En 2000, después de varios años uniendo su moneda a la evolución del dólar americano, los desequilibrios económicos provocan la enésima suspensión de pagos del país y el estableci-

Evolución del índice Merval y del IPC. Periodo enero 1993-abril 2013

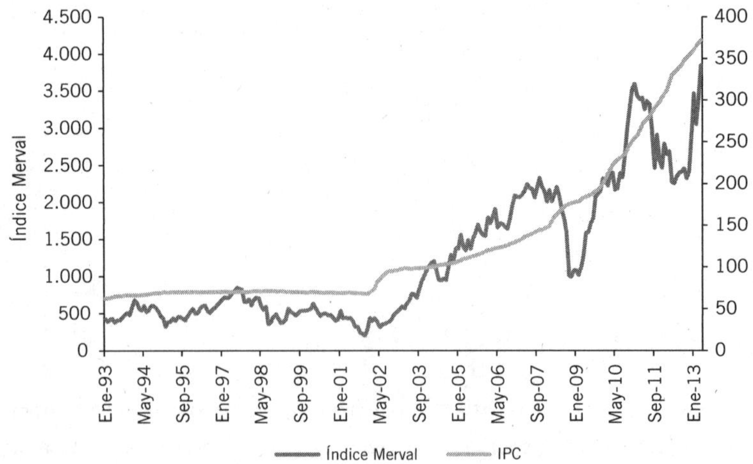

Fuente: Elaboración propia con base de datos de BCBA, INDEC e IPEC-Santa Fe. Ana Laura Guerra, 2012.

miento de un «corralito» que impide retirar los dólares depositados en las cuentas corrientes bancarias. El cambio peso/dólar, que se mantenía hasta ese momento en 1, cae inmediatamente a la mitad, siendo necesarios dos pesos para comprar un dólar.

Una situación realmente extrema y dramática que provoca la caída del precio de la deuda pública y de las acciones. Pero esto no durará mucho tiempo, pues las acciones, a los pocos meses de producirse la suspensión de pagos, comienzan una carrera fulgurante que permitirá recuperar al inversor las pérdidas causadas por la depreciación de la moneda.

Como se observa, el ajuste de las acciones a la inflación es casi perfecto. Sin embargo, la historia de la deuda pública es muy distinta.

Hoy, más de quince años después, la deuda pública argentina ha perdido el 70 por ciento de su valor, mientras que el Merval, índice bursátil argentino se ha multiplicado por 20, compensando así la pérdida de valor del peso argentino, que se sitúa con una paridad 1/15 respecto al dólar.

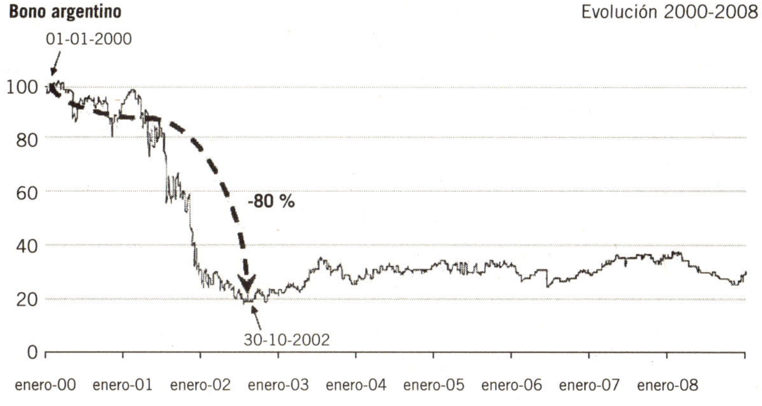

Fuente: Bloomberg.

El caso argentino es uno más entre los innumerables ocurridos en la historia, pero el mecanismo es similar en todos los casos. Por ejemplo, el 20 de junio de 2016 leemos en el *Financial Times* dos noticias sobre dos países, Venezuela y Egipto, en las que se observa el problema casi en tiempo real. En Venezuela la inflación alcanza en 2016 el 480 por ciento anual, según el FMI y en Egipto se produce una avalancha de compras de casas ante la desconfianza que generan los gobernantes.

Es evidente que en los países menos desarrollados, donde la desconfianza de los gobiernos es mucho mas alta, el atractivo de los activos reales ha sido siempre evidente para el ahorrador.

Más sobre el problema político

Hemos visto que el problema de la renta fija es la inflación, que destruye el poder adquisitivo del dinero. Ahora, ¿por qué se genera inflación? Sigamos a Murray N. Rothbard, que responde a esta pregunta en su libro *What has government done to our money*. Ya hemos hablado de este breve, pero extraordinario relato sobre el origen y evolución del dinero y sobre el impacto de la intervención del Gobierno en esta evolución: «Si el Gobierno encuentra alguna manera de dedicarse a falsificar dinero, creándolo del aire, puede fabricar su propio dinero sin molestarse en vender sus productos o servicios o extraer oro. De esa manera se puede apropiar astutamente de recursos de manera sutil, sin provocar la hostilidad que levantan los impuestos».

El poder adquisitivo se destruye por la depreciación de la moneda, que, repetimos, tiene su origen en el incremento de la masa monetaria en circulación. Es un problema de oferta y demanda: cuanto más dinero hay en circulación, menos valor tiene en relación al resto de los bienes. Y ¿por qué aumenta el dinero en circulación?

Aquí entra en juego la clase política, que después de haber agotado las posibilidades de aumentar los impuestos, pues siempre hay un límite que el público no está dispuesto a sobrepasar; y después de haber alcanzado también el límite en la emisión de deuda, pues los inversores también se agotan («El límite se fija en el punto en que las promesas de pago dejan de ser verosímiles», aclara Scherman), necesita encontrar nuevos mecanismos de financiación. Y el más adecuado para sus intereses, especialmente tras la abolición del patrón oro —que respaldaba la emisión de moneda con algo tangible, consistente y real como el oro— es la emisión de papel moneda, ahora bajo el control de unos bancos centrales tutelados por esa clase política.

Poco a poco los resortes que impedían la depreciación de una moneda se han ido desmantelando, para terminar en el papel moneda actual, que es inútil para mantener su valor a lo largo del tiempo.

Al ya importante problema de la depreciación hay que añadir otro también grave: el nuevo papel moneda en circulación no es neutral. Para empezar, favorece a aquellos más próximos al Gobierno, que estarán al tanto de las maniobras políticas que se avecinan. Dificulta también las decisiones a futuro, pues genera una inestabilidad que ya vaticinaba Lenin con sus famosas palabras: «La mejor manera de exterminar el espíritu capitalista es inundar el país con papel moneda de alto valor facial, pero sin ninguna garantía».[21] Pero es que, además, empobrece al ahorrador que presta e invierte, y mejora la situación del endeudado, que habitualmente es el Estado. Esto explica la tendencia natural e imparable de los gobiernos a depreciar las monedas vía inflación.

De hecho, como han explicado Carmen Reinhart y Ken Rogoff,[22] prácticamente todos los Estados, en algún momento y de una manera u otra (envilecimiento de la moneda, impago, emisión de más papel), han incumplido sus promesas de pago.

España, sin ir más lejos, y en su época de más esplendor, en el siglo XVI, en su época imperial, cuando era la mayor potencia económica de su tiempo, suspendió pagos seis veces. Otro de los casos más terribles, como ya hemos señalado, fue el de Alemania en los años veinte, pero podemos enumerar decenas de situaciones similares. La eliminación del patrón oro, como hemos dicho, ha facilitado el nuevo sistema: la inflación de la moneda como medio de impago.

Pero ¿por qué los Estados hacen estas cosas? En primer lu-

21. Michael V. White y Kurt Schuler, «Who said Debauch the Currency?: Keynes or Lenin?», *Journal of Economics Perspectives*, 23[2] (primavera de 2009), pp. 213-222.

22. Carmen Reinhart y Ken Rogoff, 2011.

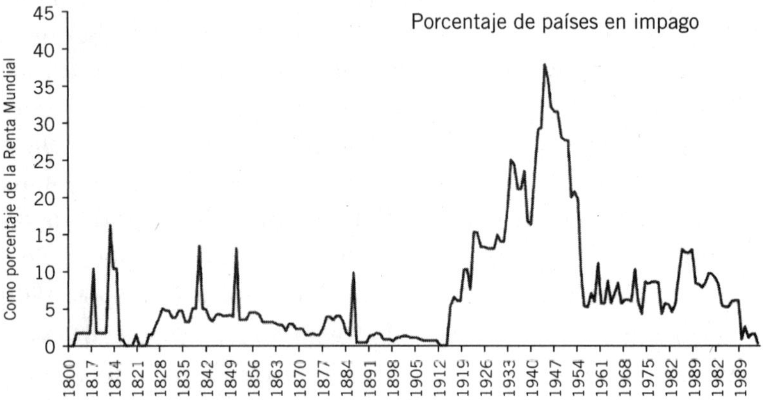

Fuente: Carmen M. Reinhart y Kenneth S. Rogoff, 2011.

gar, hay que señalar que lo hacen porque pueden. Un gran número de ellos se ha establecido mediante la violencia y todos tienen el monopolio de la fuerza. Esto se complementa con dos factores inherentes al Estado ya comentados: el problema de la agencia o representación, derivado de la lógica de la acción política y el problema de plazos derivado de los ciclos electorales.

La clase política que controla la estructura del Estado tiene intereses distintos a los de los inversores. Marcus Olson[23] expone que los grupos mejor organizados consiguen que el poder político se mueva en la dirección que ellos pretenden. Organizaciones empresariales bien organizadas, colectivos de funcionarios, y trabajadores unidos en sindicatos consiguen sus objetivos antes y mejor que empresas sin adherencias a grupos de presión o trabajadores aislados o parados.

Estos grupos están dirigidos por personas movidas por unos incentivos muy humanos, lógicamente (la escuela llamada de la elección pública lo ha explicado extensamente). Como todos nosotros, esas personas tienen sus intereses, objetivos, carreras, tácticas, celos, planes, etcétera. Estamos hablando de quienes normalmente no exponen su capital y, por tanto, no arriesgan

23. Marcus Olson, 1997.

en sus decisiones. Si son correctas se las atribuirán y si no lo son, no tendrán dueño, pero todos pretenderán explicar lo que ha pasado y expondrán las medidas adicionales necesarias para corregir el problema.

Como ilustra Hans Herman Hoppe,[24] el problema de plazos se deriva de los ciclos electorales, que impiden tomar decisiones a largo plazo con poca visibilidad electoral. ¿Qué político va a afrontar unas elecciones prometiendo austeridad pública? No es lo habitual, aunque hay honrosas excepciones en sociedades avanzadas y maduras como Alemania, casi siempre, y Gran Bretaña, últimamente.

O ¿cómo guardar dinero en época de bonanza para cuando vengan las vacas flacas? Esto es lo que hace cualquier padre de familia sensato. Para un gobernante, en cambio, que quiera seguir gobernando, no será casi nunca la mejor opción, porque el 30-40 por ciento de votantes que otorgan la capacidad para gobernar, y que suele representar un 25 por ciento de la población, son los que decidirán. Dentro de ese grupo decisivo serán, a su vez, los mejor organizados los que guiarán a los demás.

No se trata de sustituir la democracia por otras formas de gobierno, a pesar de que países relevantes como China han obtenido una extraordinaria mejora del nivel de vida con un régimen no democrático. Se trata de resaltar sus fallos para intentar progresar, pues, en cualquier caso, la democracia será siempre la mejor manera de quitarse de encima gobernantes ineptos, como decía Mises.

Pero tampoco hay que sacralizarla, como hacen los que hablan de la tiranía de los mercados frente a la mayoría democrática, pues no existe mejor expresión de la voluntad popular que las actuaciones de las personas en su vida diaria; decisiones laborales, de compra-venta, ocio, salud, etcétera. A la toma de esas decisiones dedican mucho tiempo y esfuerzo, algo que no podemos asegurar respecto a su forma de votar en unas elecciones, pues únicamente sopesan su sentido de voto las personas con alta conciencia ciudadana y pocos prejuicios, algo difícil de conjugar.

24. Hans Herman Hoppe, 2011.

Sorprendentemente algunos piensan lo contrario: la persona que vota cada cierto tiempo es extremadamente sensata y preparada, pero se transforma en los periodos entre elecciones en un ser inútil al que hay que ayudar en su toma de decisiones acerca de los productos y servicios que debe comprar. Esta visión distorsionada de la realidad suele provenir de fuentes interesadas (políticos con tendencias intervencionistas e «intelectuales» con poco público), pues es evidente que la tiranía del mercado es la de todos nosotros tomando decisiones mucho más pensadas que el sentido de nuestro voto.

Para terminar, hay que señalar que los mercados financieros se mueven por infinidad de razones: situación económica, decisiones políticas, choques inesperados, guerras, innovaciones tecnológicas, etcétera. Todos afectan de diversa manera y no los podemos ni debemos analizar en profundidad, por la dificultad que supone establecer las adecuadas relaciones de causa y efecto. Nos hemos centrado en lo esencial, en el impacto en cierta forma medible que algunas decisiones, principalmente políticas, tienen en los dos tipos de activos principales. Ese impacto lo medimos a través de la depreciación de la moneda, que afecta muy gravemente a uno de ellos, los activos monetarios.

Conclusión

La conclusión del capítulo es que tanto la lógica como los resultados empíricos nos conducen al mismo lugar. Debemos invertir nuestros ahorros con aquellos que tienen una visión o un horizonte temporal similar al nuestro. Esto es lo único sensato. Y como lo óptimo en inversión es siempre una visión o un horizonte a largo plazo, el único que nos permite predecir mínimamente, debemos alejarnos de activos monetarios influenciables por una clase política que inexorablemente tiene una visión miope, a corto plazo.

Debemos, pues, invertir en activos reales, en particular en acciones, que satisfacen necesidades concretas de la población y que son gestionados por personas o empresarios con una visión a largo plazo y con una capacidad de adaptación óptima a los cambios en el entorno. (Más adelante veremos que es esencial que se trate de personas o empresarios en el sentido más radical: emprendedores. Sorprende comprobar cómo se confunde a los ejecutivos con los empresarios o emprendedores, llegando al ridículo de conceder a ejecutivos premios del tipo «Empresario del Año».)

Además de las acciones, otros activos reales nos defienden también de los procesos de depreciación de la moneda, que tienden a ser más frecuentes desde la desaparición del patrón-oro. Éstos, sin embargo, no alcanzan la rentabilidad generada por las acciones, por ser fácilmente replicables. Algunos inversores con formación «austriaca» se inclinan por el oro o la tesorería en los momentos de incertidumbre política o de excesiva manipulación de la moneda, como ocurre en 2016. Insistimos en que no tiene sentido mantener liquidez en un activo (la tesorería), sujeto a una pérdida de valor brutal como consecuencia, precisamente, de esa manipulación. Es una incoherencia patente que sólo se salva si esa tesorería se apoya en oro u otra reserva fiable.

Tampoco convence el argumento de la liquidez que otorgan algunos activos monetarios, pues esa función la pueden cumplir perfectamente otros activos reales, como algunas acciones de amplia capitalización que se encuentren a precios razonables. Siempre podremos encontrar alguna acción con esas características, y no tiene sentido la excusa de que en una crisis caerá su precio, ya que, *primero*, esas crisis son siempre temporales y nuestro horizonte debe ser a largo plazo, y *segundo*, debemos invertir con aquellas disponibilidades no necesarias.

Invertir en oro es más coherente, pero el tiempo ha probado que las acciones —títulos de propiedad de compañías que producen bienes y servicios reales que demanda la sociedad— tienen un comportamiento extraordinario a largo plazo, con rentabilidades sustancialmente superiores al resto de activos, asumiendo menos volatilidad a largo plazo y menos riesgo a corto y largo plazo.

La conclusión es evidente: el grueso de nuestros ahorros debe estar invertido a largo plazo y en acciones. Únicamente mantendremos posiciones en activos monetarios para cubrir necesidades puntuales de tesorería.[25]

Anexo 1

Tasa de descuento

Como consecuencia directa de que nuestras alternativas de inversión son subjetivas y de la práctica imposibilidad de recomendar invertir en activos monetarios, conviene aclarar un concepto esencial en el mundo de la inversión: las tasa de descuento, explicando cuál es mi aproximación al concepto.[26]

La tasa de descuento es la tasa a la que hay que descontar las posibles inversiones. Se trata de tener en cuenta que no es lo mismo recibir en el año 1 o en el año 5 el dinero derivado de las rentas de nuestra inversión o de la propia devolución del principal de la misma. Otra manera de expresarlo es como coste de oportunidad. Al hacer una inversión se dejan de hacer otras, y descontar es, en efecto, comparar unas con otras.

La práctica financiera habitual es descontar esos flujos de dinero a la tasa libre de riesgo más una prima de riesgo.

25. Además de para liquidez a corto plazo, la única excepción que tiene cierto sentido se refiere a la necesidad de casar activos con pasivos de la misma naturaleza, y que por tanto se deprecian a la vez. Las compañías de seguros tienen pasivos, las reservas matemáticas, que se pueden casar adecuadamente —al menos algunos de ellos— con activos monetarios. Si se deprecia la moneda afectaría de la misma forma al pasivo y al activo.

Quien sufrirá en este caso son los asegurados, que verán que las promesas de pago aseguradas no son suficientes para cubrir la situación prevista o imprevista. Sin embargo, desde el punto de vista de la compañía se habrá actuado «correctamente», al tener casados activos y pasivos. De nuevo el problema de agencia: en este caso la compañía cumpliría en un sentido estricto su papel, pero no estaría dando una verdadera solución a su cliente.

26. Para una explicación más técnica de las ideas desarrolladas en este apartado ver: Michael Olbrich, Tobias Quill and David J. Rapp, «Business Valuation Inspired by the Austrian School» *Journal of Business Valuation and Economic Loss Analysis*, 2015, 10(1): 1-43.

La tasa libre de riesgo es normalmente el tipo de interés del bono emitido por el Gobierno donde se realiza la inversión, que históricamente se ha situado entre el 2 y el 10 por ciento: un amplio espectro que refleja la fortaleza histórica del Gobierno emisor y, particularmente, su capacidad de repago en una moneda no depreciada de la deuda que emite.

La prima de riesgo, como su nombre indica, es la prima adicional que se le exige a un activo para invertir en él. Esto presupone de forma incorrecta que se trata de un activo con más riesgo que el bono del Estado. Históricamente esa prima se ha situado alrededor del 3 por ciento.

Los teóricos del CAPM (en el capítulo siguiente hablaremos más extensamente sobre el Modelo de Valoración de Activos Financieros) piensan también erróneamente que la prima de riesgo es un parámetro del mercado y no de cada inversor. Y piensan, en consecuencia, que esta prima se puede calcular.

Esa prima de riesgo finalmente se pondera por la volatilidad del precio de la acción en el mercado: la Beta. La Beta del mercado es 1. Las acciones menos volátiles tienen una Beta inferior a 1. Y las más volátiles superior a 1.

$$\text{Valor de la Inversión} = Io + \sum_{+=1}^{N} \frac{\text{flujos de caja}}{(I+i)^{2}}$$

i sería entonces la tasa a la que se descontarían los flujos.

Ésta es la práctica habitual, pero yo no le encuentro ninguna lógica. Nunca utilizo personalmente esa tasa de descuento, y en el ámbito profesional sólo en momentos muy puntuales de mercado, en los que las valoraciones de los activos de «riesgo» son muy altas. Incluso si asumimos momentáneamente que tiene sentido equiparar riesgo y volatilidad —a pesar de no tener lógica, como ya hemos comentado—, cada inversor tiene su propia expectativa de riesgo asumible. No existe un «riesgo de mercado».

De la misma manera que cuando analizamos los futuros beneficios de una compañía todos los inversores opinaremos distinto, parece lógico pensar que cada uno descontará a la tasa que elija, utilizando la «prima de riesgo» y la Beta que crea conveniente. En el siguiente capítulo criticaremos más extensamente el CAPM.

Por tanto, cada uno deberemos descontar según nuestra preferencia y alternativas, y después de leer el capítulo ya deberíamos saber que sólo debemos invertir en activos reales y que nuestra alternativa son otros activos reales. Como hemos visto, es una evidencia empírica que la inversión en renta variable es más rentable y asume menos riesgo que la renta fija, especialmente desde la existencia de monedas no respaldadas por el patrón oro. En situaciones de crisis grave hay una tendencia natural a que la moneda pierda valor, pues es la salida más fácil para una clase política enfrentada a elecciones, como hemos visto. Y en esa situación la decisiva ventaja de los activos reales es su capacidad de adaptación a una moneda depreciada, o incluso a nuevas monedas.

Las acciones son meros reflejos de esa propiedad, por lo que en momentos de crisis monetarias graves son el instrumento óptimo de defensa ante la inflación.

La tasa descuento: mi caso particular

Siendo los activos reales y supuestamente de riesgo los que mejor preservan el poder adquisitivo de nuestros ahorros, y siendo inaceptables los activos no reales como alternativa, ¿cómo descuento mi inversión en activos?

Repito: con otros activos reales.

$$\text{Valor de la Inversión} = Io + \sum_{+=1}^{N} \frac{\text{valor de caja}}{\left(I + ia\right)^{2}}$$

ia sería la rentabilidad de mi inversión alternativa real

En efecto, mi mejor alternativa de inversión han sido siempre los fondos que he gestionado directamente, primero a solas y después en equipo. Esto es obvio, pero conviene resaltarlo, porque no es tan habitual en el mercado financiero. Si me dedico a invertir dinero y tengo una cartera diversificada de buenos activos, ¿cómo no va a ser ésta mi mejor alternativa?, ¿cómo podría pedir a posibles clientes que invirtieran conmigo si no fuera así?

Cualquier posibilidad de inversión distinta a los fondos que pueda tener en el mercado, ya sean proyectos de empresas nuevas (generalmente de amigos y conocidos), o el oro o las casas, por ejemplo, los tengo que comparar con mi alternativa preferida: mis fondos. Hasta ahora no he tenido ninguna duda, y por eso he mantenido prácticamente todo mi patrimonio familiar invertido en ellos.

Se trata, en definitiva, de descontar o comparar cualquier alternativa de inversión con la mejor alternativa posible. Y en mi caso particular mi mejor alternativa es invertir en los fondos que gestiono. Si espero obtener una rentabilidad del 8 por ciento con mi fondo, no me planteo invertir en ningún proyecto del que no espere un mínimo del 8-10 por ciento de rentabilidad, asumiendo el mismo grado de seguridad.

Hay que entender, además, que el fondo tiene una ventaja adicional: no requiere cuidados adicionales, no pide tiempo. Este factor hay que incluirlo en la rentabilidad adicional requerida, y esto sí que es una decisión muy personal, obviamente. Un inmueble o un proyecto de inversión son grandes consumidores de tiempo, y habría que exigirles mayor rentabilidad precisamente por eso.

Si no gestionara fondos, mi segunda alternativa serían fondos de inversión fundamental (semipasivos: veremos en el siguiente capítulo de qué se tratan) o fondos de acciones gestionados por personas en las que confío. Por último, consideraría otro tipo de activos reales: inmuebles, materias primas o proyectos empresariales. Pero éstos tienen menor interés para mí porque: o bien son activos muy replicables, sin poder para establecer su propio precio (inmuebles y materias primas); o son en verdad muy arriesgados (proyectos empresariales).

He hablado de mi caso, pero esta aproximación se debe adaptar a la situación personal del inversor. Lo normal es que el inversor medio (que no haya leído este libro o el de Jeremy Siegel) esté más cómodo invirtiendo en un inmueble. Intuitivamente es más fácil de comprender. Pues bien, cualquier posible inversión la debe comparar o descontar con su mejor alternativa, que sería ese inmueble. Solamente si encuentra una alternativa mejor, como un buen gestor de fondos, un buen índice pasivo, una buena acción, un buen proyecto empresarial, etcétera, debe retirar dinero de su inversión base.

Profesionalmente, esta actitud es similar en el momento de elegir entre las diferentes acciones. La decisión de invertir en una en particular habrá que descontarla o compararla con la de invertir en el resto de acciones.

En ningún caso se comparará con la renta fija, salvo en ciertas situaciones en que esta actitud se flexibiliza y es un poco menos extrema. Hay algunas razones para esa flexibilidad puntual.

La primera es que el resto de actores en el mercado no tiene una visión tan radical, y esto provoca que en ciertos momentos de precios caros en renta variable tiene sentido tener algo más de liquidez de forma temporal. El mercado normalmente cotiza entre PER 10 y 20, con una media histórica de 15. Si nos encontramos con un mercado que cotiza alrededor de PER 20 conviene tener liquidez. Podemos afirmar que es difícil que se mantenga en 20 o por encima durante periodos muy prolongados porque en esta situación entra en juego el factor que influye más negativamente en la renta variable: el impacto que la volatilidad de los precios tienen en la percepción de los activos. Esto provoca que el inversor no haya estado dispuesto a pagar por encima de PER 15 durante periodos prolongados.

Ésta es una evidencia empírica, pero no lógica. Es decir, algún día puede cambiar esa percepción y la media histórica subir a 20, con lo que prácticamente se igualarían a partir de ese momento las rentabilidades a largo plazo de los activos de renta variable y de renta fija.

La segunda razón, más práctica, es la flexibilidad de gestión que añade disponer de activos muy líquidos para afrontar reembolsos o alternativas repentinas de inversión. Esto tiene menos importancia, pues se puede solventar, como hemos indicado, con una cartera de valores grandes y líquidos que cumplan esa función.

En resumen, debemos descontar con nuestra mejor alternativa. En mi caso particular esa alternativa nunca será un activo monetario basado en un papel moneda, sino el fondo de inversión que yo mismo gestione.

Anexo 2

Cómo invertir a lo largo de la vida

Las circunstancias cambian a lo largo del tiempo y, por tanto, no tiene sentido aplicar las mismas reglas ante una diferente situa-

Tabla1 **Composición de la Riqueza Neta en España (OCDE)**

	ESPAÑA	OCDE	EEUU
Activos no financieros	**80,7%**	**74,1%**	**48,5%**
Residencia principal	53,9%	51,2%	31,5%
Otra propiedad inmobiliaria	23,7%	17,4%	12,8%
Vehículos	2,6%	3,2%	3,4%
Otros activos no financieros	0,4%	4,5%	0,8%
Activos financieros	**19,3%**	**25,9%**	**51,5%**
Depósitos	5,3%	7,6%	7,0%
Bonos y otros títulos de renta fija	0,2%	0,9%	2,0%
Fondos de inversión	0,8%	2,0%	7,6%
Fondos propios netos en sociedades sin personalidad jurídica	9,0%	6,7%	4,5%
Acciones	0,9%	2,3%	5,7%
Acciones no cotizadas y otros fondos propios	0,8%	2,1%	14,2%
Otros activos financieros diferentes a fondos de pensiones	0,7%	0,9%	1,1%
Seguros de vida y fondos de pensiones individuales y voluntarios	1,6%	4,2%	9,4%
Pasivos	**10,1%**	**14,1%**	**18,7%**
Préstamos residencia principal	6,1%	8,4%	13,0%
Otros préstamos inmobiliarios	2,6%	2,0%	2,9%
Otros préstamos	1,4%	2,4%	2,8%

Fuente: Ignacio Moncada y Juan Ramón Rallo, 2016.

ción personal. En algunos momentos no estamos dispuestos a asumir volatilidad, mientras que en otros las pérdidas son tolerables. En el conjunto de la OCDE la mayoría de la inversión del ahorrador se encuentra en el sector inmobiliario, un 74 por ciento, mientras que la inversión en acciones y fondos es minúscula, inferior al 5 por ciento. Ya hemos visto que esta distribución no tiene mucha lógica económica a largo plazo, aunque comprendemos su lógica emocional. Vamos a proponer una inversión alternativa a lo largo del tiempo.

Los primeros pasos

Antes de comenzar a hablar de los activos habituales hay que insistir en que el principal activo es uno mismo, por lo que debe ser nuestro objetivo prioritario mejorar nuestras habilidades y así ofrecer una propuesta atractiva a los que nos rodean. Esto implica normalmente un sacrificio monetario o un esfuerzo en tiempo que, posiblemente sea el más rentable de todos.

Una vez agotadas las posibilidades de mejora personal, podemos pensar cómo enfocar el proceso inversor.

Cuando se es joven, estudiante o trabajador, hay que empezar invirtiendo todos nuestros magros ahorros en acciones, o en fondos de inversión que inviertan en acciones.[27]

En esta etapa de la vida podemos asumir mayor volatilidad, por lo que es lógico intentar obtener la mayor rentabilidad posible y tratar de ir formando un pequeño capital. Si sufrimos pérdidas, habrá tiempo para remediarlas.

Peter Lynch decía que nuestra primera inversión debe ser en una casa, nuestra casa, y esto puede tener todo el sentido si se forma una familia —con la responsabilidad que ello conlleva—. Pero si esto tarda en ocurrir, como sucede actualmente en casi

27. En este apéndice, para simplificar, nos referiremos únicamente a las acciones, pero en el próximo capítulo profundizaremos en las diferentes posibilidades de inversión entre fondos y acciones.

todas las sociedades desarrolladas, es mejor la propuesta inicial que ofrecen las acciones.

El sector inmobiliario está muy arraigado en nuestras vidas, pues hasta hace bien poco no conocíamos otras formas de inversión. Nuestros antepasados no tenían acceso a las infinitas posibilidades actuales y se sentían seguros con su propiedad. Pero las casas —como se ve en la siguiente tabla—, mantienen el poder adquisitivo de nuestros ahorros, pero poco más que eso. Robert Shiller, conocido analista de los mercados, incluido el inmobiliario, presenta resultados similares.

Hay que recordar que las casas son una *commodity*. Se trata de bienes fácilmente replicables, en los que el tiempo juega en contra. Hemos comentado que el desarrollo tecnológico permite que la productividad aumente un 1-2 por ciento cada año, por lo que el precio de los materiales, y de la producción, tiende a reducirse en términos reales en esa misma medida.

Obviamente esto no ocurre con el otro componente signifi-

Precios de la vivienda nominales y reales en EE. UU., 1950-2012

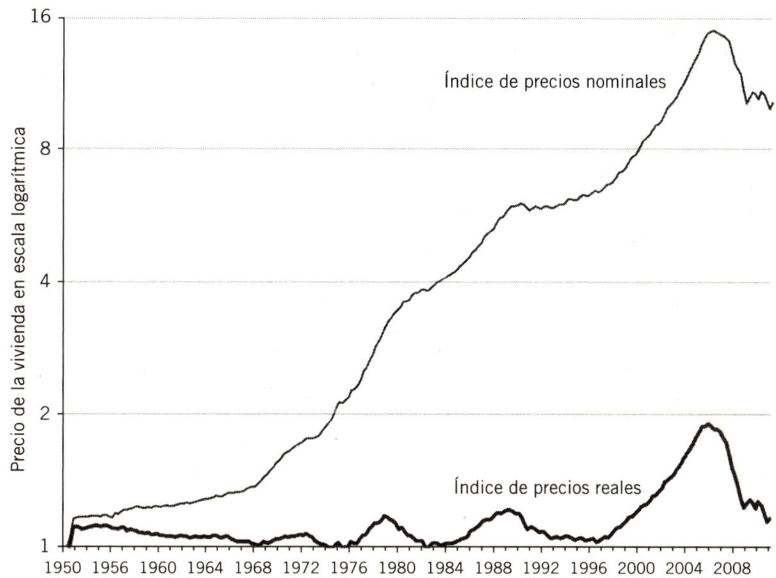

Fuente: Jeremy Siegel, 2015.

cativo en el sector: el suelo. Pero en el planeta, salvo en enclaves especiales como Mónaco o Hong Kong, disponemos de todo el suelo necesario para multiplicar el número de habitantes globales. Esta multiplicación, por otra parte, no va a ocurrir, pues el crecimiento de la población se reducirá drásticamente a mediados de siglo. Parece, por tanto, que el valor del suelo no tendrá tampoco un gran crecimiento.

La caída de precios, no obstante, se compensa parcialmente por el hecho de que con la generación de riqueza exigimos mejores materiales en la construcción.

Al hecho de ser una *commodity* fácilmente replicable y con poco incremento real de su valor, hay que añadir el coste de mantenimiento, que sabemos que puede ser muy elevado; los costes de compraventa, que varían en cada país, pero que tampoco son despreciables; y los costes de gestión, que pueden llegar a ser muy incómodos o caros para el propietario.

Existen ciertas excepciones con los centros de las grandes ciudades, por la falta de suelo. Pero también éstos son replicables al cabo del tiempo, y su evolución no puede desviarse mucho del resto del sector inmobiliario. Incluso el centro de la ciudad puede cambiar con el tiempo. En Madrid, por ejemplo, el centro de gravedad se ha desplazado al norte, con la consiguiente pérdida de valor de ciertos edificios del antiguo «centro».

Podemos concluir que las casas son parecidas al oro: nos evitan lo peor, pero añaden poco más frente a las acciones.

En cualquier caso, el mayor problema en esta fase es tener la capacidad de ahorro, bien porque los ingresos sean escasos o bien por carecer de capacidad de autocontrol en el consumo.

Estabilización

Cuando nos estabilizamos, formando una familia, pueden ocurrir dos cosas:

1. Que no dispongamos de ningún ahorro. Entonces comprar una casa será la primera opción, a pesar de lo que acabamos de comentar, pues el pago de la hipoteca mensual nos obliga a aho-

rrar. Alguien que no dispone de ahorros cuando forma una familia, después de unos años trabajando, necesita un apoyo moral para ahorrar, y la obligación de devolver el préstamo tomado realiza esa función. No es la forma óptima de inversión, pero compensa los rasgos de personalidad o la pura escasez de recursos que nos impiden hacer lo correcto: invertir en acciones. La hipoteca compensa la tendencia a gastar y no ahorrar, y compensa nuestra posible aversión a la visible volatilidad de las acciones a pesar de su gran atractivo.

Además, algunos jóvenes no tienen capacidad de ahorro porque tienen sueldos muy pequeños o porque se endeudan para afrontar sus estudios. En este último caso, después de pagar las deudas, si se tiene capacidad de ahorro se debería invertir en acciones, pues se puede llegar a tener la personalidad adecuada para ello.

2. Que ya hayamos construido ese pequeño capital. Entonces se puede elegir entre la compra de la casa o el alquiler. Si se ha actuado correctamente se habrá invertido en acciones durante algunos años y se habrá adquirido experiencia y confianza. Lo natural será continuar así y alquilar la casa hasta que se tenga un cierto patrimonio en acciones, y sea por tanto, interesante comenzar a diversificar.

Es posible que nuestra pareja, con mayor aversión a la volatilidad, no esté tan cómoda invirtiendo en acciones. Entonces habrá que pensar en la posibilidad de comprar la casa. La decisión debería depender de la valoración relativa de las dos cosas en ese momento en particular (a veces, alguno de los mercados está claramente más atractivo que el otro) y de ese grado de aversión a la volatilidad.

Normalmente, el ciclo bursátil se adelanta al inmobiliario, por lo que lo habitual es poder comprar una casa con el producto de la venta de las acciones. En mi caso, invertí siempre en acciones hasta 1998, año en que compramos nuestra casa. Las acciones habían tenido un comportamiento extraordinario en los años previos, y el precio de las casas había estado muy quieto durante cinco años, por lo que en términos relativos era un momento óptimo. En cualquier caso, la presunción de inocencia la tienen las acciones; sólo en momentos muy puntuales es mejor invertir en casas. La mayor parte del tiempo las acciones son el camino correcto.

La volatilidad es un problema que no debería afectar al lector de este libro. Creo que ha quedado claro el coste de oportunidad enorme que asumimos con los activos monetarios y con los reales poco diferenciados, como las casas, por lo que mi recomendación es profundizar en los razonamientos aquí expresados e intentar vencer esa aversión a la volatilidad. A ello puede ayudar estudiar la bibliografía indicada a lo largo de éste y otros libros.

Madurez

La vida continúa y puede que se haga más difícil ahorrar. Los consejos generales a partir de ese momento pierden mucha utilidad, pues las circunstancias personales son las que dominan. Como idea general mantenemos que si no se necesita el dinero para algo concreto y a corto plazo, hay que insistir en las acciones.

Conforme pasa el tiempo y nos acercamos a nuestra jubilación podemos pensar en tener algo más de liquidez para cubrir los gastos de los próximos dos o tres años. Pero esto ya dependerá del capital total disponible y de la aversión a la volatilidad. Si el capital es alto, no es necesario disponer de liquidez, pues incluso una caída fuerte de los mercados no hace cambiar la forma de vida. Si no es muy alto conviene excepcionalmente mantener una parte de los ahorros en renta fija, para reducir la volatilidad a corto plazo de los flujos necesarios para nuestro día a día.

Como vemos, siempre hablamos de volatilidad y no de riesgo, pero ya sabemos que no es lo mismo. Cuando invertimos en acciones asumimos más volatilidad a corto plazo, pero menos riesgo a todos los plazos.

Si seguimos estos sencillos consejos tendremos una jubilación tranquila, con unos ahorros razonables y, sobre todo, la costumbre de aceptar los movimientos de los mercados con estoicismo e incluso interés, en la sabiduría de que podemos aprovechar para sacar partido de ellos.

Orden de preferencia

Concluimos con una enumeración del orden de preferencia de los diversos activos genéricos.

1. Acciones cotizadas (en el siguiente capítulo distinguiremos entre los diversos fondos de inversión en acciones y las propias acciones). La ventaja frente a las no cotizadas es que son más proclives a las aberraciones derivadas de los pánicos y euforias. Cuando alguien vende su empresa en el mercado privado sabe perfectamente las posibilidades futuras de la misma. No ocurre así con las acciones públicas, donde los inversores o bien están sometidos al miedo de separarse del consenso, o no disponen de los conocimientos suficientes.[28]

Soportando los movimientos derivados de esas aberraciones sacaremos mayor partido de las cotizadas.

2. Otros activos reales. Entre ellos se elegiría según el momento cíclico de cada uno y los conocimientos y experiencia que tengamos de ellos. Por esta última razón las casas suelen ser la mejor opción, aunque cualquier activo real cumple dignamente la función de preservar nuestro poder adquisitivo, defendiéndonos de las crisis extremas.

3. Activos monetarios. Únicamente para las necesidades de liquidez a corto plazo. A pesar de una evolución razonable desde 1800, desde que se rompió el patrón oro su rentabilidad real ha descendido notablemente, y están sujetos a un riesgo político inasumible.

Es un esquema sencillo, pero que puede resultar útil para guiarnos por el camino correcto.

P.D.: Alguno puede pensar que todo esto lo dice alguien que se dedica a invertir en acciones como medio de vida, por lo que

28. Repetimos que invertir en nuestra formación personal es muy rentable, por lo que debemos agotar esa vía antes de pensar en las acciones.

es una recomendación interesada. Quien esto dice está haciendo el razonamiento al revés: me dedico a invertir en acciones porque después de analizar todas las posibilidades creo que es la mejor manera de preservar el poder adquisitivo de mis ahorros, y así lo explico. Si invertir en otros activos fuera mejor, me intentaría dedicar a ello, y así se lo recomendaría a otros.

6

Gestión pasiva y/o activa

Ya hemos decidido que vamos a invertir nuestros ahorros en acciones, pues éstas nos ofrecen la mejor relación entre rentabilidad y riesgo. Ahora tenemos que afrontar la siguiente fase en el proceso inversor: elegir cómo nos exponemos a esas acciones.

Los mercados ofrecen muchas posibilidades, creando una confusión que sólo esporádicamente podemos superar. Pero no debemos caer en el pesimismo porque se puede esclarecer el problema. Si centramos el campo de actuación vemos que tenemos cuatro posibilidades de inversión en acciones:

1. Gestión pasiva (con Fondos Índices [FI] o cotizados).
2. Gestión activa
   - Índices fundamentales
   - Gestores activos
   - Inversión directa en acciones

Como vemos, los fondos de inversión abarcan 3 de las 4 posibilidades de inversión en acciones, pero el 60 por ciento de los españoles no sabe que es un fondo de inversión. Conviene, por tanto, aclarar que se trata de una institución de inversión colectiva que consiste en reunir fondos de distintos inversores para invertirlos en diferentes instrumentos financieros, responsabilidad que normalmente se delega en una gestora de fondos. Existen miles de ellos en todo el mundo a disposición de todo tipo de inversores.

En cualquier caso, la gestión profesional de dinero se encuentra en un momento crucial en su desarrollo. Los inversores están cansados de pagar altas comisiones por productos de poco valor añadido —sólo el 7 por ciento de los fondos baten a sus índices en Estados Unidos y en el Reino Unido—, mientras que la disponibilidad de información posibilita un análisis más detallado de las distintas alternativas.

Por este motivo, en los últimos quince años la gestión pasiva, en la que se invierte en un índice a cambio de pagar bajas comisiones, ha pasado a representar el 35 por ciento de los activos globales, llegando a ser casi el 40 por ciento en EE. UU. En el año 2000, este tipo de gestión apenas existía.[29]

Flujo global acumulativo en fondos activos y pasivos de renta variable

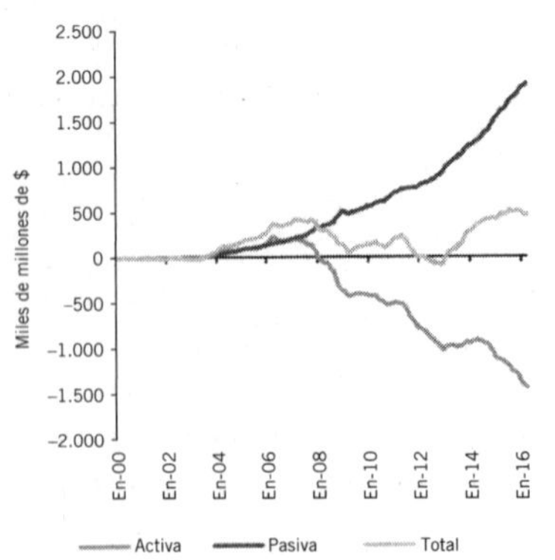

Porcentaje de fondos pasivos globales sobre el total de fodos de renta variable

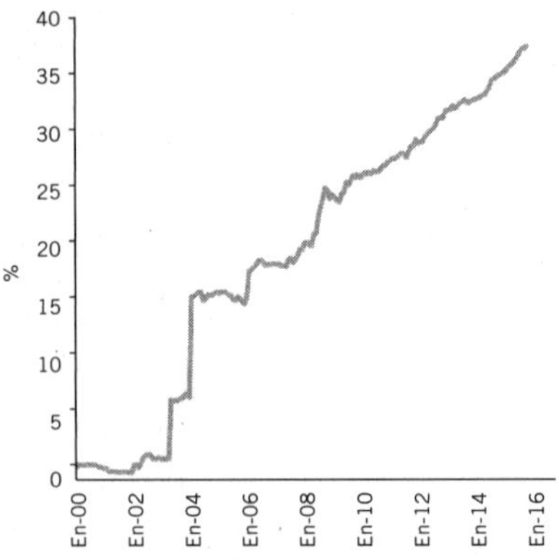

Fuente: EPFR Global, ICI, Bernstein.

Esta tendencia, que ocurre también en otros sectores —Wal-Mart, líneas aéreas de bajo coste, etcétera—, parece imparable. Con el desarrollo de otro nuevo tipo de índices pasivos fundamentales, que llamaremos semipasivos, estos porcentajes pueden incrementarse significativamente. Incluso los reguladores y otros organismos públicos están provocando una revisión de los costes asociados a la gestión, penalizando los altos costes de la gestión activa y forzando su reducción. La evolución de los cos-

29. Íñigo Fraser-Jenkins *et al.*, «The state of fund management: Quants have destroyed the active-passive distinction», *Bernstein Research*, 9 de noviembre de 2015.

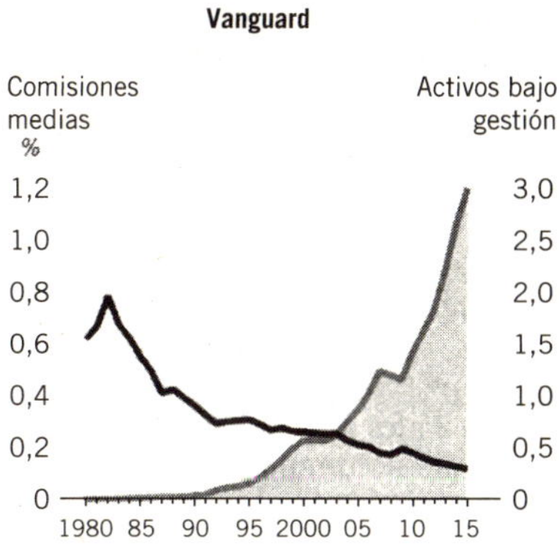

Fuente: Vanguard.

tes de Vanguard, la pionera en gestión pasiva, es ejemplo de ello. Es una tendencia muy positiva, pues un gran número de supuestos gestores de valor añadido, no lo son.

Sin embargo, antes o después habrá un límite para ese crecimiento. Llegará un punto en que las ineficiencias que genera el hecho de que la gestión pasiva sea un método «tonto» de inversión, provocarán distorsiones exageradas en los mercados, y esto atraerá de nuevo capital a la gestión activa. Con el tiempo, es probable que cada tipo de gestión vaya encontrando su tamaño adecuado en el mercado.

Gestión pasiva

La gestión pasiva supone invertir a través de fondos que replican un índice. En los últimos tiempos se han desarrollado con especial fuerza un tipo especial de fondos índice, los fondos cotizados (ETF). Ambos son parecidos, aunque los ETF cotizan en mercados organizados y se pueden comprar a lo largo del día, como las acciones; los fondos índices normales tienen un valor liquidativo diario al final de cada jornada.

En general, los fondos índices pasivos se forman en proporción al tamaño de las compañías que lo componen, con alguna excepción, como el Dow Jones, que se basa en el precio de la acción. Apple o General Electric tendrán un peso mayor que una compañía pequeña y lo tendrán en proporción a su tamaño.

La principal ventaja de los fondos índices es que reducen los costes de gestión, con comisiones inferiores a 25 puntos básicos (0,25 por ciento) y a largo plazo mantienen y mejoran el poder adquisitivo del ahorro. Los resultados comentados en el capítulo anterior referidos a la evolución de la renta variable frente a otros activos, están basados en el comportamiento del índice de la bolsa americana.

En cualquier caso, invertir pasivamente es también una decisión activa, pues en primer lugar supone asumir que el mercado es eficiente y, por tanto, una buena alternativa para aquellos que no quieran esforzarse mucho y, en segundo lugar, es necesario elegir entre los numerosos índices posibles. Hay muchos índices y hay que elegir el adecuado, pero productos basados en el S&P 500 en EE. UU., en el Ibex 35 en España, o en el MSCI para una cartera global satisfacen fácilmente los requisitos de bajo coste y automatismo. En cualquier caso, no nos libramos de tener que pensar un poco.

Sin embargo, para un inversor a largo plazo la principal ventaja de los ETF, el hecho de poder invertir a lo largo del día, no supone una ventaja especial, con la incógnita adicional de que dar liquidez de esa manera puede provocar problemas de valoración que dificulten su evolución futura. Algunos activos no tienen la liquidez necesaria para efectuar esas valoraciones casi instantáneas, por lo que algunos conocedores del producto prevén posibles problemas durante crisis futuras de mayor importancia.

La gestora pionera y más grande es The Vanguard Group, que además tiene la ventaja de tener la estructura de mutua, por lo que todos sus beneficios los invierte en reducir sus comisiones. Su fundador y *alma mater* es John Bogle, ferviente defensor de la gestión pasiva. Ha escrito numerosos libros, y el más conocido quizás sea *Common sense on mutual funds*.

Los consejos de Bogle se centran en alabar las bondades de la gestión pasiva:

• Seleccionar fondos *low cost.*

• Seleccionar con mucho cuidado los asesores caros.

• Analizar con detalle la trayectoria de un fondo, y utilizar adecuadamente los resultados del análisis. Hay que entender qué ha ocurrido.

• Ser escéptico con los gestores estrella.

Etcétera.

Es decir: mucho sentido común, teniendo en cuenta que es muy difícil batir al mercado porque el mercado somos todos, y todos no podemos ser mejores que la media.

La gestión pasiva es, en definitiva, la adecuada para los inversores que están convencidos de que hay que invertir en un tipo de activo determinado (hay también para bonos y otros activos) y son conscientes de la dificultad que supone batir al mercado con costes moderados.

Gestión activa

Como explicamos en el capítulo 4, el mercado tiende siempre hacia la eficiencia, pero casi nunca la alcanza, dado que la información no sólo cambia cada segundo, sino que se crea cada segundo. Todos, al tomar decisiones cada mañana, creamos nueva información relevante para los que nos rodean. Ellos no son conscientes de esa nueva información, pues a veces no lo somos ni nosotros mismos.

Algunos economistas han intentado demostrar que el mercado es eficiente y recoge toda la información posible, haciendo inútil intentar obtener rentabilidades superiores a la del mercado. Esta eficiencia, que es estática, es imposible, pero, aunque fuera posible, no aportaría información relevante dado que no estaría teniendo en cuenta el carácter dinámico de la información: como hemos indicado, ningún mercado puede recoger información que sólo conoce, y apenas, el que la está creando.

(Este apartado continúa con algunos conceptos estadísticos difíciles de entender para los profanos, por lo que el lector puede pasar directamente a los dos últimos párrafos de conclusión, con una interesante cita de Warren Buffett.)

Aplicando la eficiencia del mercado a las valoraciones de acciones en mercados financieros, el modelo más reconocido es el CAPM (Capital Asset Pricing Model; en español: Modelo de Valoración de Activos Financieros). Originado en la llamada Teoría moderna de inversiones o de carteras, de Harry Markowitz, sostiene que la mejor alternativa de inversión es el índice de mercado, que sólo puede ser batido si asumimos endeudamiento, lo que a su vez implicaría mayor volatilidad. Se trata de un resumen sucinto porque analizando las hipótesis de las que parte, vemos enseguida que no conviene extenderse en él mucho más. Estas hipótesis son:

1. Los individuos no pueden afectar a los precios y tienen expectativas homogéneas y conocidas para su rentabilidad esperada, las volatilidades esperadas y las correlaciones esperadas. (Después de entender que la esencia de la acción humana son las intenciones subjetivas de los individuos, ya debería estar claro las absurdas premisas de este supuesto, que no merece más comentarios.)

2. Todos los individuos planean invertir sobre el mismo horizonte temporal, un año (no tengo palabras...).

3. La rentabilidad de los activos se distribuye de manera normal, la más habitual en estadística, que tiene forma de campana, concentrándose en el centro la mayoría de las observaciones. La rentabilidad se explica con la esperanza matemática y la volatilidad se explica con la desviación estándar. (Ya se ha comprobado que existen numerosas excepciones a la distribución normal,[30] que se agravan por el problema básico de confundir volatilidad con riesgo.)

4. Existe un activo libre de riesgo, al que los individuos pueden prestar y endeudarse ilimitadamente. El mercado de activos es perfecto, pudiéndose comprar cualquier activo, con cualquier fraccionamiento. (De nuevo supuestos irreales, se confunde riesgo y volatilidad y se tiene una visión idílica de los mercados financieros.)

30. Nassim Nicholas Taleb, 2016.

5. Existe una información disponible y gratuita para todos. (De nuevo me quedo sin palabras, sin comentarios, sin...)

Con estos supuestos tan irreales no se llega muy lejos, y efectivamente, el CAPM no lo hace. Sus principales conclusiones, siguiendo a Pablo Fernández, profesor del IESE,[31] serían que todos los inversores:

1. Combinarán siempre un activo libre de riesgo con la cartera de mercado.

2. Tendrán la misma cartera de activos de riesgo: la de mercado.

3. Estarán de acuerdo con la rentabilidad y la varianza esperados de la cartera de mercado y de todos los activos.

4. Estarán de acuerdo en la prima de riesgo del mercado y en la Beta de todos los activos.

5. Estarán de acuerdo en que la cartera de mercado se encuentra situada (en el gráfico rentabilidad esperada-varianza esperada) en la frontera de varianza mínima y es eficiente, y

6. Esperarán una rentabilidad de su inversión relacionada con la Beta de la acción.

Como dice Pablo Fernández, el CAPM es un modelo absurdo porque utiliza hipótesis absurdas. Sus conclusiones, evidentemente, no se cumplen en la vida real.

El problema de fondo es la imposibilidad para modelar el comportamiento humano, con sus cambiantes fines y medios, que a veces ni los propios actores conocen. Y es especialmente irreal cuando se hace mediante un análisis estático, con premisas sin sentido. El modelo es, además, extremadamente peligroso porque puede parecer que ayuda a mitigar el riesgo de una inversión, aumentando la exposición a activos por encima de la que se tendría si no se utilizara el modelo. El modelo da una falsa sensación de tranquilidad, y esto, unido al uso masivo de deuda, causó la debacle del *hedge fund* Long-Term Capital Management en 1998, con un impacto a largo plazo extremadamente negativo para los mercados.

31. Pablo Fernández, «CAPM, an absurd model», *Business Valuation Review*, 34[1] (primavera de 2015), pp. 4-23.

El mayor golpe empírico al modelo lo proporcionó un estudio de Fama y French.[32] Mostraba que en el periodo 1963-1990 la correlación entre la rentabilidad de las acciones y sus Betas era muy pequeña, mientras que la de la rentabilidad con su tamaño y con su Precio/Valor contable eran mucho más significativas.

Principales hallazgos del artículo de French y Fama (1992)

Tamaño de las compañías	Beta media	Retorno Anual Medio	Beta de las compañías	Beta media	Retorno Anual Medio	Precio / Valor Contable de las compañías	Beta media	Retorno Anual Medio
1 (*biggest*)	0.93	10.7%	1 (*high*)	1.68	15.1%	1 (*high*)	1.35	5.9%
2	1.02	11.4 %	2	1.52	16.0 %	2	1.32	10.4 %
3	1.08	13.2 %	3	1.41	14.8 %	3	1.30	11.6 %
4	1.16	12.8 %	4	1.32	14.8 %	4	1.28	12.5 %
5	1.22	14.0 %	5	1.26	15.6 %	5	1.27	14.0 %
6	1.24	15.5 %	6	1.19	15.6 %	6	1.27	15.6 %
7	1.33	15.0 %	7	1.13	15.7 %	7	1.27	17.3 %
8	1.34	14.9 %	8	1.04	15.1 %	8	1.27	18.0 %
9	1.39	15.5%	9	0.92	15.8%	9	1.29	19.1%
10 (*smallest*)	1.44	18.2%	10 (*low*)	0.80	14.4%	10 (*low*)	1.34	22.6%

Concluyen Fama y French: «nuestro test no apoya la predicción más básica del CAPM de Sharpe-Lintner-Black, de que la rentabilidad promedio de las acciones está positivamente relacionada con sus Betas de mercado».

Si alguien no ha entendido mucho de todo lo que acabamos de contar no debe preocuparse. Como dice Buffett: «la mitad de los asistentes a las juntas anuales de Berkshire Hathaway no sabe lo que es la Beta, y a la otra mitad le importa un pito».

La conclusión que debemos sacar es que no parece que el

32. Eugene Fama y Kenneth French, «The cross-section of expected stock returns», *Journal of Finance*, 47 (1992), pp. 427-466.

mercado financiero sea tan eficiente como algunos piensan, dando una oportunidad a aquellos que creen que sí se puede obtener rentabilidades superiores. Veamos ahora cómo.

Índices fundamentales: Gestión pasiva con factores o semipasiva

La primera manera de intentar hacer esa gestión activa no es tan activa. En realidad, es semipasiva. Veamos de qué se trata.

Los fondos o ETF índices (pasivos) que vimos en el apartado de gestión pasiva se basan en los índices subyacentes: SP500, Ibex 35, MSCI World Index, etcétera, que hemos visto que seleccionan sus componentes según su tamaño. Es decir, las compañías grandes pesan más que las pequeñas, y lo hacen en proporción a su tamaño. Esto tiene el efecto perverso de que cuando un negocio va a menos, su cotización cae, es expulsado del índice y sufrimos todo el recorrido bajista antes de su expulsión. Normalmente se sustituye por un negocio que ha crecido mucho y que, por tanto, ha aumentado su capitalización, algo de lo que no nos hemos beneficiado. Es decir, compramos valores que han subido y vendemos los que han bajado. Una auténtica perversión.

Si esta gestión pasiva no nos convence y queremos hacer algo más, pensando que el mercado no siempre es eficiente y lo podemos mejorar, la siguiente alternativa es una variación sobre los fondos índices o cotizados: los fondos pasivos pero con una estrategia predeterminada que pueda batir al índice. También se llama *factor investing* o fondos índice fundamentales (Fif). Por ejemplo: fondos que invierten en compañías con un PER (Price Earnings Ratio) bajo o con una alta rentabilidad por dividendo.

Estos Fif tienen sentido si obtienen una rentabilidad superior a la del mercado, es decir, a los índices pasivos de capitalización. Y si ocurre así, veremos que será porque las estrategias revierten a la media, que es uno de los fenómenos más incomprendidos en el análisis del comportamiento humano y que analizaremos con más detalle en el capítulo dedicado a la irracionalidad del inversor.

Han sido varios los autores que han demostrado que, efectivamente, las cotizaciones revierten a la media: después de una mala racha, mejoran y baten al mercado, y, al contrario: las burbujas se desinflan. Las que cotizan con múltiplos bajos se comportan mejor que la media y las que cotizan con múltiplos altos se comportan peor, ambas con tendencia hacia la media.[33]

Nosotros seguiremos a James P. O'Shaughnessy, que ha analizado extensamente y con claridad multitud de estrategias de inversión en los últimos cincuenta años, y veremos cuáles son las que han tenido más éxito en esa reversión a la media.

Como se observa en la tabla de la página siguiente, existen muchos tipos de estrategia que baten a los índices de manera recurrente. Desde 1964 a 2009 una estrategia que incluye todas las acciones americanas obtuvo un 11,2 por ciento de rentabilidad anual. Estos son unos resultados muy interesantes, pero ha habido muchas maneras de mejorarlos con diferentes carteras centradas en una serie de factores:

- Ratio PER bajo.
- Ratio EV/EBITDA bajo. EBITDA digamos que es una aproximación al beneficio operativo y EV es el Valor Empresa, la suma de la deuda y la capitalización bursátil.
- Ratio Precio/Ventas bajo.
- Rentabilidad por dividendo alta.
- Etcétera.

Por ejemplo, la estrategia que incluye el conjunto de acciones con el ratio EV/EBITDA más bajo obtuvo una rentabilidad anual del 16,58 por ciento (y por el contrario, las que tienen ese ratio más alto se quedaron en un 5,33 por ciento).

También utiliza varias combinaciones de estrategias, que obtienen todavía mejores resultados. Por ejemplo, en la que llama Value Factor Tres considera los siguientes factores:

33. Jeremy Siegel, *Stocks for the long run*; Robert W. Vishny, J. Lakonishok y A. Schleifer, «Contrarian Investment, Extrapolation and Risk», *Journal of Finance*, 49[5] (1994), pp. 1541-1578.; así como varios artículos de Fama y French.

Tasas medias de rentabilidad anual compuesta de 46 años, acabando el 31 de diciembre de 2009, resultados de aplicar diversas estrategias en todo el universo de inversión.

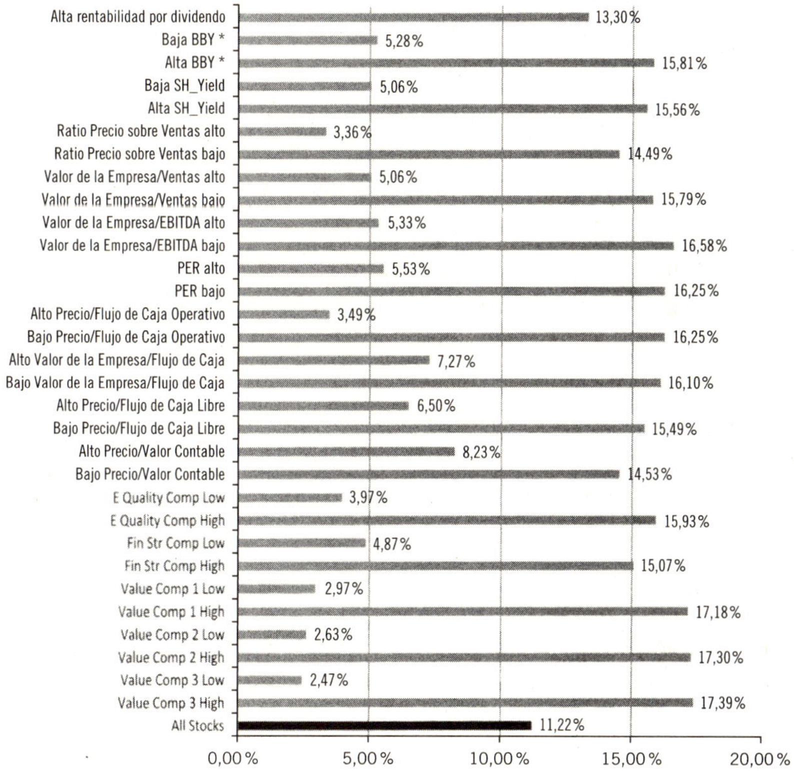

*Todas las acciones.

Fuente: James P. O'Shanghnessy, 2012.

1. Precio/Valor Contable.
2. PER.
3. Precio/Ventas.
4. EBITDA/EV.
5. Precio/Cash Flow.
6. Recompra de Acciones.

Esta estrategia, Value Factor Tres, que utiliza la mejor combinación de esos factores-PER bajo, Precio/Ventas bajo, etcétera, obtuvo una rentabilidad anual del 17,39 por ciento.

Desviación estándar de la rentabilidad para diversas estrategias de todo el universo de inversión (más alto es más arriesgado)

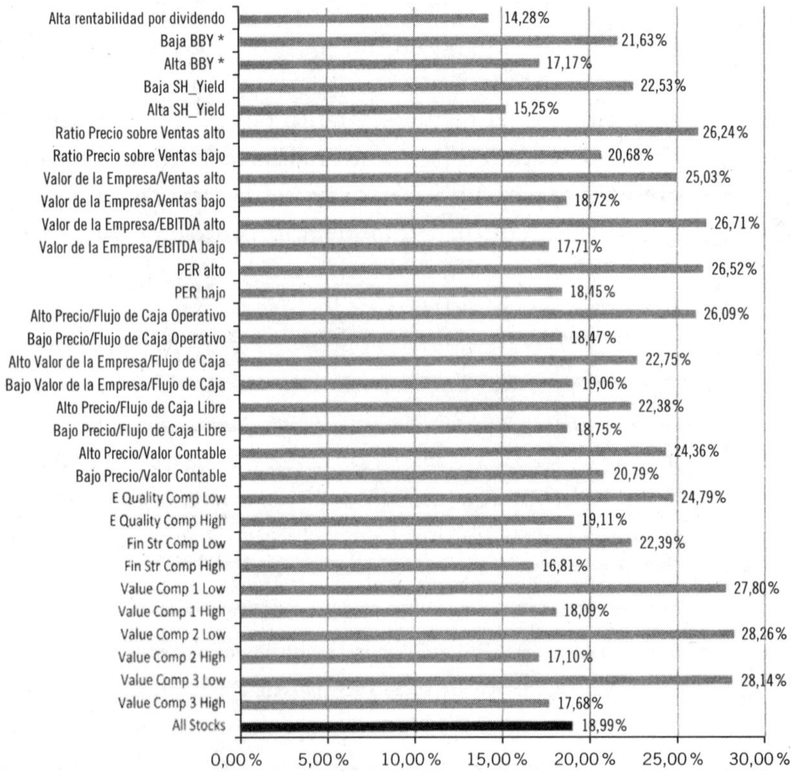

*Todas las acciones.

Fuente: James P. O'Shanghnessy, 2012.

Parece que, efectivamente, se pueden mejorar los resultados de los índices de capitalización utilizando índices de factores.

Y, sorprendentemente, nos descubre que, si a las estrategias basadas en el «valor» le añadimos el «momento», se mejoran los resultados: de entre todas las acciones *value*, aquellas que se han comportado mejor en los seis meses previos tienen mejor rentabilidad durante el año siguiente. En algunas de las estrategias así calculadas se hubiera obtenido un 23 por ciento anual.

A la misma conclusión acerca del momento llegan los gestores del *hedge fund* AQR, demostrando que la combinación de valor y momento es la ideal.[34]

La lógica que hay detrás del comportamiento del «momento» es que si se compra un valor que ya está empezando a subir se asume un coste de oportunidad más bajo, pues se reduce el tiempo necesario para el reconocimiento por parte del resto del mercado de la oportunidad en cuestión. Esta espera es el problema más importante para un inversor *value*, porque tenemos una tendencia natural a comprar demasiado pronto, y también a vender antes de tiempo. En cualquier caso, para alguien acostumbrado a comprar cuando bajan los valores, no es una decisión natural comprar lo que ha subido, y siempre va a ser difícil aplicar esta estrategia del «momento».

En O'Shaughnessy[35] tenemos un ranking detallado de las estrategias, con el riesgo asociado a las mismas. Se puede achacar a este tipo de estudios que analizan el pasado a conveniencia, pero la realidad es que hay una lógica detrás de esos resultados, basada en el concepto de reversión a la media.

El problema evidente que surge es escoger entre las innumerables posibilidades. A pesar de ello, seleccionar alguna de ellas tiene mucho sentido, pues muchas mejoran los índices de manera importante, entre un 5 y 10 por ciento anualmente. En realidad, los gestores activos, y especialmente todos los *value*, nos estamos moviendo constantemente entre las estrategias más atractivas. Todos buscamos compañías baratas, utilizando diversos criterios para analizarlas, y los que han obtenido buenos resultados ha sido por utilizar estas estrategias reiteradamente, aunque a veces de forma intuitiva o inconsciente.

Con este tipo de estrategias semipasivas o fundamentales se consigue, al igual que con las pasivas, ahorrar costes de gestión, pero también minimizar los factores de personalidad que nos pueden impedir tomar las decisiones correctas. Cuanto más automática sea la decisión, más fácil resultará. Tienen, no obstan-

34. C. Asness; A. Frazzini; N. Israel, y T. Moskowitz, «Facts, fictions and value investing», *Journal of Portfolio Management*, 5 de noviembre de 2015.
35. James O'Shaughnessy, 2012, p. 597 y ss.

te, la desventaja de que en los numerosos momentos de mal comportamiento que tienen los mercados y las propias estrategias, que pueden ser largos, no tenemos un hombro en el que consolarnos. Nadie nos puede tranquilizar y tenemos que atravesar el desierto solos. Esto no es fácil.

Evidentemente no existen fondos que representen todas las posibilidades que la gestión semipasiva ofrece, pero sí de las principales. Merece la pena destacar Dimensional Funds, que trabajando directamente con académicos, especialmente con Fama y French, plantea estrategias que pueden obtener una rentabilidad por encima del mercado. No sólo han desarrollado estrategias de valor, aquí comentadas, sino también de otro tipo. También AQR invierte con estos criterios. Otra de las gestoras especializadas es Wisdom Tree, aunque también las grandes, Blackrock, etcétera, tienen oferta de ellos.

Gestores activos

A partir de aquí, hay que preguntarse si un gestor activo puede hacerlo mejor que esas estrategias que tan buen resultado obtienen, y la respuesta no es evidente, como se ve en O'Shaughnessy:

Porcentaje de todos los fondos de renta variable con historiales de más de 10 años batiendo al S&P 500 durante los 10 años acabando el 31 de diciembre cada año

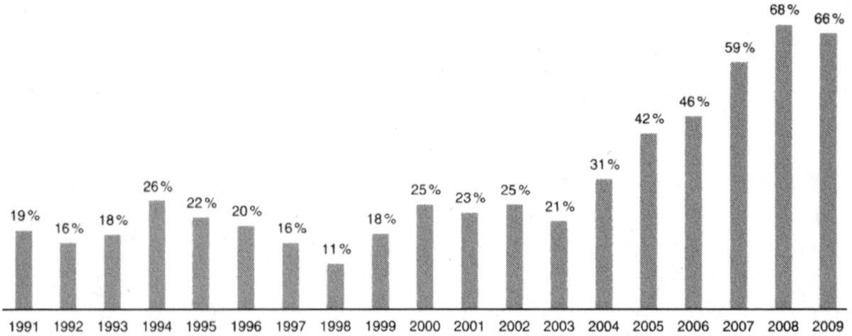

Fuente: James P. O'Shanghnessy, 2012.

A lo largo de los años sólo el 30 por ciento de los gestores de fondos americanos baten a los índices. Por otra parte, según S&P Dow Jones Indices, en los últimos diez años el 80 por ciento de los fondos europeos (Francia, España, Dinamarca, Suiza y Holanda), no consiguieron batir a los índices. En España la situación es aún peor.[36]

Pero el problema es aún más grave. Aunque encontremos gestores activos que hayan obtenido buenos resultados, la probabilidad de que éstos se mantengan en el futuro son escasas. Como muestra la investigación de dos analistas de Morningstar, Alex Btyan y James Li,[37] tenemos las mismas probabilidades de batir al mercado en el futuro invirtiendo con los mejores gestores en el pasado que con los peores (aunque para plazos inferiores al año sí que existe una cierta persistencia, debido al «momento» de algunos valores). Como obliga a decir la CNMV española (Comisión Nacional del Mercado de Valores), las rentabilidades pasadas no garantizan las futuras.

Si además encontramos estrategias semipasivas con resultados probados, que baten a esos mismos índices, ¿para qué necesitamos un gestor activo?

Hay que reconocer que lo necesitamos poco. Si no conocemos a alguno que nos inspire confianza por su manera de trabajar o por sus resultados, es evidente que hay que mantenerse dentro de la gestión pasiva o semipasiva.

Es cierto que soy capaz de recomendar a algunos gestores que me gusta cómo trabajan y que tienen una estupenda trayectoria. También podemos apelar al estudio que Buffett hizo en los años setenta sobre sus amigos inversores, que tuvieron resultados extraordinarios con la actitud correcta.[38]

36. Para Europa ver *Financial Times*, «FTfm», 21 de marzo de 2016; para España ver Pablo Fernández *et al.*, «Rentabilidad de los fondos de inversión en España. 2000-2015», IESE, enero de 2016.

37. Alex Bryan and James Li, «Performance persistence among U.S. mutual funds», Morningstar Manager Research, febrero de 2016.

38. Warren Buffett, «The Superinvestors of Graham-and-Dodsville», *Hermes, Magazine of Columbia Business School*, 1984.

Los superinversores de Graham-and-Doddsville

	N.º años	Rentabilidad del índice	Rentabilidad inversor
Walter Jl. Schloss	28 1/4	8,4%	16,1%
Tweedy, Browne Inc.	15 3/4	7,0%	16,0%
Buffet Partnership, Ltd.	13	7,4%	23,8%
Sequoia Fund. Inc.	14	10,0%	17,2%
Charles Munger	14	5,0%	13,7%
Pacific Partners, Ltd.	19	7,8%	23,6%
Perlmeter Investments	18	7,0%	19,0%

Fuente: Warren Buffett. «The superinvestors of Graham-and-Dodsville».

Pero nada garantiza que los resultados futuros sean iguales a los pasados, como bien insisten los reguladores en que expliquemos a los clientes.

Sin embargo, sí es posible constatar que la mayoría de aquellos que han tenido esos resultados excepcionales, han utilizado los criterios *value* comentados. Y podemos afirmar que, a pesar del coste que suponen en comisiones y de la poca certidumbre sobre la continuidad de los buenos resultados, nos quedan algunas razones para invertir en gestores activos:

1. Hay gestores que aprovechan la ineficiencia del mercado, y lo pueden seguir haciendo en el futuro. Es una realidad innegable. Con sólo mirar a Buffett vemos que esto es así.

Rentabilidades de Berkshire *vs.* el S&P 500

Año	Cambio anual porcentual		
	En el Valor Contable por Acción de Berkshire	En el Valor de Mercado por Acción de Berkshire	En el S&P 500 con Dividendos Incluidos
1965	23.8	49.5	10.0
1966	20.3	(3.4)	(11.7)
1967	11.0	13.3	30.9
1968	19.0	77.8	11.0
1969	16.2	19.4	(8.4)
1970	12.0	(4.6)	3.9

Año	Cambio anual porcentual		
	En el Valor Contable por Acción de Berkshire	En el Valor de Mercado por Acción de Berkshire	En el S&P 500 con Dividendos Incluidos
1971	16.4	80.5	14.6
1972	21.7	8.1	18.9
1973	4.7	(2.5)	(14.8)
1974	5.5	(48.7)	(26.4)
1975	21.9	2.5	37.2
1976	59.3	129.3	23.6
1977	31.9	46.8	(7.4)
1978	24.0	14.5	6.4
1979	35.7	102.5	18.2
1980	19.3	32.8	32.3
1981	31.4	31.8	(5.0)
1982	40.0	38.4	21.4
1983	32.3	69.0	22.4
1984	13.6	(2.7)	6.1
1985	48.2	93.7	31.6
1986	26.1	14.2	18.6
1987	19.5	4.6	5.1
1988	20.1	59.3	16.6
1989	44.4	84.6	31.7
1990	7.4	(23.1)	(3.1)
1991	39.6	35.6	30.5
1992	20.3	29.8	7.6
1993	14.3	38.9	10.1
1994	13.9	25.0	1.3
1995	43.1	57.4	37.6
1996	31.8	6.2	23.0
1997	34.1	34.9	33.4
1998	48.3	52.2	28.6
1999	0.5	(19.9)	21.0

Año	Cambio anual porcentual		
	En el Valor Contable por Acción de Berkshire	En el Valor de Mercado por Acción de Berkshire	En el S&P 500 con Dividendos Incluidos
2000	6.5	26.6	(9.1)
2001	(6.2)	6.5	(11.9)
2002	10.0	(3.8)	(22.1)
2003	21.0	15.8	28.7
2004	10.5	4.3	10.9
2005	6.4	0.8	4.9
2006	18.4	24.1	15.8
2007	11.0	28.7	5.5
2008	(9.6)	(31.8)	(37.0)
2009	19.8	2.7	26.5
2010	13.0	21.4	15.1
2011	4.6	(4.7)	2.1
2012	14.4	16.8	16.0
2013	18.2	32.7	32.4
2014	8.3	27.0	13.7
2015	6.4	(12.5)	1.4
Rentabiliad anual compuesta 1965-2015	19.2%	20.8%	9.7%
Rentabilidad total	798,981%	1,598,284%	11,355%

Fuente: Berkshire Hathaway. Anual Report 2015.

2. Es posible que no sepamos elegir el fondo semipasivo o fundamental que nos encaje, o que no lo encontremos.[39] Sin embargo, con un buen gestor activo delegamos la gestión de elegir qué estrategia utilizar: PER bajo, alta rentabilidad por dividendo, bajo precio/valor contable, etcétera. Como hemos indicado, los buenos gestores activos nadan entre las aguas de las múlti-

39. Ver, por ejemplo, el complicado panel de recomendaciones de Etf de *Barron's*, 7 de mayo. Elegir se convierte en una decisión muy activa (véase tabla al final del capítulo).

ples estrategias que permiten encontrar acciones atractivas (conscientemente o no), y precisamente por eso obtienen buenos resultados.

Podemos decir que algunos gestores activos son selectores camuflados de estrategias semipasivas.

Es evidente que es más caro, pues como sabemos cobran una comisión alta, pero en algunos casos compensa pagarla (hay que tener en cuenta que, salvo que hagamos el trabajo nosotros mismos, el que nos ayuda a encontrar el fondo semipasivo adecuado también cobra).

3. La estrategia correcta puede ser distinta cada año, por lo que hay que recomponer la cartera casi continuamente. Esto es lo que hacemos los gestores activos, pero no es fácil de hacer para un inversor privado.

4. Estamos hablando de los ahorros de nuestras vidas y el trato cercano con un gestor que nos inspire confianza puede ser un factor decisivo. Que tenga una estrategia clara y consistente, que consiga buenos resultados y que le «podamos ver la cara». No es fácil asumir mentalmente que una estrategia pasiva y despersonalizada es la clave para nuestro bienestar futuro. Antes hemos comentado que el automatismo es bueno para evitar nuestras fallas de personalidad, pero también es cierto que un buen consejo de nuestro gestor puede ayudar en los momentos de duda o de dificultades en los mercados, que son muy habituales.

Lo que las llamadas «finanzas emocionales» nos enseñan es que necesitamos ayuda para mitigar la ansiedad que siempre provoca la inversión. Meir Statman también habla de factores como la búsqueda de estatus o estar próximos a alguien reconocido, que apoyan esa búsqueda del gestor «prestigioso».[40]

5. Otra ventaja psicológica es la ilusión de control o la ilusión de atribuirnos el éxito. Si escogemos un gestor que responda adecuadamente tenemos sensación de estar controlando la decisión, de ser nosotros los que decidimos. Es lo más cercano que hay a tomar la decisión de invertir en una acción en particular.

40. Ver Tuckett, 2012.

Ninguna de ellas son razones definitivas, por lo que no hemos resuelto el problema y no habremos convencido a algunos lectores. Sin embargo, son razones suficientes para pensar en invertir a través de un gestor activo siempre que se tenga confianza en él. Si encontramos alguno o algún equipo que por su trayectoria nos dé tranquilidad, invertimos. Si no es así, nos conformamos con las estrategias pasivas y no estaremos cometiendo ningún error.

Pero hay que insistir en que la búsqueda no puede ser superficial. Es necesario conocer a fondo al gestor o al equipo: su forma de entender el negocio, su forma de invertir y, por supuesto, su forma de entender la vida. Me cuesta mucho recomendar otros gestores, pues no tengo tiempo para hacer una evaluación tan exhaustiva, pero cuando lo he hecho ha sido después de conocerlos con el mayor detalle posible. Si podemos conocer personalmente al gestor, será aún mejor.

Y no es suficiente una buena rentabilidad; es imprescindible entender cómo se ha conseguido. Ya hemos comentado el factor suerte al que todos estamos sujetos, y hay que discernir hasta qué punto hay una lógica subyacente a los resultados.

No es tarea fácil, pero hay buenos gestores activos en los mercados financieros. El mercado está sujeto en algunos momentos a una innegable irracionalidad y los que son capaces de aprovecharla obtendrán unos resultados muy favorables.

Inversión directa en acciones

El último paso es invertir directamente en acciones, analizando y comprando las más atractivas.

¿Por qué no?

Conozco inversores privados estupendos, que al no tener que rendir cuentas a terceros toman las decisiones con un enfoque a largo plazo y en completa libertad. En la actualidad existen los medios adecuados para hacer nuestro propio análisis y la ejecución de nuestras inversiones en acciones. Lo único que hace falta son tiempo y ganas.

Está claro que para obtener buenos resultados estos potenciales inversores deben moverse entre los valores que se encuentran dentro de las estrategias atractivas comentadas; consistentemente, sin flaquear. Esto es difícil, pero no imposible. Un punto de partida, por ejemplo, es buscar y analizar los valores de inversores respetables por su trayectoria, que han dedicado mucho tiempo a pensar sobre ellos. Parte del trabajo de selección ya estaría hecho.

A partir de ahí hay que desarrollar un criterio propio y seguirlo consistentemente.

Los siguientes capítulos están dedicados a estos inversores osados, pero también puede ser útil para los que quieren encontrar un fondo de gestión activa. Entraremos en detalle a analizar cómo enfrentarnos al problema. ¡Es posible!

Un último comentario antes de que se desate la euforia y nos pongamos todos a comprar. El principal problema de la inversión directa son los impuestos. Invertir directamente en acciones es más gravoso para un inversor particular que invertir en un fondo. Así ocurre al menos en Europa, donde, en general, los inversores en fondos regulados no deben pagar apenas impuestos —por las plusvalías o dividendos de las acciones que los componen— mientras no vendan sus participaciones en esos fondos. Con ello se retrasa significativamente ese posible pago. En España, además, está permitido el traspaso de fondos con exención fiscal, por lo que si mantenemos el ahorro dentro del circuito de fondos podemos llegar a no pagar nunca esos impuestos.

Por esta razón, personalmente ya no me planteo la posibilidad de invertir directamente en acciones. Ayuda para ello, obviamente, gestionar fondos de inversión, ya que puedo invertir mis ahorros en los fondos que gestionamos.

Conclusión

Hemos visto que hay varias maneras de tener exposición a acciones, el mejor activo para invertir. Elegir entre ellas no es una tarea fácil y la mejor decisión será posiblemente una combinación de todas: índices, pasivos o fundamentales, algunos gestores activos que nos gusten y algunas acciones para mantenernos «alertas».

No existe una fórmula mágica para calcular la proporción exacta. En mi caso particular no cabe otra opción que invertir el cien por cien de mis ahorros directamente en acciones —invertir en mis fondos equivale en mi caso a hacerlo directamente—. Sin embargo, recomendaría al lector que empezara su análisis por los fondos índices, para animarse paulatinamente a alternativas más activas, conforme vaya conociendo mejor los mercados.

La proporción adecuada para cada lector vendrá dada por las circunstancias y, fundamentalmente, por el tiempo que dedique a la decisión. Cuanto más esfuerzo hagamos más nos alejaremos de la pasividad, casi por definición, pero podemos estar seguros de que cualquiera que sea la combinación que escojamos para invertir en acciones cotizadas, estaremos en el camino correcto para mantener en el tiempo el poder adquisitivo de nuestros ahorros.

Hay que insistir, sin embargo, en que no se pueden hacer locuras, como comprar acciones sin dedicarle el tiempo necesario, porque se perderá dinero. Si se quiere invertir hay que dedicarle a cada decisión el mismo tiempo que si quisiéramos comprarnos un coche, una casa o necesitáramos un médico para una enfermedad complicada. Si no somos capaces de ello, buscaremos un buen profesional que nos recomiende gestión pasiva, semipasiva o activa, también dedicándole el tiempo necesario a esa busqueda.

Ejemplo de Barron's, que muestra lo «activa» que puede resultar elegir productos «pasivos»

Las elecciones de los profesionales

Nuestros expertos comparten cómo están invirtiendo en el confuso mercado actual.

ETF/TICKER	Precio Reciente	Valoración de mercado (miles de millones)	Comentario
ELECCIONES DE JOHN FORLINE			
IStures International High Yield Bund /HVXU	48.27 dólares	0.2 dólares	Posee principalmente bonos basura emitidos por compañías europeas pero también tiene algunos bonos canadienses y británicos
iShares U.S. Preferred Stock ETF / PFF	38.88	15.2	Las acciones preferentes son en gran medida emitidas por entidades financieras; el ETF tiene una rentabilidad por dividendo del 5,6 por ciento
iShares MSCIEAFE Minimum Volatllity / EFAV	66.73	6.7	Un índice de acciones internacional que elimina las acciones más volátiles del mercado
iShares MSCI USA Minimum Volatllity / USMV	44.08	12.5	Igual que la anterior estrategia. Este ETF ha sido uno de los más populares este año en términos de atraer nuevo capital
iShares MSCI Canada / EWC	24.15	2.7	Un ETF de un solo país compuestro principalmente de empresas financieras y energéticas debería subir si los precios del petróleo suben aún más
IShares MSCI Australia / EWA	19.51	1.6	Australia es un productor de materias primas que exporta de forma significativa a China; este ETF es una forma de evitar el riesgo de invertir en acciones chinas directamente
ELECCIÓN DE DAVID CLEARY			
iShares Global Materials / MXI	49.29 dólares	0.2 dólares	Incluye compañías del sector de materiales alrededor del mundo como las mineras y las compañías químicas
iShares Latin America 40 / ILF	25.37	0.7	ETF regional que invierte en Brasil y México, otra apuesta diversificada en la recuperación del precio de las materias primas
PowerShares Fundamental High Yield Corporate Bond Portfolio / PHB	18.15	0.8	Un fondo que replica a un índice que que rastrea deuda emitida por las compañías, basado en los flujos de caja y otras variables y excluye aquellas con las menores calificaciones crediticias
VanEck Vectors Fallen Angel High Yield Bond / ANGL	26.77	0.2	Persigue arañar rentabilidad a los bonos emitidos por compañías que recientemente han visto su calificación reducida
ELECCIÓN DE FRITZ FOLT			
iShares Gold Trust / IAU	12.34 dólares	8.0 dólares	Gran ETF que replica el precio del oro físico; tiene un ratio total de gasto menor que el SPDR Acciones de oro (GLD)
VanEck Vectors Gold Miners / GDX	24.18	6.9	Una cesta de mineras bien conocidas incluyendo Barrick Gold y Newmont Mining, que tienden a subir y caer más rápido que el precio del oro

ETF/TICKER	**Precio Reciente**	**Valoración de mercado (miles de millones)**	**Comentario**
iShares MSCI Brazil Capped / EWZ	27.64	3.3	El ETF temático de Brasil más grande del mercado, cotiza con mucho volumen
EGSheres India Infrastructure / INXX	10.30	0.04	Un índice que replica a un pequeño grupo de empresas industriales y de materiales indias
PowerShares QQQ / QQQ	105.02	34.3	Uno de los ETF más antiguos, que replica el Nasdaq-100, sinónimo de crecimiento y empresas tecnológicas
Vanguard Small Cap Value / VBR	102.48	6.4	Un índice *low-cost* de pequeñas empresas de Estados Unidos con valoraciones relativamente bajas
ELECCIÓN DE WILL MC GOUGH			
iShares Core MSCI Emerging Markets / IEMG	40.12 dólares	10.6 dólares	Un índice *low-cost* de mercados emergentes que incluye empresas de pequeña capitalización y cuenta a Corea del Sur como economía emergente
SPDR MSCI Emerging Markets Quality Mix / QEMM	47.94	0.1	Un ETF *low-cost* general de mercados emergentes que mezcla acciones de mucha rentabilidad, baja volatilidad y *value*
iShares Core High Dividend / HDV	78.75	5.1	De temática de dividendo, persigue las compañías con los fundamentales para soportar un mayor potencial de dividendos y de ingresos que sus rivales
iShares Core MSCI EAFE / IEFA	53.20	11.1	Posee acciones de compañías de Europa, Australia y Japón pero excluye las de Estados Unidos y Canadá

Fuente: Barron's, 7 de Mayo, 2016.

7

La inversión en acciones (I): Educación y principios

Hemos visto que hay que invertir en activos reales. Hemos concluido que entre ellos es preferible invertir en acciones. También hemos aclarado que se puede invertir en acciones a través de fondos índices, fondos semipasivos o fundamentales y, por último, fondos de gestión activa. Y, por último, ya sabemos que hay otra opción: invertir directamente en acciones.

Es una decisión arriesgada porque somos conscientes de que es muy complicado batir a los índices de forma sistemática; es lo que nos enseña la historia. Pero algunos somos suficientemente arrogantes, ingenuos u osados para asumir el reto. Ya se sabe: todos pensamos que conducimos mejor que la media.

Por eso, ahora vamos a intentar ayudar a esos valientes aficionados o profesionales que pretenden hacerlo mejor que esos malvados índices. Contra la historia y contra las tendencias actuales que conducen inexorablemente hacia la gestión pasiva.

Invertir en acciones no es fácil. Hay que comprar lo que nadie quiere y hay que vender lo que todo el mundo intenta comprar. Hay que luchar contra nuestra propia naturaleza. Es una tarea que puede resultar muy agradecida a largo plazo, cuando funciona, pero que nos pone a prueba cada día. Y, sin embargo, algo se puede hacer, y lo vamos a intentar explicar. Digamos que es una especialidad a la que algunos hemos dedicado la vida profesional y donde más podemos aportar.

La educación y la experiencia

Graham

Aunque no seamos conscientes de ello, prácticamente todos los inversores *value* empezamos a invertir como Benjamin Graham, profesor de la Universidad de Columbia y «creador» del *value investing*. Hasta que aparece en escena Graham, la inversión en acciones era prácticamente un juego especulativo sin un soporte teórico. Gracias a sus enseñanzas, basadas en un análisis exhaustivo de las fuerzas que mueven los mercados, se transforma en algo serio y exigente.

Su contribución más importante fueron dos libros ya clásicos: *Security analysis* y *El inversor inteligente*. En el primero realiza un análisis detallado de las herramientas necesarias para estudiar una empresa e invertir adecuadamente; y en el segundo describe el proceso inversor, descubriendo algunos conceptos que han sido claves para muchos de nosotros.

De todos quizás el más importante sea el de margen de seguridad. Es algo sencillo pero decisivo: debemos maximizarlo invirtiendo en acciones que tengan un valor real muy superior a su cotización. Si ese descuento es del 50 por ciento, mejor que si es del 30 por ciento. Ese margen de seguridad nos defiende de los posibles errores de valoración, que siempre van a existir.

Su principal recomendación específica para maximizar ese margen de seguridad es comprar acciones de compañías en las que su precio no supere el valor de liquidación, no incluyendo en éste los activos fijos. Es decir: el valor de su activo circulante (existencias, cuentas de deudores y tesorería) menos todos los pasivos, debería ser inferior a su precio en bolsa.

Es una condición muy dura, pero que hace ochenta años tenía sentido. El mercado bursátil estaba muy penalizado después de la Gran Depresión, y muchas compañías estaban suficientemente baratas como para cumplirla. A él le daba igual a que se dedicaba la compañía, lo importante era que estuviera barata.

El gran Warren Buffett empezó a invertir siguiendo a su maestro, y la mayoría de los buenos inversores también han empezado con Graham. Supongo que cuando empiezas quieres demostrar rápidamente lo efectiva que es tu manera de invertir y buscas lo más barato, sin reparar en otras consideraciones, convencido de que ese camino te permitirá, además, enriquecerte lo más rápidamente posible.

Sin embargo, a través de la experiencia descubrimos que muchas de esas acciones baratas se encuentran en sectores complicados o tienen una posición competitiva difícil, y a largo plazo podrán tener problemas. El tiempo no nos favorece en esos valores, pues en general, los retornos sobre el capital son bajos y la posible revalorización es lenta e insegura. No sólo cuenta el balance.

Philip Fisher / Joel Greenblatt

Hemos simplificado con Graham, que también consideraba otros factores, como el crecimiento o la estabilidad de resultados, aunque no hiciera tanto énfasis en ellos. En cualquier caso, a partir de esa base, la mayoría de inversores empiezan a prestar atención a esos otros determinantes, como el crecimiento o la calidad del negocio, dándoles más relevancia con el tiempo.

Phil Fisher tuvo influencia clave en este proceso vivido por muchos inversores.

Gracias a la influencia de su socio, Charlie Munger, Buffett empezó a considerar atractiva la filosofía de Fisher. Fisher fue otro exitoso inversor a largo plazo, que escribió al menos otro par de libros estupendos: *Acciones ordinarias y beneficios extraordinarios* y *Conservative investors sleep well.* Apostaba por invertir en valores de crecimiento a largo plazo, con ventajas competitivas muy sólidas que pudieran mantener y aumentar a lo largo del tiempo. El precio pagado por ellas en este caso no era tan importante, pues si la compañía actuaba correctamente, podría mantener ese múltiplo alto. Esta idea es menos intuitiva y, por tanto, más complicada de asumir que la simple compra de algo barato, porque supone pagar precios aparentemente caros por algo que no dará frutos hasta pasado algún tiempo.

Ésta ha sido finalmente la línea seguida por Buffett. Así, la mayoría de los inversores *value* en mayor o menor medida tenemos una deuda con Fisher, a través de Buffett. Nosotros hicimos despacio este cambio hacia la calidad, quizás demasiado despacio, e intentando pagar poco por ella.

Y yo era el más reacio a ese camino, pues desde que llegó, Álvaro ponía enfásis en que debíamos centrarnos en compañías de alta calidad. Intuía correctamente que nos simplificaría la vida. Lo cierto es que yo tenía cierta inclinación insuperable —hasta ese momento— a invertir también en activos baratos, pero de no tan clara calidad, pues se trataba de una mezcla que me había dado buenos resultados históricamente, lo que dificultaba los cambios.

Cada inversor vive una evolución diferente. El detonante del cambio definitivo para nosotros fue Joel Greenblatt, que nos convenció de que había que ir hacia la calidad, definitivamente y sin mirar atrás.

Me tropecé con el breve libro de Greenblatt, *El pequeño libro que aún vence al mercado*, en una librería de Nueva York en diciembre de 2008, accidentalmente, sin buscarlo y casi sin quererlo. Había oído hablar de él en el libro que me había regalado Monish Pabrai un año antes: *The Dhandoo investor*. Monish es un muy buen inversor que habíamos conocido el año anterior en la siempre interesante y agradable Conferencia de inversión que Ciccio Azzollini organiza cada julio en Trani, en el sur de Italia.

Además, Monish es diferente: regala cada año a sus amigos y conocidos un libro. Regalar un libro es un reto, pues exiges al que lo recibe que dedique una parte de su tiempo a algo que puede que le interese o puede que no. En general no me gusta que me regalen porque siempre tengo algunos que me interesan pendientes de leer, y tengo el defecto, virtud o manía de leer todos los libros que me regalan, casi sin excepciones. Como el tiempo para leer no es ilimitado, estos libros pueden llegar a suponer un regalo envenenado.

Paulatinamente, sin embargo, vas descubriendo que esos libros regalados poseen un gran atributo: sacarte de tu mundo de certidumbres y del círculo de confort que limita la lectura a aquello que ya conoces, con autores con los que estás de acuerdo. Los libros de Monish son de los que te descubren mundos desconocidos, desde el recién llegado *Ser mortal*, de Atul Gawande, excepcional visión acerca del cuidado de enfermos terminales, hasta *Infinite vision*, sobre Aravind, la organización hindú especializada en el tratamiento de bajo coste de enfermedades oculares. Los temas son variopintos, llevándote a vivencias y situaciones que no conocías ni tenías idea que podrían llegar a interesarte.

Finales de 2008 era un momento muy apropiado para hacer cambios. Ya hemos dicho cuando hemos contado nuestra historia, que nosotros estábamos convencidos de que actuábamos correctamente antes de la crisis, comprando con unas valoraciones razonables, pero desde esa relativa seguridad podíamos intentar mejorar. He dicho en otros lugares que una de las claves es tener unos principios sólidos (y ¡acertados!), pero con la suficiente flexibilidad para aceptar las posibles mejoras que encontremos en el camino. No es fácil: solidez, pero no terquedad; flexibilidad, pero no indecisión; sobre el papel, posible, en la práctica, muy difícil.

Volvamos a Greenblatt. Lo que hace en su valioso librito es demostrar empíricamente que las acciones de calidad compradas a buen precio baten siempre al resto de acciones. Para ello clasifica cada acción según dos criterios: la calidad, medida a través del ROCE (Rentabilidad sobre el capital invertido); y el precio, medido a través de la inversa del PER (Price Earnings Ratio, el precio que pagamos por cada unidad de beneficio), el *free cash flow yield* o rentabilidad del flujo de caja libre.

Para los dos factores, rentabilidad y precio, utiliza una clasificación numérica: 1, 2, 3, 4...; siendo 1 la acción de mayor ROCE en el factor de rentabilidad; y 1 la de flujo de caja libre más alto en el factor precio. Después suma para cada acción los puntos obtenidos en ambos rankings y hace una clasificación definitiva, a la que llama «fórmula mágica». Simple, pero efectivo: las compañías con un sumatorio de ambos factores más bajo obtienen la mejor rentabilidad bursátil a largo plazo. Además, se cumple en todas las posiciones del ranking: las que están situadas en el 10 por ciento más bajo tienen una rentabilidad mayor que las del segundo 10 por ciento, las del segundo que las del tercero y así hasta el último 10 por ciento.

Mark Spitznagel llega a conclusiones similares analizando compañías con un ROCE alto y un precio bajo. A diferencia de Greenblatt, el precio bajo lo mide por la relación entre la capitalización bursátil y en el capital invertido neto de caja o deuda. Como se observa en el gráfico de la página siguiente, aquellas acciones con una mejor combinación de ambas —a las que de-

Los resultados de la fórmula mágica

	Fórmula Mágica	Media de mercado	S&P 500
1988	27.1 %	24.8 %	16.6 %
1989	44.6	18.0	31.7
1990	1.7	(16.1)	(3.1)
1991	70.6	45.6	30.5
1992	32.4	11.4	7.6
1993	17.2	15.9	10.1
1994	22.0	(4.5)	1.3
1995	34.0	29.1	37.6
1996	17.3	14.9	23.0
1997	40.4	16.8	33.4
1998	25.5	(2.0)	28.6
1999	53.0	36.1	21.0
2000	7.9	(16.8)	(9.1)
2001	69.6	11.5	(11.9)
2002	(4.0)	(24.2)	(22.1)
2003	79.9	68.8	28.7
2004	19.3	17.8	10.9
	30.8 %	**12.3 %**	**12.4 %**

Nota: El retorno de la «media de mercado» es un índice con pesos idénticos de un universo de inversión de 3.500 acciones. Cada acción en el índice contribuye de manera idéntica al retorno. El índice S&P 500 es uno con pesos de mercado de las 500 mayores acciones. Las mayores acciones (aquellas con mayores capitalizaciones bursátiles) se computan con mayor peso que las acciones más pequeñas.

Fuente: Joel Greemblatt, 2007.

nomina Sigfridos— obtienen resultados extraordinarios a largo plazo.

La explicación es que estas compañías tienen problemas a corto plazo en la cuenta de resultados, que a medio plazo se resuelven. Su método da mejores resultados que el de Greenblatt, y él lo argumenta en que utilizar el precio/*free cash flow*, como hace Greenblatt, expone la fórmula a una excesiva sensibilidad al crecimiento.

Spitznagel es el único inversor que conozco que aplica criterios estrictamente «austriacos» a la inversión.

Los resultados explicados por ambos, Greenblatt y Spitznagel, son sorprendentes, pero lógicos: las buenas compañías compradas a precios razonables deben dar una mejor rentabilidad en los mercados. Como siempre, el problema para aplicar sus métodos es que las fórmulas se cumplen a largo plazo, pero pueden no cumplirse para periodos también relativamente largos, por ejemplo, tres años. Esto dificulta tanto a inversores profesionales como a aficionados mantener la convicción en los momentos en que no se están cumpliendo.

Sigfridos *vs.* el «Johanns Medio» del S&P

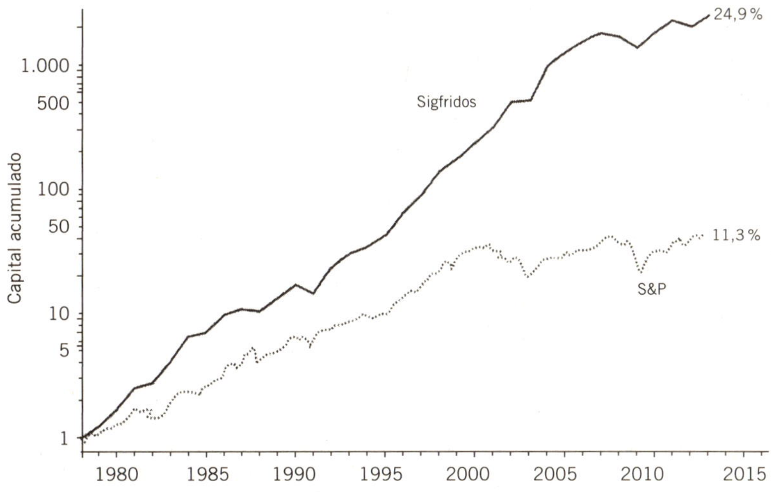

Fuente: Mark Spitznagel, 2013.

A nosotros, sin embargo, el simple experimento de Greenblatt nos terminó de convencer, y nos animó a saltar definitivamente hacia la calidad. Lo veníamos haciendo, pero no con la convicción y consistencia necesarias. Había que llegar hasta el final.

Aquellos que no quieran continuar pueden parar aquí y aplicar las fórmulas, bien invirtiendo en algún fondo que las aplica o hacerlo por sí mismos. Hay varios fondos que lo hacen y resulta ser otra forma de gestión semipasiva con mucho atractivo.

Los más osados pueden seguir leyendo.

Warren Buffett

Warren Buffett merece que pongamos un punto y aparte en nuestro camino. Es el mejor inversor de la historia. Con su trayectoria de rentabilidad y su sencillez personal ha sabido ganarse la confianza y el corazón de innumerables seguidores. Mi deuda con él es enorme, ya que para un joven que empieza a invertir, tener una referencia de esta entidad a la que seguir es tan esencial como tener una gran capacidad intelectual o de trabajo.

Conocer desde el principio su existencia y su manera de trabajar hizo para mí las cosas mucho más fáciles. Me ayudó a descubrir y fijar conceptos esenciales, y en los momentos de «soledad inversora» ha sido un soporte muy firme en el que apoyarme.

Buffett ha escrito mucho en inglés a través de la Memoria Anual de Berkshire Hathaway, pero no ha sido muy traducido al castellano. Ésta es una buena oportunidad para darlo a conocer un poco más. Lo mejor es acudir a la fuente: las Memorias Anuales, pero una buena ayuda son las diversas recopilaciones que hacen varios autores.[41]

Buffett ha obtenido a lo largo de sus más de cincuenta años como inversor una rentabilidad anual del 20,8 por ciento frente a un

41. Las más completas son la de Lawrence A. Cunningham y la de Carol J. Loomis, que nos han servido de ayuda para este breve resumen de sus ideas.

9,7 por ciento obtenido por índice de referencia, el S&P 500.[42] Estos resultados son extraordinarios, pero igual de relevante es, como casi siempre, todo lo que se esconde detrás de esos asombrosos números. Su sabiduría empresarial y personal es un auténtico tesoro que merece la mayor difusión.

Cuando inversores o amigos nos hacen todo tipo de preguntas sobre la inversión, intentamos responder de la mejor manera posible, pero prácticamente siempre acabamos apostillando: «pero esto ya lo ha dicho Buffett». Ha hablado de casi todo, y casi siempre con mucho acierto. Como decía Jack Welch, antiguo consejero delegado de General Electric: *«He is the smartest guy in any room»* [Es el más listo en cualquier reunión]. Todos sabemos cuánto nos puede ayudar su sabiduría en nuestras inversiones; sin embargo, y sorprendentemente, sus ideas sobre gestión empresarial no son tan conocidas cuando siguiéndolas asistimos al mejor Máster de Dirección de Empresas concebible.

No hay que olvidar que ha invertido en cientos de compañías, pertenecido a numerosos Consejos de Administración, y tratado con innumerables presidentes de empresa, altos ejecutivos, políticos, etcétera. De todo ello ha sacado conclusiones que merece la pena detallar.

El enfoque inversor de Buffett ya es famoso, pero conviene recordarlo. Invierte en una acción como si fuera a comprar todo el negocio. Su criterio de inversión es que se trate de una propuesta económica atractiva. Para él, el hecho de que cotice en un mercado público es secundario: si el mercado estuviera cerrado en los siguientes diez años tomaría la misma decisión de compra. Indica que su periodo ideal para mantener una acción en su cartera es *forever* («siempre», es cierto que él siempre ha dispuesto de capital paciente, pero lo importante es el hecho de que no se considera un analista económico, ni bursátil, ni siquiera de acciones; él es una analista de negocios). Una de sus ideas favoritas es que los inversores deberían poder invertir únicamente en 10 acciones a lo largo de su vida; si así fuera, tomarían sus decisiones con mucha calma, eligiendo sólo lo mejor.

Buffett nos vuelve a traer el personaje imaginado por Ben Gra-

42. Berkshire Hathaway, *Annual Report 2015.*

ham: el Señor Mercado, nuestro socio en diferentes negocios, que viene cada día a nuestra casa y nos ofrece comprar o vender una participación en alguno de ellos. Nosotros aceptamos las propuestas que nos interesan, y el resto, amablemente las ignoramos. No hay ninguna obligación de aceptar nada, pues el Señor Mercado no siempre actúa racionalmente y a veces nos hace propuestas absurdas. Es emocionalmente inestable y caprichoso, proclive a arrebatos de euforia y ansiedad. Hace ofertas sorprendentes cuando las condiciones de los negocios apenas cambian, y es esencial no dejarse llevar por esos cambios emocionales. Hay que aprovecharse del Señor Mercado, no dejarse guiar por él.

Curiosamente, y con razón, no encuentra sentido en la expresión *value investing*. ¿Es que se puede invertir de otra manera? ¿Cómo se puede invertir sin buscar valor en la inversión? Tampoco distingue entre valores de crecimiento y valores *value*. Se trata de comprar un flujo de beneficios a un precio aceptable; el ritmo al que crecen esos beneficios es secundario.

Como casi todos los inversores serios, prefiere comprar en el mercado secundario antes que comprar en una OPV (Oferta Pública de Venta). En las OPV la venta la hace un dueño que escoge el momento y el precio que le interesa; normalmente a su favor. En el mercado normal, el secundario, la información está más equilibrada entre comprador y vendedor.

Invierte en negocios estables, como Coca-Cola y Gillette (ahora en Procter & Gamble), evitando aquellos en los que hay riesgo de cambio profundo en las condiciones de mercado, como los tecnológicos.

> Al estudiar las inversiones que realizamos en nuestras filiales y en bolsa, veréis que favorecemos industrias que no parece que vayan a experimentar grandes cambios. La razón es simple: cuando hacemos estas compras, buscamos negocios que pensamos que con casi total seguridad poseerán una fortaleza competitiva enorme dentro de diez o veinte años. Una industria con un entorno muy cambiante puede ofrecer grandes posibilidades de beneficio, pero dificulta la certidumbre que buscamos.
>
> Debo enfatizar que como ciudadanos, Charlie y yo aplaudi-

mos el cambio: nuevas ideas, nuevos productos, procesos innovadores, etcétera, hacen mejorar el nivel de vida de nuestro país, y esto es, evidentemente, bueno. Como inversores, sin embargo, nuestra reacción ante una industria emergente es la misma que ante la exploración espacial: aplaudimos el esfuerzo, pero preferimos no hacer el viaje.[43]

En este riesgo de cambio entra en juego su famoso círculo de competencia: para todo inversor es esencial saber el tamaño de su círculo, y no salirse de él. No es fácil, dado que tenemos una tendencia natural a abarcar más de lo que podemos. Intentaremos, en todo caso, hacerlo cada vez un poco más grande con gran prudencia para, una vez establecido, respetarlo al máximo.

Tampoco invierte apenas en el sector bancario. El endeudamiento inherente de este sector (con poco capital se tiene o tenía un balance entre 15 y 20 veces mayor), hace muy peligroso cualquier posible error. Nosotros también tenemos una política prudente con el sector, que incluye también a las aseguradoras. Invertimos únicamente en las entidades españolas, donde el grado de conocimiento de la gestión y de la operativa interna nos da tranquilidad.

Por supuesto, opina que la teoría del mercado siempre eficiente es incorrecta. Es cierto que en general es eficiente, pero no lo es siempre, y esta pequeña diferencia es esencial, permitiendo obtener ventaja de ello. Además, el riesgo no consiste en la Beta, o la volatilidad del precio de la acción en el mercado. Es más, podemos decir que la volatilidad es la amiga del inversor a largo plazo.

Buffet define el riesgo como la posibilidad de perder poder adquisitivo a largo plazo, y para evitar esto propone analizar:

1. Las características a largo plazo del negocio.
2. La habilidad de los gestores tanto para optimizar el negocio y para invertir bien el beneficio generado como para canalizar esos beneficios hacia el accionista.
3. El precio de compra.
4. Los niveles de inflación e impositivos.

43. Berkshire Hathaway, *Annual Report 1996*.

Esto es lo que determina nuestro riesgo, y no la volatilidad de la cotización.

En ese sentido, ha explicado repetidas veces su experiencia con la compra inicial de Berkshire. Ha sido su peor inversión por ser un negocio sin ventaja competitiva, destinado al cierre.

Desde la compra de negocios baratos evolucionó a lo largo del tiempo a la compra de negocios de calidad, es decir: con alta rentabilidad sobre el capital invertido, criterio que ha mantenido en los últimos decenios.

También ha afirmado con frecuencia que un buen gestor se estrellará siempre contra un mal negocio. El mal negocio mantendrá su reputación, ha aclarado con humor, y el buen gestor la perderá.

Del gobierno corporativo ha escrito y hablado mucho, criticando con firmeza, por ejemplo, las malas prácticas en los incentivos a ejecutivos. El Comité de Remuneraciones del Consejo de Administración basa sus decisiones en las indicaciones de asesores interesados, que aconsejan observando como pagan otras empresas. De este modo acaban creando una espiral de salarios que lleva a niveles absurdos, sin ninguna relación con el desempeño de esos ejecutivos. Romper esa dinámica es difícil, porque son estos ejecutivos quienes nombran a los consejeros. Uno de los mayores errores consiste en no tener en cuenta el capital invertido o los beneficios no distribuidos en la retribución variable por objetivos. Como posible solución propone, entre otras, tener siempre en cuenta el coste de capital en ese cálculo de incentivos.

En general es difícil para un Consejo de Administración tomar decisiones independientes, pues al fin y al cabo es el presidente quien propone a los consejeros, y éstos lo saben. El ambiente de amistad en un Consejo no es el adecuado para tomar cualquier decisión que no guste al presidente. Sirva de ejemplo decir que en España no ha habido ningún caso que recuerde, ninguno, de activismo exitoso, y podemos estar seguros de que ha habido casos de mala gestión. Buffett recomienda que los consejeros tengan un número significativo de acciones en la compañía y que cobren muy poco por ser consejeros; que no dependan del puesto para vivir.

Nuestra actitud como inversores ha sido dar mayor confianza a aquellas empresas con accionistas de referencia o mayoritarios, que se juegan su patrimonio. Ahora bien, con separación entre accionistas y gestión, pues no siempre un miembro de la familia es la persona adecuada para dirigirla. En Europa, y en particular en España, tenemos muy poca confianza en las empresas sin dueño, pues los intereses de los ejecutivos no están casi nunca alineados con los de los accionistas.

Es muy interesante la poca importancia que Buffett concede a los planes de crecimiento. Lo esencial para él en una empresa es establecer la estrategia adecuada, y ya vendrá después el crecimiento. Muchos objetivos de crecimiento a corto plazo impiden tomar las mejores decisiones a largo plazo. Es sabido que, en coherencia con esta convicción, acepta sin problemas los resultados irregulares, porque ésa es la naturaleza de los negocios.

Su posición frente las fusiones y adquisiciones es también muy clara: hay que evitar las ansias de crecer por crecer, limitando las compras a las que tengan sentido y no se pague un precio excesivo por ellas. Hay que tener mucho cuidado en no diluir negocios de calidad con otros peores. Cuántas veces hemos visto cómo después de la venta de una división o filial se siente la necesidad de comprar algo que lo sustituya para no perder tamaño. Uno de los ejemplos más dramáticos que nosotros hemos vivido fue el de Portugal Telecom, que después de vender Vivo, su filial brasileña, a un gran precio, en vez de devolver el dinero al accionista, compró otra compañía brasileña de peor calidad, que prácticamente acabo hundiendo a la propia PT.

Otro aspecto importante del gobierno corporativo es la diferencia que hace respecto a las donaciones de las empresas. El problema fundamental es que en este asunto los intereses de ejecutivos y accionistas no estén alineados. Y quienes deciden son los ejecutivos, según sus intereses y las presiones sociales que reciben. Nosotros en nuestros fondos definimos claramente el objetivo principal del fondo: obtener la mayor rentabilidad posible, pero cumpliendo estrictamente la ley. Nos cuesta imponer nuestra conciencia a los clientes, pero con el fruto de esa rentabilidad de los fondos sí que actuaremos cada uno según nuestra conciencia.

Tanto cuando habla de inversiones como de la gestión de las empresas evoca los errores derivados del imperativo institucional cometidos tanto por él como por todos los demás. Es la tendencia natural a ser un borrego y a copiar lo que los competidores o amigos en nuestro entorno están haciendo. Es una tendencia anclada en nuestra naturaleza, y como especie nos da buen resultado. Como inversores y gestores los resultados son mediocres.

Otra increíble señal de lucidez de Buffett se refiere al tipo de accionista que ha buscado para Berkshire Hathaway. No quiere que las acciones tengan liquidez. No quiere que los accionistas compren y vendan sus acciones. Quiere socios a largo plazo que mantengan esas posiciones de forma permanente.

> Nuestro objetivo es atraer inversores a largo plazo, que en el momento de la compra no tengan un precio de venta o momento para vender, si no que planeen estar con nosotros indefinidamente. No entendemos a los presidentes que quieren mucha actividad con sus acciones, ya que eso sólo se obtiene cuando muchos propietarios venden sus participaciones constantemente. ¿En qué otra organización —escuela, club, iglesia, etcétera— los líderes se alegran cuando los miembros se van? (Sin embargo, si hubiera un bróker cuyo medio de vida dependiera de la rotación de miembros en esas organizaciones, podemos estar

seguros de que alguno diría: «No está pasando mucho en la Cristiandad últimamente, quizás deberíamos pasarnos al budismo la semana que viene».)[44]

Con mucho humor, como siempre, habla de la bondad que supone una base accionarial estable. Nosotros, en nuestra actividad, queremos eso: inversores que busquen lo mismo que nosotros y que tengan pensado permanecer siempre a nuestro lado. No queremos especuladores a corto plazo. Esto no quiere decir que los especuladores sean malos, al contrario, cumplen una función esencial en los mercados para proporcionar liquidez, pero no nos interesan como compañeros de viaje. Las comisiones de reembolso a corto plazo son un mensaje claro: hay que pensar bien dónde se invierte, para no arrepentirse rápidamente.

En todo caso, y aunque es obvio que hay que invertir a largo plazo con dinero que no se necesite a corto plazo, puede haber una necesidad que no esperábamos que nos haga recurrir a esos ahorros. No todo se puede prever.

Buffett tiene las ideas muy claras acerca de la recompra de acciones y su posterior amortización. Es obvio que hay que recomprar cuando no hay alternativas mejores a la inversión y la acción cotiza por debajo del valor intrínseco u objetivo del negocio. El problema es que los ejecutivos prefieren aumentar el tamaño de las compañías con adquisiciones sin fundamento, llevándolas a la *diworsification* [diversificar para empeorar], como con humor explicaba Peter Lynch. Buffett explica que únicamente tiene sentido utilizar acciones propias para comprar empresas cuando se obtiene más de lo que se da a cambio, algo que no suele ocurrir.

Nuestro modesto activismo se ha limitado siempre a pedir amablemente que se tenga en cuenta la recompra de acciones en el proceso inversor. En todas las acciones en las que invertimos pensamos que hay un descuento sobre su valor real, sino, por definición, no estaríamos invertidos en ellas; por tanto, tiene sentido recomprar y amortizar.

44. Ibídem, 1988.

También conviene destacar algunas ideas esenciales de Buffett sobre valoración. Él define la calidad de un negocio por el Retorno o Rentabilidad sobre el Capital Invertido, calculado antes del Fondo de Comercio. Esto es algo que nosotros seguimos fielmente, con la implicación ya indicada de que, a mayor retorno, mayor calidad del negocio.

De esa manera medimos la calidad intrínseca del negocio, y analizamos la cantidad y calidad del Fondo de Comercio para evaluar la capacidad de los gestores para realizar compras a precios razonables, es decir, para asignar a diversos usos el beneficio generado. Hay que recordar que cuando una empresa compra otra por encima de su valor contable, se genera un fondo de comercio que luego hay que amortizar. Esto no es necesariamente malo, pero de nuevo hay que tener cuidado con los gestores que tienden a pagar caro para ganar tamaño.

¿Algún punto débil?

Es casi imposible no estar de acuerdo con él en todas sus ideas generales sobre inversión. Por ahora no encuentro posibles discrepancias en ello, aunque últimamente se ha visto en la necesidad de comprar compañías a precios caros, dado el tamaño que ha adquirido Berkshire. Nosotros, por otra parte, tenemos más rotación en nuestras carteras, pero eso es debido a que los fondos domiciliados en Europa pagan un peaje fiscal mínimo en la venta de valores, lo que nos permite aprovechar mejor la volatilidad de los mercados.

En cambio, sí creo que Warren sale de su círculo de competencia cuando, a pesar de la educación recibida de su padre y de sus comentarios acerca del dañino efecto de la inflación, piensa que unos políticos, con incentivos a veces perversos, pueden acertar en algo tan complicado como la supuesta gestión de una economía. Él reconoce que no tiene capacidad para predecir los ciclos económicos, pero cree que puede haber personas que sí los pueden gestionar. En particular, personas con un horizonte temporal que no es el adecuado para esa gestión. Creo que existe una contradicción fundamental en este planteamiento.

Es por tanto en la teoría económica donde encuentro un pequeño punto débil en su edificio de pensamiento. Quizás no sea esencial para invertir adecuadamente, pero como hemos indicado en el capítulo 4, supone una brújula utilísima en nuestro camino inversor. Por ejemplo, no creo que Keynes sea una gran economista, como dice Warren —aunque en la segunda parte de su vida, Keynes, después de perder bastante dinero durante la gran depresión, sí fue un sensato inversor—. Su dañino concepto de falta de demanda en la economía es tan arcaico como incorrecto, al basar su teoría en que los precios de los factores (salarios) son rígidos a la baja. (Que le expliquen esto a todos aquellos que en los últimos años han sufrido caídas del 10-20-30 por ciento en sus sueldos.)[45] No nos extenderemos más, pues como Hayek explicó en *Hayek on Hayek*, al final de sus días Keynes ya no creía en su teoría, pero fue tarde para que los intervencionistas de todos los partidos dejaran de usarlo como autor de cabecera.

Warren también piensa que se actuó correctamente en 2008, interviniendo en los mercados tras el colapso de Lehman Brothers. Pero ya hemos visto las dificultades que surgen cuando intentamos aplicar los métodos de las ciencias físicas a las sociales: no tenemos la posibilidad de analizar el comportamiento humano mediante el uso de herramientas estadísticas. Son situaciones únicas e irrepetibles, y en el caso que nos ocupa, no sabemos qué hubiera pasado de no intervenir. Me temo que ahora estaríamos mejor, pero nunca lo podremos saber. Él creo que tampoco.

Buffet principio y fin

Hemos visto que en el caso de Buffett no sólo los conceptos relacionados con la inversión son de un valor extraordinario. La forma tan particular de gestionar su holding de numerosísimas compañías, con una delegación clara de responsabilidades, es un ejemplo para los creadores de imperios con pies de barro, incapaces de hacerlos perdurar en el tiempo. Estoy seguro de que esto no le sucederá a él.

45. Para una crítica muy acertada en castellano ver Juan Manuel Rallo, *Los errores de la vieja economía*.

Asentados en la calidad

Con el trampolín que supuso Greenblatt todas las piezas encajaron y nos quedamos en las compañías de calidad para no salir de ellas. Evidentemente no hay una manera científica de saber cuál es la combinación perfecta de precio y calidad. ¿Pagar caro por alta calidad? ¿Pagar algo por media calidad? El ideal es obvio y casi imposible de alcanzar: pagar poco por mucha calidad. Encontrar esos excelentes activos a un precio atractivo.

Creo que nosotros al cabo del tiempo lo conseguimos, y siguiendo los criterios de Greenblatt, nuestra cartera tenía en septiembre de 2014 un ROCE medio (el de las compañías que la componían) superior al 40 por ciento, con un flujo de caja libre superior al 10 por ciento de rentabilidad. Unos buenos negocios a un precio atractivo.

Para llegar a ello fuimos progresivamente vendiendo algunos valores que no encajaban con la nueva filosofía, e incorporando ya únicamente los que sí cumplían los requisitos de calidad. Fue una labor lenta, en la que teníamos que luchar, por ejemplo, contra el hecho de que estábamos vendiendo compañías baratas, a las que teníamos bastante apego; pero ya no dudamos ni un momento de que era el camino correcto, y continuamos hasta el final.

Sin embargo, en esa búsqueda de la calidad no hay que aplicar fórmulas ciegas, que, siendo una buena base de partida, eliminarían ese factor humano esencial que tanto nos gusta a los que vivimos de ello. A nosotros no nos basta con un ROCE alto y un PER bajo. Tenemos que entender de dónde vienen esas rentabilidades y, especialmente, a dónde van. Ésa es la esencia de nuestro trabajo y a lo que dedicamos la mayor parte de nuestro tiempo. El posible precio de compra lo vemos en el periódico cada día o en Bloomberg en tiempo real, pero el análisis del sector en cuestión y de la posición competitiva de la compañía, que nos permitirá establecer su valor verdadero, no es algo tan evidente ni tan sencillo de realizar. De hecho, es el gran enigma de la inversión. Veamos una manera posible de desentrañarlo.

Las ventajas competitivas

Como ya hemos comentado, hay pocos negocios con una rentabilidad extraordinaria y duradera en el tiempo. El mercado funciona, y se encarga de atacar esos negocios desde todos los ángulos, normalmente con éxito. Por eso la clave es distinguir aquellos que pueden resistir el paso del tiempo, aunque sólo sean quince-veinte años, de aquellos otros que se encuentran en un momento realmente corto de buena rentabilidad, que es lo habitual.

Hay muchos métodos para realizar ese análisis competitivo, y los MBA los explican con detalle y profundidad. Algunas de las explicaciones más claras e interesantes son las de Bruce Greenwald, profesor de la Universidad de Columbia, y de Pat Dorsey, que desde Morningstar también enfocó el análisis desde un punto de vista similar.

Greenwald continúa el clásico trabajo de Michael Porter, que estudiaba la intensidad de la competencia dependiendo de varios factores: la rivalidad entre competidores, la existencia de productos sustitutivos y de barreras de entrada, y el poder de negociación de proveedores y clientes. Porter fue el primero en explicar la interacción entre la empresa y el exterior, pero Greenwald simplifica el análisis, mostrando uno de esos factores como el único esencial, las barreras de entrada: «Uno de los factores es claramente mucho más importante que los otros. Es tan dominante que los líderes que busquen estrategias ganadoras pueden al principio ignorar los otros factores y centrarse en éste. El factor son las barreras de entrada, los Entrantes Potenciales de Porter».[46]

Una consecuencia o señal necesaria de la existencia de barreras es que la Rentabilidad sobre el Capital (ROCE) sea alta y que las cuotas de mercado sean estables. Si ese ROCE es bajo, digamos 6-8 por ciento, estaremos hablando de mercados sin barreras, en los que cualquier competidor puede entrar y obtener una posición, alterando repetidas veces las cuotas de mercado de los diferentes actores.

46. Bruce Greenvald, Judd Kahn, 2005, p. 5. (T. del autor)

Las características de la industria determinan la sostenibilidad (duración) de la rentabilidad

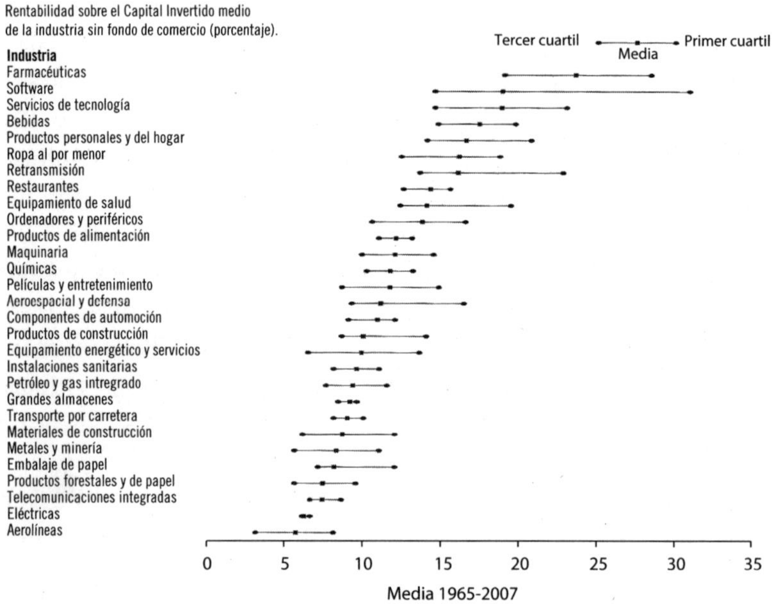

Fuente: Compustat. McKinsey Corporate Performance Centre analysis.

Una vez detectada una compañía con una alta rentabilidad en un mercado estable, hay que encontrar cuáles son las causas esenciales que hacen que en ese mercado existan esas barreras de entrada y se obtenga en consecuencia una rentabilidad extraordinaria. Como hemos dicho, es casi imposible mantener a muy largo plazo esa alta rentabilidad, pero puede haber barreras de entrada que permitan una razonable duración en el tiempo.

Si se conocen y se comprenden bien esas barreras de entrada podremos prever cuándo pueden desaparecer poniendo en peligro la ventaja y la rentabilidad. Así minimizaremos los errores y obtendremos nosotros también, acompañando a la compañía, esa rentabilidad extraordinaria.

Las barreras de entrada pueden presentar diversas formas:

1. *Disponer de una ventaja de costes.* Existen varios tipos. La primera sería por las características de la producción. Por

ejemplo, una mina con facilidad de acceso a la materia prima: Arabia Saudita y su petróleo; o al consumidor final: las canteras o las plantas de cemento, que son pequeños monopolios naturales.

La segunda se deriva de ventajas de proceso, tanto patentables, como no. En este caso, se trata de compañías que con mejoras continuas en los procesos consiguen mantener en el tiempo esa ventaja. Éstas son las barreras menos potentes.

En tercer lugar, si el tamaño o escala es esencial para diluir costes fijos, y somos el competidor más grande, será posible mantener durante mucho tiempo esa ventaja de costes. Estos costes pueden ser de fabricación, de publicidad o de distribución (la ventaja que da tener una red de distribución extensa es muy difícil de replicar). Pero hay que aclarar que el tamaño en sí mismo no es tan importante como el tamaño frente a los demás competidores; y es la distancia frente a ellos, unido a la existencia de altos costes fijos, lo que hace que se pueda generar esa ventaja.

2. *Que existan costes de cambio (switching costs).* Cuando para el cliente es muy incómodo o gravoso cambiar y comprar el producto o servicio de la competencia, lo que permite establecer un precio superior al normal de mercado. Puede ser porque se ha acostumbrado y no quiere cambiar. Es el caso típico de algunos productos de consumo, como Coca-Cola o el tabaco.

Puede ser porque le supone un coste que no le compense el esfuerzo, tanto en tiempo como en posibles nuevos riesgos. Una situación típica ocurre con aquellos elementos esenciales, pero poco valiosos en relación al producto final, como es el caso de los productos de Fuchs Petrolub, los lubricantes especializados. El coste de parar una máquina por un defecto de lubricación es gigantesco, especialmente en relación con el coste del lubricante. Otro caso es el del software, si éste está muy imbricado con las operaciones de la empresa, como es el caso de nuestra clásica Wolters Kluwer.

A ello se une a veces la dificultad para buscar alternativas. Aunque internet ha facilitado mucho el trabajo, no en todos los productos y servicios las comparaciones son fáciles, por las características del producto o por la falta de transparencia.

3. *Activos intangibles.* Que exista una marca, pero que lo sea de verdad, permitiendo poner un precio superior al de la competencia. Es el caso de Apple frente a Sony, que demostró ser muy conocida, pero sin esa capacidad, o el de Coca-Cola frente a otras colas o el agua del grifo.

También son activos intangibles las patentes (como las farmacéuticas) o las licencias (como las de telefonía), que conceden temporalmente monopolios legales. Las patentes tienen el peligro de que pueden ser atacadas y las licencias el de ser retiradas por la autoridad que las concede.

4. *Que haya «efecto red».* Cuantas más personas usan el producto, más valioso resulta para el cliente. Esto dificulta que un nuevo competidor emerja, pues no tiene esa red y la tiene que construir. Ejemplos de ello serían Facebook o las compañías de tarjetas de crédito, como Visa, etcétera.

Cuando una compañía está en un sector con algunas de estas características podrá obtener beneficios extraordinarios, con la ventaja adicional de que la gestión no será tan relevante. Casi cualquiera puede gestionarlas a corto plazo, mientras que a largo plazo el objetivo será profundizar en todo momento en esas ventajas.

Si la compañía está en un sector más complicado, caracterizado por una intensa competencia, la capacidad de gestión será esencial. Aquí un buen gestor será decisivo, y deberá ser capaz de desarrollar unos procesos continuos de mejora que mantengan a la compañía por delante de los competidores.

Greenwald[47] resume muy bien el análisis a realizar en las tres etapas que indica: 1. Desarrollar un mapa de la industria. 2. Hacer un test acerca de la existencia de esas barreras de entrada. 3. Identificar el origen de esas barreras.

Con este marco de actuación podremos construir una verdadera convicción acerca de las ventajas competitivas de la compañía que estemos analizando.

47. Bruce Greenwald, Judd Khan, 2005, p. 56.

Analizando las ventajas competitivas: tres pasos

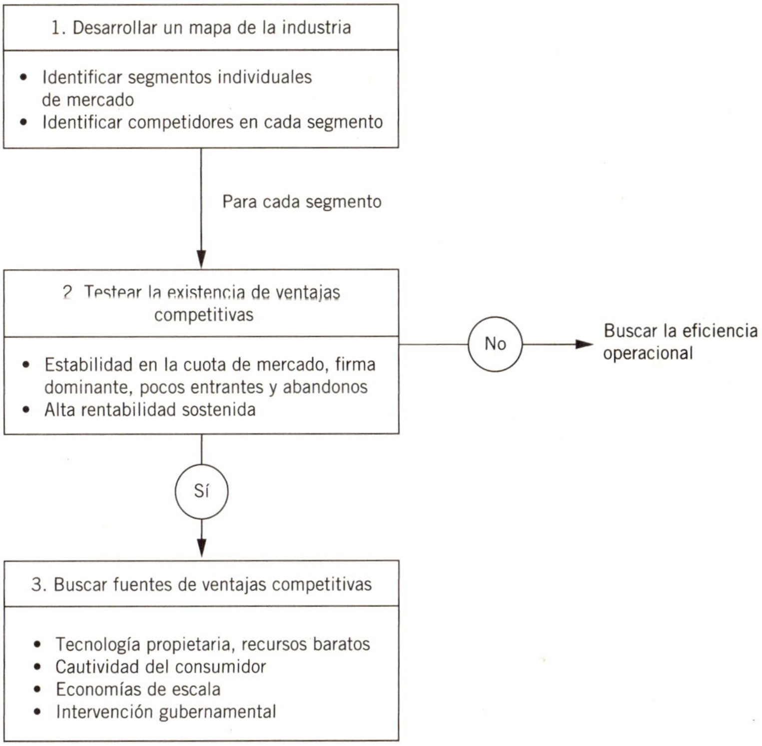

¿Cuándo no hay ventajas o barreras de entrada?

Hay algunos factores que aparentemente nos hacen pensar que existen barreras, pero que no se sostienen después del peso del análisis. Esto puede llevar a errores importantes, por lo que conviene extremar la precaución:

- La diferenciación en sí misma no implica rentabilidad extraordinaria. A ella hay que añadirle alguna de los factores explicados antes, pues no es suficiente ser distinto a los demás.
- El crecimiento de un sector o compañía no es sinónimo de alta rentabilidad, más bien la semilla de problemas futuros. El crecimiento atraerá a un capital que mantendrá la

rentabilidad en niveles moderados. Ya hemos comentado que el mercado funciona, y si no hay restricciones legales a la competencia, ésta vendrá de una manera u otra, por mucho que las compañías utilicen prácticas agresivas de defensa.

Una segunda consecuencia negativa del crecimiento es que algunos costes fijos pasan a tener un menor peso relativo, reduciendo la barrera de entrada y facilitando la competencia.

- Un buen producto novedoso no es suficiente. Tiene que ser el principio de algo sostenible en el tiempo. Las aplicaciones con éxito para iPad o las películas muy taquilleras son ejemplos de productos «perecederos». La ventaja será duradera si se crea una franquicia alrededor del producto que minimiza el riesgo de fracaso si se produce una segunda o tercera parte, como *Superman 2, 3*... Si no es así, la falta de continuidad lo convertirá en flor de un día.
- Tampoco lo es una tecnología avanzada, que, salvo que cree barreras insalvables, favorecerá a los usuarios, y no a los accionistas. Insistimos en que tanto un buen producto como una buena tecnología serán copiados inmediatamente por la competencia. Si un nuevo tipo de restaurante tiene éxito, varios meses después habrá copias a su alrededor.
- El tamaño en sí mismo no es garantía de rentabilidad, e incluso puede ser contraproducente. El contexto y el tamaño relativo, especialmente, serán esenciales para determinar su importancia.

Por último, insistiremos en que la capacidad de gestión de los ejecutivos no es una ventaja competitiva en sí misma, aunque evidentemente es mejor que esa gestión ayude a la compañía y no entorpezca su desarrollo, como a veces sucede. Es el «efecto halo» que explica Phil Rosenzweig: lo fácil que resulta identificar a los buenos gestores cuando ya conocemos sus resultados, pero lo difícil que es predecir cuáles de esos buenos gestores seguirán siéndolo en el futuro (esto es algo aplicable también a los gestores de fondos de inversión).

La posibilidad de reinversión

Si esas compañías en sectores atractivos tienen además posibilidad de un cierto crecimiento que permita la reinversión de capital, estaremos hablando de la inversión ideal, con la ventaja adicional de encajar con una filosofía de inversión a largo plazo.

Si una compañía puede reinvertir con una rentabilidad sobre la inversión del 20 por ciento durante los próximos veinte años y compramos las acciones a un precio razonable, la rentabilidad que obtendremos con nuestra inversión estará cercana a ese 20 por ciento anual durante veinte años.

Debemos considerar, no obstante, que las posibilidades de reinvertir mucho capital por parte de compañías con rentabilidades sobre el capital elevadas son pequeñas, pues tienden a ser poco intensivas en capital.

Además, el mercado probablemente estará valorando adecuadamente esa compañía ideal capaz de obtener esa rentabilidad en el tiempo, por lo que habrá que buscar situaciones en las que, temporalmente, exista la oportunidad de comprarlas a un precio razonable: a uno barato es casi imposible. Eso intentaremos hacer en el siguiente capítulo.

8

La inversión en acciones (II): La oportunidad. Valoración. Gestión

Cómo encontramos esa oportunidad

La tarea de encontrar compañías extraordinarias a un precio razonable no es fácil, pero con tiempo y paciencia esas pequeñas joyas acaban apareciendo en el camino.

La causa típica es un problema temporal que hace caer su cotización a un nivel terrenal. Un ejemplo puede ser el impacto de la moneda, que temporalmente dificulta las exportaciones (BMW o Thales, afectados por la fortaleza del euro). O una migración hacia el mundo digital, que puede esconder el crecimiento real del negocio (Wolters Kluwer). Es un buen punto de partida, pero siempre aparecerá la duda de si la caída está justificada o no. Y esta duda sólo se resuelve después del gran esfuerzo que supone despejar las incógnitas surgidas en el análisis.

Nuestro trabajo es encontrar esas compañías minimizando el riesgo de error, por lo que debemos intentar ver maneras de llegar a ellas sin poner en cuestión su calidad o sostenibilidad. Podemos hacerlo por varios caminos, pero el primero debe ser trabajar en un campo conocido, dentro de nuestro círculo de competencia. Es posible que gracias a nuestras aficiones, la tecnología, por ejemplo, o a nuestra experiencia profesional, que podría ser como ingeniero en ahorro de energía, hayamos desarrollado unos conocimientos que superan los de los inversores típicos. Si esto fuera así deberíamos intentar aprovecharlos en la medida de lo posible. Podríamos conocer alguna empresa con una posición fuerte en un nicho nuevo, u otra con barreras de entrada tales que sea imposible la competencia. Algo que los demás no saben.

No nos debe asustar nuestra supuesta falta de experiencia, pues ese conocimiento minimiza las probabilidades de fracaso. De la misma manera que un emprendedor mejora sus posibilidades emprendiendo en un sector o campo que conoce, un inversor mejora las suyas por la misma razón. Si hacemos lo contrario, crear una empresa sin ninguna experiencia, reducimos drásticamente esas posibilidades de éxito, que es lo que le sucede a un inversor sin conocimientos. Crear una empresa, participar en un proyecto privado o invertir en acciones cotizadas son, en el fondo, la misma operación, y el conocimiento del mercado en cuestión será determinante en el éxito o fracaso del proyecto.

Vemos que el primer intento siempre debe situarse en terreno familiar y debemos utilizar armas conocidas, pero si las ideas tardan en llegar o realmente no aportamos nada especial en ningún área, podemos buscar otro tipo de situaciones. Propondremos ahora algunas posibilidades que, en general, están más relacionadas con detalles técnicos de los mercados que con las propias compañías. Son un buen punto de partida y nosotros hemos tenido éxito con ellas en el pasado, pero no hay garantías de que también lo tengamos en el futuro.

Sin ánimo de cerrar otros caminos, nosotros hemos encontrado valor en compañías cotizadas por alguna de las siguientes razones:

1. *Estructura accionarial.* Nos referimos a las compañías familiares o a las que tienen un accionista de referencia que controla la gestión, que en Europa suponen el 25 por ciento de todas las cotizadas. Según un estudio de 2015 del Credit Suisse Research Institute,[48] la rentabilidad de las empresas familiares ha superado desde 2006 hasta abril de 2015 en un 4,5 por ciento

48. Credit Suisse, «Family firms, an opportunity for minority investors?», 8 de julio de 2015.

Compañías familiares

Generando rentabilidades por encima de mercado (ajustados por sector, como porcentaje)

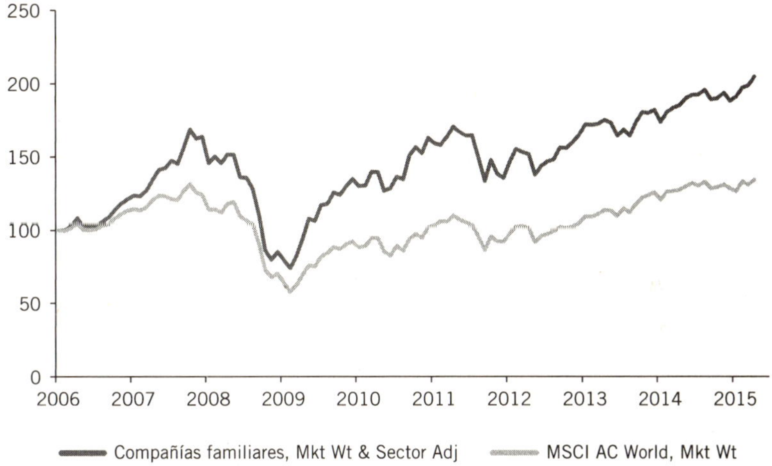

Fuente: Credit Suisse, 2005.

a la del conjunto del mercado. Es un periodo corto, pero confirma nuestra experiencia directa.

Estas compañías tienen poco desarrollados sus departamentos de relaciones públicas o de relación con inversores, y en general prestan menos atención al mercado, que las penaliza por ello. Son cotizadas, con la liquidez y mayor transparencia que esto les da, pero mantienen una cierta distancia respecto al mercado.

A diferencia de las empresas donde los gestores no tienen participación en el capital, las compañías familiares tienen intereses alineados generalmente con el resto de accionistas, lo que permite controlar adecuadamente a los ejecutivos externos —he trabajado en una durante veinticinco años y confirmo que debía ganarme cada euro de retribución— y limita los errores en las decisiones de asignación de capital, ya que tienen una visión más orientada al largo plazo.

A pesar de ello, conviene evitar las compañías con miembros de la familia no capacitados involucrados en la gestión, que deteriorarían progresivamente la compañía y generarían conflicto de intereses. De hecho, conforme vamos avanzando en la gene-

Rentabilidad de las acciones según la generación titular

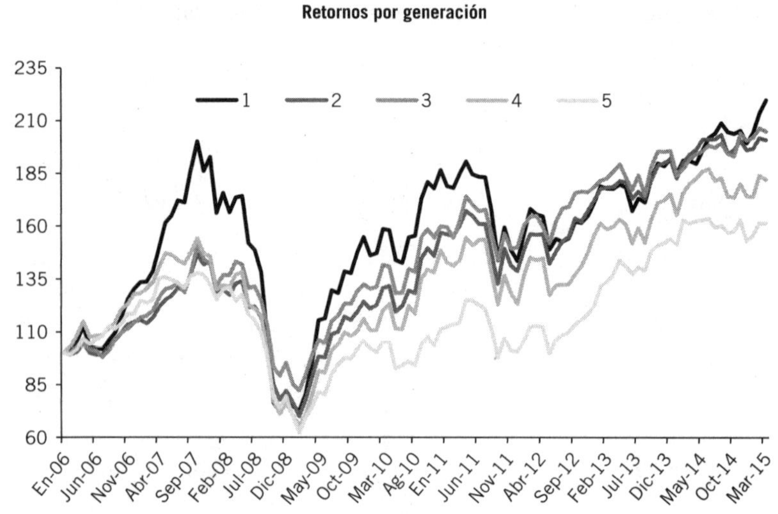

Fuente: Credit Suisse, 2005.

ración que gestiona, de la fundadora a la segunda y tercera, va bajando la rentabilidad histórica.[49]

Otra ventaja de las compañías familiares es que tienden a mantener una contabilidad que refleja fielmente su situación real, con tendencia hacia los balances muy conservadores, con poca deuda y mucha tesorería, y esto tampoco gusta al mercado. A nosotros nos encanta. La teoría financiera moderna aboga por «optimizar» el balance, asumiendo la máxima cantidad de deuda posible. Nosotros preferimos una actitud menos óptima, pues lo primero en un proyecto o empresa es la supervivencia, para después prestar atención a los beneficios. Una situación financiera tranquila es indispensable para ello.

En Europa el apoyo de una familia es incluso más importante, si cabe, pues intentar cambiar unos gestores inadecuados es más complicado que en EE. UU. En España ya hemos visto que no se recuerda ningún caso de activismo de accionistas en desacuerdo con la gestión que haya tenido éxito en su intento de cambio.

49. Ibídem, p. 10.

Precios de las acciones de holdings finacieros y el EuroStoxx 600 desde 2000

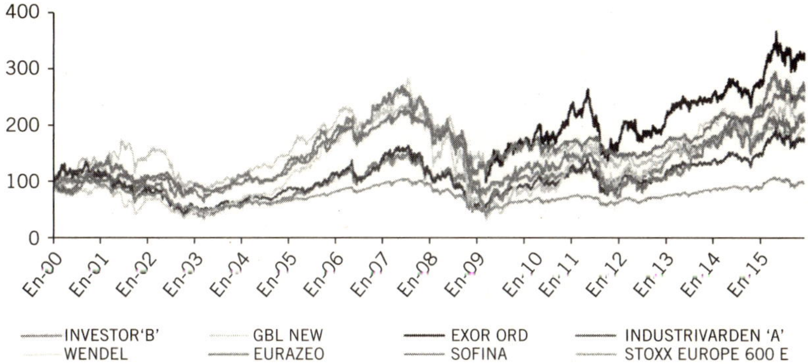

Fuente: Pierre Bosset, HSBC, 2005.

A pesar de que algunas empresas familiares han terminado suspendiendo pagos, como Pescanova, Abengoa o Parmalat, y a pesar de posibles rencillas o el riesgo de transacciones no justificadas con otras compañías del entorno familiar (problemas que a veces suceden), cuando no hay una familia o unos gestores con una participación significativa en la compañía, debe haber muy buenas razones para invertir en ella. Es decisivo que los incentivos estén alineados.

2. *Organización de los activos*. Compañías holding o conglomerados. Invierten en negocios no relacionados entre sí, en ocasiones sin una lógica clara, lo que no suele gustar a los inversores. Muy pocas de ellas cotizan a su valor real, ni siquiera Berkshire Hathaway, el ejemplo más claro de conglomerado, y no reflejan, por tanto, el valor de sus participadas.

Como se observa en la tabla,[50] estas compañías tienen un buen comportamiento bursátil, y lo cierto es que tarde o temprano todos los holdings cotizan al valor de sus participadas o incluso por encima. Puede ser necesario esperar bastante tiempo a que se cierre el descuento al que cotizan, y puede ocurrir

50. Pierre Bosset, «Investment companies. Look beyond the discount to NAV», HSBC, 16 de diciembre de 2015.

que coticen a su valor real durante un breve periodo, pero es posible aprovechar esa oportunidad.

Los conglomerados tienen, en general, la característica de ser procíclicos,[51] comportándose mejor en los movimientos alcistas de mercado y peor en los bajistas. Algunos tienen negocios extraordinarios, escondidos entre otros no tan buenos, e invertir en la matriz suele ser una manera de acceder a ellos con interesantes descuentos.

3. *Geografía.* Cuando el negocio se localiza en un país distinto a la sede social o al de cotización de la acción, puede haber distorsiones atractivas. Compañías cotizadas en Europa, pero con una parte importante del negocio en EE. UU., como Ahold o Wolters Kluwer, por ejemplo. Al final parece que no tienen una base clara de accionistas; que no tienen un verdadero dueño natural. En los informes de Wall Street de supermercados americanos no aparecía Ahold, mientras que en los europeos no se valoraba adecuadamente su actividad americana, que representaba el 50 por ciento del beneficio. Esto conducía a descuentos importantes respecto a Kroger y el resto de los supermercados norteamericanos.

4. *Pequeñas compañías.* Es obvio que son menos seguidas por la comunidad inversora, por lo que podremos encontrar pequeñas grandes joyas. Su principal problema es la falta de liquidez, algo que le puede ocurrir también a las compañías familiares, a los conglomerados, a las acciones preferentes, etcétera. Ya hemos comentado en el capítulo 3 que la iliquidez es un falso problema y una de las ineficiencias más fáciles de aprovechar por los inversores pacientes. Esto supone a veces estar varios años —o permanentemente— comprando pacientemente un valor para establecer una posición sin afectar a la cotización, o también varios años para completar su venta. En cualquier caso, los resultados históricos han sido muy favorables para ellas.[52]

En España estas compañías siempre han sido muy importante para nosotros: Caf, Elecnor, etcétera; una lista muy larga y

51. Ibídem, p. 12.

52. Ben Laidler, Daniel Grosvenor *et al.*, «The small cap handbook», HSBC, febrero de 2016.

Evolución de las pequeñas compañía *vs.* las grandes

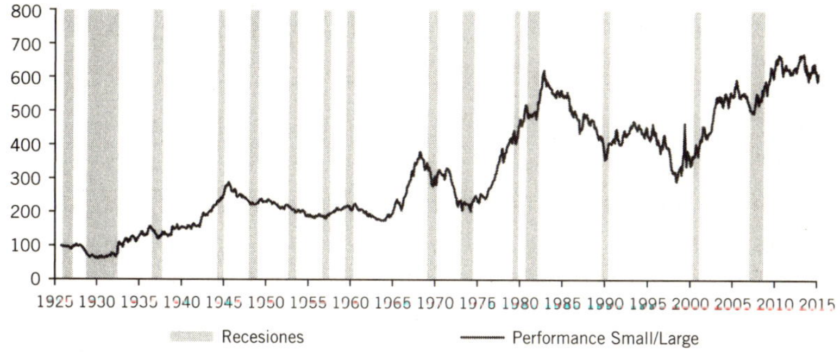

Fuente: HSBC, 2016

variada, que se podría ampliar fuera de España. Ahora lo son menos, pues nos hemos acostumbrado a mirar compañías de mayor tamaño, pero no por eso hay que olvidarse de ellas, especialmente para carteras más pequeñas.

5. *Compañías cíclicas.* Probablemente sea la manera más fácil y menos arriesgada de encontrar oportunidades. Hay que afrontar los ciclos económicos con una enorme paciencia, pero tranquiliza saber que una caída en la cotización se debe únicamente al ciclo, y no a algún posible factor competitivo desconocido. Los ciclos cambian de signo siempre, por eso son las oportunidades más sencillas de analizar, ya que conocemos la causa de los movimientos.

El error más grave que podemos sufrir con el ciclo es intentar predecir el momento del cambio, una pretensión inútil que supone una importante pérdida de tiempo. Debemos centrar nuestro esfuerzo en soportar estoicamente las caídas, pues, obviamente, nunca empezaremos a comprar en el punto más bajo del ciclo: siempre lo haremos antes. La clave es continuar comprando durante toda la caída, pues los mejores resultados se obtienen con las últimas inversiones.

Por otra parte, con estas compañías hay que estar muy atentos a dos factores: que la compañía sea un productor eficiente que soporte perfectamente los precios bajos; y que tenga una deuda moderada. Si no se cumplen estas dos condiciones, nuestra inversión estará en peligro, pues el riesgo fundamental es que no supere la parte baja del ciclo.

El ejemplo que más hemos repetido a lo largo del tiempo ha sido la española Acerinox, que cumple las características deseadas: ser un productor eficiente y trabajar con poca deuda.

6. *Tipos de acciones.* Hemos encontrado descuento a través de acciones preferentes europeas o asiáticas. Este tipo de acciones no tienen derecho de voto, pero sí derecho a algo más de dividendo que las acciones comunes. Como normalmente se trata de negocios familiares, el derecho de voto debería ser poco valioso, pero los descuentos respecto de las comunes alcanzan a veces el 30 o 40 por ciento.

Supuestamente su problema es su mayor iliquidez, pero algunas preferentes, como las de BMW, tienen un volumen diario de cotización de cerca de 5.000.000 de euros, bastante más alto que el de numerosas compañías medianas que no cotizan con descuento. Una ineficiencia clara del mercado. Ejemplos de este tipo de inversión han sido BMW, Exor o algunas compañías coreanas.

Este tipo de acciones preferentes son distintas de las americanas, que se asemejan más a los bonos.

7. *Proyectos a largo plazo.* Los inversores no son pacientes y el mercado bursátil a veces no es el lugar adecuado para estos proyectos, creándose una incorrecta formación de precios y una posible oportunidad inversora. La paciencia es, sin ninguna duda, el mejor arma del que dispone un inversor, por encima de la inteligencia y de otras capacidades. Esta cualidad es esencial para estos proyectos.

Es sorprendente la esquizofrenia de algunos inversores. En su vida profesional, quizás muy exitosa, invierten en un negocio o en nueva maquinaria y esperan un tiempo prudencial —dos o tres años— para calibrar el resultado de su proyecto. Estas mismas personas invierten en una acción cotizada y esperan una rentabilidad inmediata. Desafortunadamente, no traspasan las cualidades para ser un buen inversor privado a sus inversiones bursátiles.

Insisto: la paciencia es el único atributo imprescindible para invertir con acierto. El inversor paciente y mínimamente informado ha encontrado la piedra filosofal: el Dorado.

Separándose

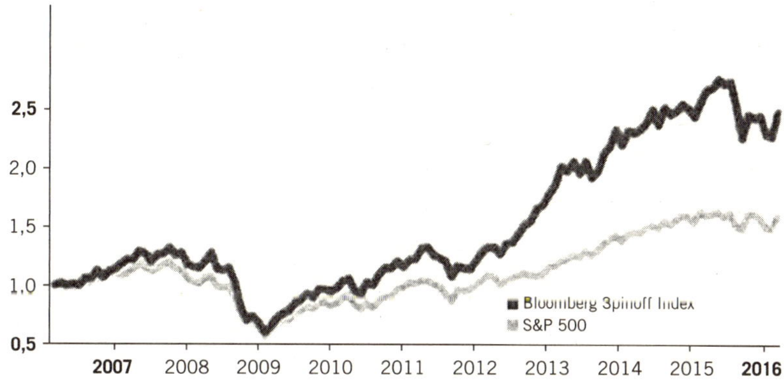

Fuente: Value Investor Insight, Bloomberg

8. *«Spin-Offs» o separaciones de activos*. Cuando una división de una empresa es separada de ella, para tener entidad propia, se produce una oportunidad aprovechable. Desde 2002 y durante trece años, el índice Bloomberg US Spin-Off se ha revalorizado un 557 por ciento frente a un 137 por ciento del S&P 500.[53] Esta ineficiencia se deriva de varias razones: primera, los incentivos cambian y los ejecutivos están motivados tanto financieramente como profesionalmente para gestionar de forma óptima la nueva empresa (quizás ellos mismos la gestionaban anteriormente, pero con nuevos incentivos mejoran los resultados); segundo, la información sobre el negocio puede no ser muy detallada, pues no estamos hablando de una salida a bolsa (OPV), sino de una colocación entre accionistas que ya lo eran; tercero, los accionistas de la empresa previa puede que no quieran serlo del *spin-off*, por lo que venderán inmediatamente sus acciones, creando la oportunidad.

9. *Opciones gratis*. Pueden tener su origen en las situaciones comentadas en cualquiera de los casos anteriores, pero pueden presentarse aisladamente, y es otra forma de poner las probabilidades a nuestro favor. Estas opciones ocurren cuando a un ne-

53. «Going separate ways», *Value Investor Insight*, 30 de noviembre de 2015.

gocio estable que soporta la valoración de la acción, hay añadido algún activo realizable o algún proyecto en fase inicial que podría madurar en el futuro, y que no está suficientemente valorado por el mercado. Se tratarían de lo que llamamos opciones gratis o casi gratis, pues el mercado no las tiene en cuenta por su lejanía temporal o, quizás, geográfica.

Es una de las formas de inversión más atractiva, pues combina la seguridad con un potencial beneficio extraordinario. Es incluso algo más: una actitud mental que debemos fomentar siempre. Un ejemplo para nosotros fue el caso de Ferrari dentro de Fiat y por tanto de Exor. Cuando invertimos originalmente en Exor los inversores valoraban correctamente sus dos activos principales, SGS (Société Généneral de Surveillance) y Fiat Industrial, lo que daba un buen soporte a la valoración, pero no tenían en cuenta Ferrari, que estaba dentro de Fiat Auto, fabricante de coches y camionetas de precio moderado y con poco atractivo. Ferrari era una opción gratis esperando a madurar, y poco a poco paso a ser reconocida por el mercado hasta su colocación en la Bolsa de New York en 2015 con una valoración extraordinaria.

Éstas son algunas de las situaciones que a veces ofrecen buenas oportunidades, pero no excluyen otras posibilidades de distorsión en los mercados. Podríamos hablar de compañías con mayor crecimiento del previsto, compañías con una restructuración exitosa, con un cambio en la gestión, etcétera, o cualquier posibilidad todavía no discernible por el momento. Aparecerán y las encontraremos.

Podemos pensar que algunos de estos descuentos en conglomerados, compañías familiares u otro tipo de situaciones, permanecen eternamente, pero esto no es así. En todos los casos se producen momentos puntuales en los que los descuentos se van cerrando, permitiendo reducir o vender las posiciones, según haya alternativas en el mercado. No vamos a decir que haya una certeza absoluta, pero sí que las probabilidades son muy altas. Más adelante nos extenderemos algo más sobre ello.

Si finalmente encontramos esos valores de calidad, podremos aumentar el grado de concentración de nuestras carteras, pues nos sentiremos más cómodos invirtiendo en ese tipo de valores. Hay que decir, no obstante, que cuando se invierte directamente en acciones hay que diversificar la cartera en un número mínimo de valores. La cifra exacta no es lo esencial, aunque podemos considerar 5-6 valores como un mínimo imprescindible. A partir de ahí, la cantidad dependerá del conocimiento que se vaya adquiriendo de las compañías, pero sin necesidad de sobrepasar un número razonable, entre 15 y 25 valores, por ejemplo.

Compañías que hay que evitar

De la misma manera que hay campos donde podemos recoger una buena cosecha, hay otros que están minados. Esto no significa que no pueda haber alguna posibilidad de encontrar buenas inversiones, lo que sucede es que las probabilidades de que esto ocurra se reducen de forma notoria, aumentando el riesgo de que nos explote alguna mina en la cara. Algunos ejemplos serían:

1. *Compañías enfocadas en el crecimiento exagerado.* El crecimiento es bueno y sano si es la consecuencia del trabajo bien hecho, que genera unos recursos que con el tiempo se van reinvirtiendo para aumentar la fortaleza de la empresa; pero esto no es lo habitual. La manía, no se puede calificar de otra manera, por los altos objetivos de crecimiento es extremadamente peligrosa, pues el objetivo último debe ser que el mayor número de clientes disfruten del producto ofrecido, pero sin trampas ni atajos. En las grandes organizaciones esto no es fácil, por lo que conviene ser cuidadosos cuando las analizamos.

De nuevo surge el problema de agencia: ¿para quién trabajan los gestores de la empresa, para ellos o para sus accionistas? El crecimiento tiene un gran atractivo para el entorno y aumenta el halo o prestigio del directivo, pero sólo es bueno si es natural.

2. *Compañías que están comprando otras de forma repetida.* Está relacionado con el punto anterior, y supone un agravamiento del mal comentado. Si la compra no está enfocada a incrementar la ventaja competitiva del negocio principal puede ser una compra de la que habrá que arrepentirse, apareciendo la

comentada «*diworsification*» de Peter Lynch: diversificar para ir a peor. Con el crecimiento pueden darse, además, dos tipos de problemas: primero, la contabilidad puede más fácilmente ocultar los problemas; y segundo, cada compra debe ser más grande que la anterior, aumentando el precio y, por tanto, el nivel de riesgo.

Ya lo hemos comentado, pero merece la pena insistir en lo negativo que resultan la presión o el interés que sienten algunos gestores que acaban de vender una parte sustancial de una empresa para comprar otro negocio de tamaño equivalente en vez de devolver el dinero al accionista. Me vienen a la memoria casos como Portugal Telecom, Unipapel, Repsol o Azkoyen en España y Clariant en Europa.

3. *Ofertas públicas de ventas*. Todos hemos cometido este error, por lo que hay que estar muy atentos. Según un estudio del profesor de finanzas de la Universidad de Florida, Jay Ritter, las empresas que cotizan a través de OPVs tienen un 3 por ciento de menor rentabilidad bursátil que compañías similares al cabo de cinco años.[54]

La razón es sencilla: hay un desequilibrio claro entre la información que tiene el vendedor y la que tenemos los compradores. El vendedor ha estado involucrado en la empresa durante años y repentinamente decide vender, en un momento y a un precio que él elige. En una transacción tan desigual el ganador está claro (por cierto, ¡a alguno le han dado un premio Nobel por constatar la existencia de asimetría de información en los mercados!).

4. *Negocios con una vida todavía corta*. En este caso la vejez es un atributo atractivo: cuanto más tiempo de vida haya tenido, más perdurable será en el futuro. De hecho, en un estudio reciente se constató la correlación positiva entre antigüedad de la empresa y rentabilidad en bolsa. Esto es lógico, porque debe transcurrir cierto tiempo para situar a cada negocio en un lugar estable, según el grado de demanda y de competencia en el negocio, y hasta que esto no ocurre estaremos expuestos a la alta

54. Jay R. Ritter, <IPOs 2013-5years.pdf>.

volatilidad de los negocios novedosos, siendo impredecible el resultado final.

Taleb[55] lo explica muy acertadamente, aplicándolo a numerosos aspectos de nuestra vida, e incluso a la propia vida.

A pesar de lo comentado, invertir en negocios novedosos ha sido uno de los tipos de errores que hemos cometido, que invariablemente nos produjeron pérdidas. Después de estas experiencias incluso Google nos parece un negocio demasiado joven, al que hay que darle tiempo para consagrarse.

5. *Negocios con contabilidad opaca.* Cuando el grado de flexibilidad en la contabilidad es alto es imprescindible confiar en la honestidad de los gestores y/o dueños. Los contratistas de largo plazo en la construcción o en proyectos de infraestructuras o ingeniería, serían ejemplos de contabilidad flexible, donde, por ejemplo, es posible retrasar la contabilidad de los pagos o adelantar la de los ingresos.

Podemos incluir también a los bancos y compañías de seguros, donde el grado de flexibilidad contable es muy elevado y es relativamente sencillo ocultar un problema durante un tiempo, con el agravante de balances muy endeudados.

En este tipo de negocios será una condición imprescindible para invertir estar seguros de la fiabilidad de los gestores o accionistas (en la medida en que podamos estarlo). Nadie nos obliga a invertir en ellos, por lo que la carga de la prueba la tiene la compañía.

6. *Empresas con empleados clave.* Aquellas en las que los empleados tienen el control efectivo del negocio, sin ser accionistas, pues esto sería incluso positivo. Ejemplo de ellas serían muchas empresas de servicios en las que aparentemente la rentabilidad del capital es muy alta, pero lo es porque no es necesario capital: los bancos de inversiones, los despachos de abogados, algunas gestoras de fondos, las empresas de consultoría, las de cazatalentos, etcétera.

La creación de valor en estos negocios beneficia a esos empleados clave, mientras que los accionistas externos tienen po-

55. Nissam Nicholas Taleb, 2016.

cas posibilidades de obtener rentabilidades interesantes, a pesar de la supuesta alta rentabilidad sobre el capital invertido.

7. *Empresas muy endeudadas*. Como decía alguien, lo primero es el retorno del capital y lo segundo el retorno sobre el capital. Buffett también comenta que la primera regla de la inversión es no perder dinero, y la segunda y la tercera son la misma: no perder dinero. El exceso de deuda es una de las principales causas de la pérdida de valor de las inversiones. No hay que evitar la deuda en todo momento, pues hemos visto que bien utilizada es muy aprovechable, pero en una cartera diversificada debe tener poca presencia.

Los mercados, por otra parte, no valoran particularmente bien la tesorería de las empresas, por el miedo correcto a las malas decisiones de inversión a las que conduce ese bienestar financiero. Nosotros siempre hemos mantenido en cartera más del 50 por ciento de la cartera en empresas con amplia caja: dormimos tranquilos y aprovechamos una incorrecta valoración del mercado. No nos preocupa el exceso de caja siempre que la asignación de capital sea fiable.

8. *Sectores estancados o con caídas de ventas*. Ya hemos visto que no hay que pagar en exceso por el crecimiento, pero el caso contrario, la caída de ventas, puede ser muy negativo. Normalmente nos atraerá el bajo precio al que cotizan estas compañías, pero a largo plazo el tiempo no juega a nuestro favor. En algunos casos se recuperarán las ventas, pero en la mayoría, el coste de oportunidad es demasiado elevado en una situación que puede perdurar en el tiempo. Hemos tenido varios ejemplos de ello, Debenhams, McClatchy, las compañías de impresión, etcétera.

9. *Acciones caras*. Es una obviedad, pero volvamos a lo más simple. Creo que nunca hemos empezado a comprar una acción por encima de 15x beneficios. Puede ser una deformación genética o un hábito aprendido, no lo sé; pero la realidad es que en las compañías caras históricamente se han obtenido peores resultados, porque las buenas expectativas ya están reflejadas en los precios y porque hay menos posibilidades de que, gracias a un golpe de suerte, la cotización pase, por ejemplo, de PER 16 a PER 21 que de que pase de PER 9 a PER 14.

Es posible obtener buenos resultados comprando ese tipo de valores, pero es una barrera adicional de la que siempre he querido, y recomiendo, huir.

Estos ejemplos no cierran el campo de análisis de las compañías que hay que evitar, pero, de nuevo, son un buen punto de partida.

Asignación de capital

Hemos encontrado una buena compañía a buen precio, y ésta es la parte esencial en la selección de nuestros valores favoritos. Sin embargo, esta compañía genera mucho beneficio, por definición, y los gestores tienen mucha flexibilidad para buscarle acomodo a ese dinero, con una amplia variedad de posibles destinos. Por este motivo, la capacidad de generar valor con ventajas competitivas tiene que estar acompañada de una asignación apropiada de esos beneficios generados.

Ya hemos comentado que, como accionistas, lo único que pedimos al Consejo de Administración es que tenga en cuenta la posibilidad de recomprar y amortizar acciones. Evidentemente, pensamos que las acciones se encuentran infravaloradas —si no, no seríamos accionistas de la compañía en cuestión—, por lo que se crea valor con esa amortización. Y no lo exigimos, simplemente queremos que esté en la lista de posibles destinos para los beneficios.

En esa lista también estarán además y, fundamentalmente, los dividendos, las inversiones en activos para crecer y la compra de otras empresas que aumenten nuestra ventaja competitiva. El Consejo debe elegir entre esos destinos de acuerdo con la mayor rentabilidad esperada y la consecuente creación de valor para el accionista.

Para evaluar esta capacidad de asignación de capital estudiamos el historial de los gestores y el proceso de toma de decisiones que lleva a cabo la compañía. Es un análisis cuantitativo, pero también cualitativo, con criterios en los que la experiencia tiene un peso muy alto. Como hemos comentado, una buena implicación de los gestores en el accionariado alinea los intereses de gestores y accionistas minoritarios, pero no hay que descuidar el estudio del pasado.

Valoración

El último paso para la selección de acciones es su valoración. Específicamente los cálculos necesarios para determinar el precio objetivo que debe ser nuestra guía. Es el último paso y probablemente el más fácil en el proceso inversor.

Ya he comentado alguna vez que en mi mesa tengo una calculadora que suma, resta, multiplica y divide. Grande y sencilla. No hay necesidad de nada más elaborado, pues la mayor parte del tiempo lo dedicamos a analizar las compañías en las que estamos trabajando. Así, intentamos estar entre una minoría de inversores, digamos entre los cinco primeros, que mejor conocen una compañía y sus circunstancias. Analizar no implica construir complicados modelos matemáticos con descuentos de flujo de caja (con previsiones de los beneficios anuales para los próximos quince años, por ejemplo). No, la clave es conocer bien el negocio y poder establecer cuál es la capacidad de generar beneficios futuros que tiene la compañía en cuestión. No tratamos de precisar los beneficios cada año, sino de establecer el rango lógico en el que se moverán éstos de acuerdo con las características del negocio. Para ello lo que hay que hacer es leer, profundizar en las compañías, preguntar, aprender y pensar; no hacer modelos complicados.

Una vez que tenemos una cifra de beneficios normalizados, es decir, en condiciones estables de mercado —ni en un *boom* económico ni en una crisis—, aplicamos un múltiplo adecuado y ya hemos llegado a la valoración. Hacer un descuento de flujos es un bonito ejercicio de estilo que aporta poco a la valoración. Únicamente lo haremos de forma excepcional en los negocios muy estables y predecibles —autopistas, redes eléctricas o de gas, etcétera, dado que por su naturaleza las posibilidades de error se reducen drásticamente—, pero en el resto de los casos repetimos que no añade prácticamente nada, pues la probabilidad de acertar con los beneficios en el año 7, por ejemplo, es mínima. El tiempo dedicado al ejercicio no está recompensado por los frutos obtenidos.

El múltiplo que hay que aplicar a esos beneficios normalizados dependerá de la calidad del negocio, pero utilizar la media a la que ha cotizado el mercado bursátil en los últimos doscientos años parece un método muy razonable, y probablemente sea lo más acertado. Esta media es 15, que equivale a una «rentabilidad de los beneficios» del 6,6 por ciento (1x100/15), que coincide con la rentabilidad real de las acciones a largo plazo. Marcarnos esta rentabilidad como objetivo parece bastante sensato. En algunos negocios extraordinarios podemos aplicar un múltiplo algo más alto, entre 15 y 20; mientras que, en los mediocres, con barreras de entrada reducidas, deberemos bajarlo a entre 10 y 15. En la mayoría de negocios, 15 será el múltiplo adecuado.

Una vez realizada la valoración, invertiremos donde más descuento encontremos respecto a ese valor objetivo calculado en función de ese múltiplo. Otros factores cualitativos también influyen en la decisión de inversión, siendo el más importante la calidad del negocio y, relacionado con este último, nuestra seguridad en la valoración realizada. La calidad y la seguridad serán factores que ayudarán a decidir el peso que cada acción tendrá en la cartera.

La valoración nos dará el precio objetivo que será la luz que nos guíe en las decisiones de compra o venta, dependiendo de las alternativas.

Beneficio normalizado

Como acabamos de indicar, el beneficio normalizado es la clave en nuestra valoración. «Beneficios, beneficios, beneficios», escribe Peter Lynch. Para calcularlo lo esencial es conocer profundamente el negocio en el que se encuentra la compañía y su posición en ese mercado. Las cuentas de la compañía nos permiten una primera aproximación, aunque todavía no sea necesario profundizar en ellas. En ese primer estudio, nos podemos limitar, a través de algunos números básicos, a determinar qué compañía puede acabar siendo una oportunidad atractiva sobre la que merece la pena seguir trabajando.

El trabajo sobre su mercado y su posicionamiento en él requerirá un tiempo, que serán días o semanas, dependiendo de lo dificultoso y novedoso del sector. Una vez mínimamente satisfechos con la posición y el futuro de la compañía (decimos mínimamente porque el análisis puede durar años), deberemos estudiar con más detalle las cuentas. Nuestro objetivo inicial en esta parte del análisis es constatar que éstas reflejen fielmente la situación de la empresa; para después estimar el beneficio normalizado.

1. *Reflejo real en las cuentas de la situación de la empresa.* Como todos sabemos, la contabilidad es una ciencia muy flexible que se puede amoldar a necesidades muy variadas. Para evitar errores y problemas futuros debemos centrarnos en:

• Análisis del flujo de caja. La cuenta de resultados es importante, pero la primera prueba de que las cuentas son fiables es que la caja debe ser real. No sirve que aparentemente la empresa esté obteniendo buenos resultados si esto no se refleja en la caja que hay al final del ejercicio. Este análisis nos ayudó, por ejemplo, a limitar las pérdidas en Pescanova: al final de año la caja no sólo no aumentaba como debía, sino que era la deuda la que lo hacía; esto nos llevó a reducir nuestra exposición, aunque desafortunadamente no completamente.

El flujo de caja lo encontramos en las cuentas anuales de todas las compañías, y cómo enfocar su análisis lo tenemos en los numerosos libros dedicados a este asunto.[56]

En este análisis la compañía ideal sería aquella que genera más caja de lo que se presupone en su cuenta de pérdidas y ganancias. Esto quiere decir que su contabilidad es muy conservadora y se están «escondiendo» beneficios.

• Fiabilidad de la cuenta de resultados. Es la otra cara del análisis del flujo de caja. El principal problema surge por una

56. Un buen punto de partida es Pablo Fernández, *Valuation and common sense*, capítulo 2, «Cash flow is a fact. Net income is just an opinion».

contabilización demasiado agresiva de los ingresos o de los gastos, reconociendo en un ejercicio ingresos que todavía no han ocurrido y no reconociendo gastos que sí lo han hecho. Identificar cualquiera de estas prácticas contables es esencial.

Tres de los problemas habituales en el reconocimiento de costes se refieren a las dotaciones de provisiones, que pueden ser demasiado bajas para la situación de la empresa —recuérdese la banca española de 2005 a 2011—, la política de dotación de amortizaciones de capital fijo, que puede no reflejar la depreciación real de los activos, y, por último, la capitalización excesiva de gastos.

Obviamente, de nuevo no sólo hay que mirar el aspecto negativo de este análisis, pues hay empresas muy conservadoras que esconden una parte de su capacidad de generar beneficios, quizás para ocultar lo atractivo del negocio, quizás para tener una fiscalidad más favorable.

Un último problema es la tendencia a clasificar como gastos extraordinarios algunos que son recurrentes. La repetición cada año de este hecho oscurece el análisis e impide conocer la capacidad real de generar beneficios. Como indican Lev y Gu (ver el gráfico de la página siguiente), el nivel de gastos extraordinarios supone cerca *del* 20% de los benefcios declarados.[57]

• El balance. Nuestra principal preocupación respecto al balance debe ser investigar si puede haber pasivos ocultos o fuera de balance. Podrían ser pensiones, costes de cierres de fábricas, minas, etcétera, o cualquier cálculo erróneo de algún tipo de provisión por posibles pérdidas futuras.

El aumento anormal de ciertas partidas de circulante, como las existencias o la cuenta de deudores puede indicar una situación más complicada de lo que aparenta la cuenta de resultados.

También aquí puede ocurrir lo contrario: existencia de activos ocultos que dan más atractivo a la empresa: como inmobiliarios no afectos al negocio o filiales no relacionadas con el negocio principal, la marca u otra propiedad intelectual que aumentan su valor con el tiempo, etcétera.

57. Baruch Lev and Feng Gu, 2016.

Gastos extraordinarios/beneficios

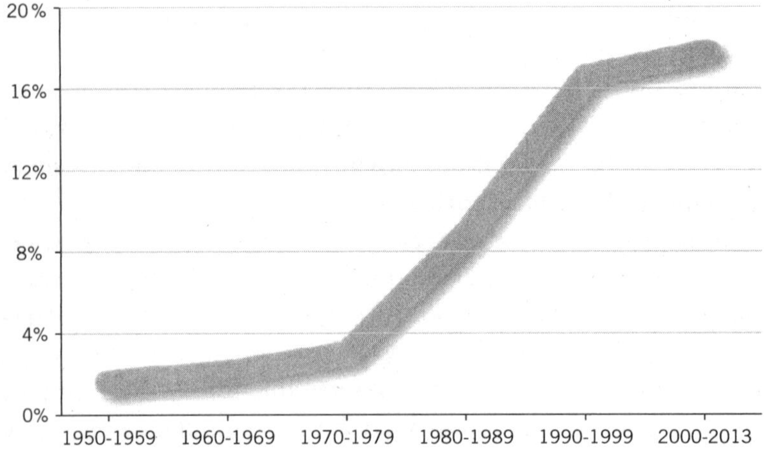

Fuente: Lev y Gu: 72016.

Con algo de esfuerzo podemos hacernos una imagen razonablemente fiel de la situación real de la empresa.

2. *Beneficio normalizado*. Si confirmamos que las cuentas reflejan la situación real de la empresa podremos pensar en el cálculo del beneficio normalizado, pues la empresa puede estar en una situación anormal, influida por factores temporales que esconden su capacidad real de generar beneficios. Necesitamos profundizar sobre ello.

• El ciclo económico. Las compañías muy cíclicas nunca están en una situación estable, pues las alteraciones del ciclo dificultan conocer cuál es su beneficio «normal». No se trata de predecir el ciclo. Se trata de comprender en qué momento estamos; quizás en un momento especialmente extremo, bueno o malo; quizás una situación normal. Ante esa dificultad, podemos utilizar diversos métodos para ajustar los beneficios: hacer una media de los resultados de los últimos diez años, ajustando por la inflación; tomar el máximo y el mínimo beneficio de esos últimos diez años y utilizar el punto medio; o cualquier otro criterio con sentido común.

• Una disrupción en la oferta o la demanda pueden provocar una situación extraordinaria, y ya conocemos la tendencia de los inversores a extrapolar la situación actual hacia el futuro. Es un error muy grave, pues los agentes económicos reaccionarán ante el problema, que paulatinamente se irá resolviendo.

• La compañía en cuestión puede tratarse de un proyecto todavía sin madurar, pero que lo hará al cabo del tiempo. Habrá que tener en cuenta esa capacidad de generar beneficios en un futuro que todavía no es visible.

• Los problemas anteriores pueden referirse a una parte de la compañía, dañando la valoración del resto de negocios. Con esos negocios en «pérdidas» habrá que efectuar una normalización, ya que en el caso contrario estaríamos perjudicando al conjunto. En el peor escenario deberíamos valorar en cero esa división, teniendo en cuenta los gastos incurridos en un posible cierre.

La normalización, en suma, permite aproximarnos a la valoración con una mayor dosis de exactitud, lo que permite mitigar parcialmente la dificultad que supone predecir el futuro.

Endeudamiento

Aunque no influye directamente en la valoración, hay que tener muy presente el nivel de endeudamiento de la compañía, analizando la capacidad de pago de la deuda: tamaño, plazos, restricciones, etcétera. Debemos huir de los negocios muy endeudados, pues pueden hacer inútiles las estimaciones de beneficios futuros. La deuda mejora la rentabilidad sobre el capital, pero el aumento de volatilidad derivado del pago de los intereses puede llegar a ser imposible de asumir. El límite en que situaremos la deuda que es aceptable dependerá de la estabilidad del negocio: cuanto más estable sea, con un futuro fácil de prever (autopistas de peaje, redes eléctricas, etcétera), más asumible será esa deuda.

Esto también es válido para el mundo de la empresa o para nuestra situación personal.

La insuperable ventaja de trabajar sin deuda u otros pasivos es que nos enfrentaremos a cualquier situación con la tranquilidad necesaria. La deuda nos obliga a ser más precisos en las predicciones de lo deseable, cuando ya hemos resaltado lo complicado, casi imposible, que es predecir, y lo inevitable que son las sorpresas devastadoras.[58]

No se pretende en este libro dar un curso de finanzas o valoración, pues hay literatura suficiente para ello; simplemente hemos establecido una serie de reglas generales que nos permitan enfrentarnos al ejercicio de realizar una valoración razonable. Valoración que, por otra parte, ya hemos visto que no requiere herramientas muy sofisticadas.

Reconocimiento del mercado

Una posible queja de los lectores ante el planteamiento del capítulo, y del libro en general, tiene su origen en el tiempo necesario hasta que el mercado reconoce esa infravaloración que nosotros hemos detectado.

Es cierto que ese reconocimiento puede tardar en llegar, pero si el análisis es riguroso nos debemos alegrar de que así sea, pues esto nos permitirá incrementar nuestras posiciones.

Se puede argumentar que nos podemos quedar sin liquidez para reforzar esas posiciones, pero la realidad es que no todos los valores se mueven coordinadamente, y esas diferencias de comportamiento nos permiten ir ajustando nuestra cartera a esos movimientos relativos. Ya he comentado que nosotros cambiamos los pesos de los valores según su evolución. Si tenemos posiciones en dos, y uno se revaloriza un 20 por ciento y otro pierde un 20 por ciento, casi automáticamente vendemos posiciones en el primero para reinvertir en el segundo. Por tanto, aun sin liquidez podemos esperar pacientemente la revalorización futura.

En la tabla adjunta hemos calculado para diversas posibilidades de revalorización total, 1,5x, 2x y 4x, la rentabilidad anual dependiendo del tiempo de espera para conseguirla. Se

58. Taleb, 2016.

observa que, si pensamos que nuestra cartera se puede revalorizar un 50 por ciento (1,5x) a lo largo del tiempo, incluso si tarda diez años en conseguirlo, obtendremos un 4 por ciento de rentabilidad anual. Y ése sería el peor escenario, que mejoraría si la revalorización fuera mayor o si tardara menos tiempo en producirse.

Rentabilidad anual en el tiempo

Años	x 1,5	x 2	x 3
1	50 %	100	200
2	22	41	73
3	14	26	44
4	11	19	32
5	8	15	25
6	7	12	20
7	6	10	17
8	5	9	15
9	5	8	13
10	4	7	12

Fuente: Elaboración propia.

Curiosamente, la experiencia muestra que en los fondos gestionados por nosotros no ha habido ningún periodo de más de nueve años de rentabilidad negativa. Esto es consistente con la tabla, ya que el potencial de revalorización estimado siempre ha estado por encima del 50 por ciento.

En cualquier caso, hay varios factores que pueden acelerar esa revalorización:

- Unos nuevos gestores no son habitualmente la fórmula salvadora, pero pueden llegar a ser catalizadores de un cambio que dirija a la compañía por el camino correcto, concentrándola en sus ventajas competitivas.
- Las circunstancias que oscurecen la capacidad de generar resultados pueden cambiar. Las monedas, los cambios tecnológicos o cualquier otro evento que haya dificultado

una buena percepción de esas ventajas, pueden dejar de influir negativamente.
- El ciclo económico puede cambiar. Ya sabemos que no hay mal que cien años dure, y nos lo debemos aplicar.
- En otros casos, simplemente sucede: progresivamente se cierra el descuento entre valor y precio. La experiencia nos demuestra que por unas razones o por otras, el mercado siempre reconoce la capacidad de generar beneficios de una compañía.

No nos gusta hablar de catalizadores, que, por definición, son imprevisibles, pues de otro modo ya estarían reflejados en los precios, pero algo que siempre nos va a ayudar es la recompra de acciones. Cuando encontramos una compañía infravalorada que recompra sus acciones, estamos ante el único catalizador controlable por la empresa y sus accionistas. Como inversores hay que insistir en ello ante el resto de accionistas.

Como hemos repetido varias veces, la paciencia es el atributo esencial para una inversión con éxito, y es esa paciencia la que nos debe tranquilizar durante la dichosa espera.

La acción perfecta

Resumiendo, la acción perfecta es una acción preferente de una mediana compañía con estructura de holding familiar, cotizando en un mercado inadecuado, que tenga componente cíclico y/o inversiones a largo plazo. Un ejemplo para nosotros en los últimos años ha sido Exor (holding de la familia Agnelli), que cumple prácticamente todos los requisitos: compañía familiar, con estructura de holding, acciones preferentes, buenos negocios (CNH, Ferrari, SGS, este último hasta su venta) junto a otros no tan interesantes (Fiat), cotizando en Italia, pero con activos globales, con carácter cíclico y visión a largo plazo. En fin, una joya que se comportó como tal.

Encontrar este tipo de acciones no es habitual, pero es posible hacerlo. En este caso el hallazgo se produjo en el semanario

Barron's, una publicación al alcance de todo el mundo. Otras veces hay que indagar algo más, pero con paciencia se puede llegar a ellas.

¿Cómo es posible encontrar estas oportunidades?, ¿no deberían ser evidentes para todos los inversores? ¿está todo el mundo ciego a nuestro alrededor? Es necesario dar respuesta a estas y parecidas preguntas antes de terminar este repaso del mundo de la inversión, y a ello dedicamos el capítulo siguiente.

Pero antes, vamos a esbozar algunos conceptos relevantes para la gestión de una cartera de inversión

La gestión

Algunas ideas acerca de la gestión de carteras

La gestión es algo más amplio que la simple suma de compras de acciones atractivas. Supone tener una cierta estrategia de lo que se pretende con la cartera, decidiendo las líneas generales de actuación. Una estrategia no es posible siempre, pero en ciertos momentos sí lo es y resulta muy conveniente.

El primer paso (optativo, según las circunstancias, como veremos después) supone intentar tener una cierta idea de en qué punto del ciclo nos encontramos. Por ejemplo, si nos debemos mover hacia valores defensivos, o, por el contrario, si las caídas han sido suficientes como para comenzar a ser más agresivos.

Para ello no es imprescindible tener una visión clara de la situación general de los mercados o de la economía, pero sí conviene analizar el mensaje que nos transmiten los tipos de valores que nos parecen atractivos y sacar las conclusiones adecuadas respecto a lo que está sucediendo. Si hay valores muy penalizados en un sector, estaremos en un momento bajo del ciclo en ese sector.

También la propia evolución general del mercado nos dará pistas: si ha habido subidas muy fuertes estaremos al final del ciclo expansivo, y, al contrario, después de grandes pérdidas estaremos cerca del punto bajo del ciclo.

Como hemos enfatizado previamente, no hay garantías de éxito en ese análisis del ciclo, y en la mayoría de los casos podremos afirmar, únicamente, que la economía global crece un 3 por ciento anualmente, pero no sabremos si ese año tocará el 2 o el 4 por ciento. Si por cualquier razón obtenemos una conclusión mínimamente clara respecto al ciclo general o a uno sectorial, hay que analizar qué tipo de valor nos ayuda en ese entorno. Obviamente, en los momentos bajos del ciclo habrá que comprar los más agresivos, aunque cueste superar la barrera mental que supone ser agresivo cuando el entorno es tan negativo. Y lo contrario en los picos de ciclo.

Diseñar la estrategia adecuada al ciclo general o sectorial puede ser el factor que añada más valor a la cartera. De hecho, algunos «estudiosos» opinan que es la única que lo añade, pues la selección concreta de acciones es un juego de suma cero, donde no se aporta valor. Mi experiencia me dice que en todas las fases se aporta, pero es cierto que puede ser más fácil hacerlo en el diseño de la cartera.

Otros factores relevantes:

• Diversificación: hay que insistir en que el futuro es poco predecible, pues ocurrirán situaciones que ni se nos pasa por la cabeza su mera posibilidad de existencia. Estamos preparados para muchas de las sorpresas pasadas, que ya han dejado de serlo, pero no para lo inesperado. Y vendrá, seguro. Por ello, una cartera debe estar preparada para soportar cualquier situación, para un colapso de mercado y para un *boom* alcista, para la inflación y para la deflación; para todo. Tenemos que hacerla ágil y resistente a cualquier eventualidad.

También hay que prepararla para nuestros errores, sean en nuestra visión del ciclo o en nuestra elección de compañías. Nos tenemos que imaginar la posibilidad de que suceda el escenario contrario al previsto, cómo afectará a nuestra cartera y como sobrevivirá ésta.

Una forma evidente de preparar la cartera para cualquier eventualidad es la diversificación. Ya hemos comentado que con un mínimo de 10 valores ya tenemos una diversificación razonable. Si gestionamos para terceros será conveniente añadir alguno más, creando una cartera de 20-30 valores. A partir de esos números tiene que haber poderosas razones para seguir aumentando la cantidad de valores.

En nuestro caso esas razones se derivan en primer lugar del vehículo de inversión utilizado, Fondos Públicos, que están sometidos a una legislación algo restrictiva, y en segundo, de una cierta política de siembra con posiciones más pequeñas.

• Selección de valores: debe ser *bottom up* [de abajo arriba]. ¿Qué fue antes, el huevo o la gallina? A riesgo de contradecir lo que acabamos de comentar, la selección de valores es el primer paso en la gestión de carteras, excepto en los casos en que esa selección nos transmita suficiente información para diseñar una estrategia previa de inversión. Puede parecer confuso, pero simplificaremos diciendo que si la selección de valores y el comportamiento del mercado no nos transmiten información suficiente obviaremos la estrategia de cartera y nos limitaremos a seleccionar los valores atractivos.

En esa selección habrá que seguir las pautas marcadas en este capítulo y en el anterior, que nos permitirán evitar pérdidas de tiempo con valores que no soportarán un análisis mas detallado. En la aplicación, además, hay que ser muy flexible: Nunca caer en la típica *asset allocation*, tanto para sectores como para geografías. Si los mercados emergentes están atractivos, habrá que invertir lo que se considere necesario. Si es el 50 por ciento, así sea.

Si no entendemos la banca o las nuevas tecnologías, no invirtamos en ellas. Si somos unos apasionados de la ingeniería y vemos oportunidades, ¡a por ellas!

• Prestar especial atención a la ponderación de los valores en la cartera. Ya hemos dicho que a lo largo del tiempo hemos fallado significativamente en numerosos valores, más de 40, pero la clave es que sólo ocasionalmente se trataba de inversiones importantes. Para dar un peso alto a un valor en un fondo hay que estar muy seguro de la inversión, y nunca hacerlo en compañías endeudadas.

Conviene aclarar que es muy difícil percibir y asumir los errores de inversión: siempre le damos el beneficio de la duda a la compañía, pues llevamos tanto tiempo invertido en su estudio que nos produce una gran insatisfacción vender y pensar que lo estamos tirando a la basura. Una de las maneras de obviar este problema es tener exposiciones pequeñas a esos valores dudosos.

• Cambios en la ponderación. Una de las formas de añadir valor en la gestión es a través de los cambios en el tamaño de las posiciones de los valores.

En Europa, dentro de los fondos de inversión regulados, hay una exención fiscal prácticamente total de las plusvalías del capital. Esto permite las ventas de acciones sin apenas coste, ya que, por otro lado, las comisiones de compraventa de valores se han reducido enormemente, no superando en el peor de los casos los 25 puntos básicos (0,25 por ciento), una cantidad inapreciable cuando hablamos de movimientos de precios de un valor del 15 o 20 por ciento.

Y hemos explicado previamente que el argumento que sostiene la compraventa continua es un simple cálculo de probabilidades: si un valor de la cartera sube un 10 por ciento y otro cae un 10 por ciento, se ha producido un movimiento relativo del 20 por ciento que podemos aprovechar. Lo lógico en este caso, después de estudiar los movimientos, es reducir posiciones en aquel que se ha revalorizado y aumentarlas en el que ha caído.

Otros inversores esperan a que el valor alcance su precio objetivo para vender toda la posición, o siguen otros métodos, pero este simple acto nos permite con toda probabilidad aumentar el potencial del fondo, pues raro será que las valoraciones de las acciones en cuestión se hayan movido en la misma proporción.

• Esfuerzo sectorial. Hay que centrarse en los sectores interesantes. Es imposible realizar un seguimiento continuo de todos, por lo que, como generalistas no especializados debemos discriminar aquellos que merecen la pena seguir, para luego centrarnos en ellos, olvidándonos del resto. No todos son igualmente atractivos en todo momento, obviamente, y puede tardar años en ocurrir el cambio desde unos a otros.

Centrarse quiere decir utilizar predominantemente los recursos, y en especial el tiempo, con los más atractivos. Seguiremos el resto de sectores, pero desde la distancia, sabiendo que están ahí, pero que no nos deben consumir tiempo en estos momentos.

La característica que debemos buscar para interesarnos es la misma que con una acción aislada: un mal comportamiento bursátil que provoque el disgusto generalizado, incluso el odio personal de los inversores hacia el sector. Con esa base de partida empezaremos a investigar si merece la pena invertir o no.

Los especialistas sectoriales o regionales tienen un problema básico, ya que están limitados a una parte específica del mercado y sólo pueden actuar en ella. Tienen que comprar algo y lo acaban comprando, sea interesante o no. Lo mismo sucede con un delegado en una región en cualquier negocio: termina vendiendo, aunque la venta no sea muy rentable, porque su puesto está en juego. Como decía José María Entrecanales, antiguo presidente de Acciona: «Hay que tener cuidado con los delegados de negocio en un país, porque siempre acaban contratando, aunque la obra no sea rentable». Se refería a la construcción, su negocio principal, y acertada y lúcidamente, como casi siempre.

Por último, cuando los «expertos» hablan de los pesos sectoriales hablan de los pesos relativos de los sectores, y normalmente no se desvían mucho. Es decir, si el sector financiero supone el 20 por ciento del mercado, aconsejarán invertir un 15 o un 22 por ciento de la cartera, por ejemplo. Cuando nosotros hablamos de esfuerzo sectorial nos referimos a dedicarles recursos, para después decidir si se invierte o no. La decisión debe ser sin prejuicios, sin tener en cuenta el peso del sector en el mercado.

Por tanto, moviéndonos de los sectores poco atractivos hacia los que más lo son evitaremos perder tiempo, un recurso escasísimo en el análisis de inversión. Habrá momentos más adelante para volver a los temporalmente abandonados.

Un día en la vida de un gestor

Es casi un tópico resaltar las ventajas de la constancia que, formando el hábito, permite alcanzar resultados óptimos a lo largo del tiempo.

En mi caso tengo la suerte de haber podido mantener unas rutinas estables a lo largo de los años, a pesar del incremento del tamaño de los fondos que gestionamos y del número de clientes (y de mi familia). Nadie sabe con certeza cuál es el camino ideal para conseguir un objetivo, y todos nos vamos ajustando con la prueba y el error, pero yo he sido muy poco proclive a cambiar los hábitos, al constatar tempranamente que los míos me funcionaban. Vamos a detallarlos.

Empiezo las mañanas leyendo la prensa. He leído cada día durante los últimos veinticinco años *Expansión* y *Financial Times*. Estos dos diarios forman la base de lectura. Antes leía también algún otro diario económico en español, que abandoné al ser demasiado similar a *Expansión*, sustituyéndolo temporalmente por aquellos que nos resultaban interesantes en diversos momentos de nuestra historia, como el francés *Les Echos* o el chino *China Daily*.

Entre los económicos extranjeros siempre he mantenido el *FT* por ser europeo, aunque me parece que la sección editorial y de opinión del *The Wall Street Journal* es mejor, por ser menos intervencionista. La columna «Lex» del *FT* es, en cualquier caso, imprescindible, porque analiza brevemente algunas compañías, y lo hace con suficiente profundidad como para aportar valor. Con el tiempo ya no aprendo tanto del *FT*, pero me sirve para ver dónde está el consenso de mercado y actuar en consecuencia. Los semanarios que considero imprescindibles son *Barron's* y *The Economist*, y otra publicación que merece la pena es el *Value Investor Insight*, donde un par de gestores interesantes exponen sus ideas cada mes.

Ya no leo periódicos de información general ni escucho noticias en radio o televisión, porque me cansa la falta de conocimiento que exhiben, al menos en los asuntos que conozco, y la negatividad que transmiten en un mundo que cada día ofrece a más personas más posibilidades para tener una vida digna.

Después de la prensa empiezan varias rutinas que se van alternando según las circunstancias, la lectura de informes de compañías o sectoriales (nunca leo informes sobre lo que se llama estrategia de inversión), las visitas a compañías o de ellas a nuestras oficinas, y los contactos con expertos sectoriales o conocedores de empresas que nos interesan. Posiblemente la mayor cantidad de tiempo la dediquemos a la lectura en solitario, y la afición por la lectura es imprescindible para ser un buen analista o gestor. El mito de Hollywood, operadores gritando a sus teléfonos, no existe en nuestro mundo de calma. Venir a nuestras oficinas es entrar en la Biblioteca Nacional: ¡pschh, no se puede hablar! El verdadero *inversor value*, que es el que mayor respeto me merece, es una persona que pasa la vida entregado a su afición, la lectura. Nadie es capaz de estudiar una oposición durante cincuenta años —y eso es lo que hacemos— si no disfruta con ello.

No tenemos reuniones formales del equipo, y ponemos las ideas en común cuando surgen o aprovechando alguna de las reuniones con compañías o conferencias con expertos. Realmente, no es mucho el tiempo que estamos juntos.

Los viajes eran muy importantes hace tiempo, pero ahora lo son menos gracias a los medios tecnológicos disponibles. Sin embargo, sí que viajamos una o dos veces al mes, normalmente por Europa.

Ya he comentado en otros lugares que no sigo los mercados hasta que éstos cierran.

Fue una decisión que tome formalmente cuando ampliaron los horarios de contratación a un horario que comprendía desde las 9.00 hasta las 17.30. Me parecía demasiado tiempo y no quería dejar de hacer cosas importantes para seguirlos. Fue un boicot unipersonal que, lógicamente, no ha tenido repercusiones globales, pero sí personales, pues centró toda mi atención en el análisis.

Como normalmente yo soy el que hago la gestión diaria de las carteras, los operadores o alguien del equipo me avisan cuando algún valor se mueve de forma brusca o se acerca a un límite que nos pueda interesar, para tomar la decisión de comprar o vender.

En general, no sé nunca lo que está haciendo el mercado a lo largo del día, aunque lo intuyo por el movimiento de esos valores que nos interesan. Cuando cierra el mercado, a las 18.00, repaso las cotizaciones de nuestros valores y los movimientos interesantes en otros valores que estemos siguiendo. Con esa información tomamos las decisiones para el día siguiente.

Algunos gestores dicen que hay que ayudarse de la almohada para tomar decisiones. Estoy de acuerdo. Dejar pasar al menos un día ayuda a evitar precipitaciones innecesarias.

Tenemos la suerte de que las labores comerciales que aquejan a otros gestores las hemos conseguido reducir al mínimo posible. Mi criterio en los últimos años ha sido no ver a clientes nuevos, salvo situaciones excepcionales, pero intentando mantener la relación con los antiguos. Para ello las conferencias anuales de inversores y el esfuerzo del equipo comercial, al que se le intenta transmitir los conocimientos necesarios, han sido determinantes.

Con ello consigo tener un horario razonable, pues nunca estoy en la oficina después de las ocho de la tarde. Me parece que es un horario suficiente para mantener el equilibrio con la vida familiar, teniendo en cuenta, además, que utilizo el camino de ida y vuelta a casa, una hora entre ambos, para la lectura, que, aunque pueda ser variada y no estrictamente relacionada con el trabajo, lo complementa muy bien.

Como conclusión vemos que el nexo común de cada día es la constancia, que, aplicada a una actividad que mantiene su atractivo a lo largo del tiempo tiene un efecto muy positivo, como explica Angela Duckworth (2016). Cada día se repite un esquema básico que hay que mantener cueste lo que cueste. Únicamente en dos breves momentos he dejado de leer temporalmente la prensa diaria, durante unos días después de mi accidente en 2008 y después de mi dimisión.

Esta constancia lleva al desarrollo de habilidades que, al perfeccionarse, dan sentido al trabajo más allá de uno mismo. Ya no lo hacemos sólo por la satisfacción personal, sino por algo más que está fuera de nosotros. En mi caso se trata de intentar dar tranquilidad e independencia a otras personas en un aspecto esencial de sus vidas: sus ahorros.

Un ejemplo de gestión. BMW

BMW ha sido una inversión muy representativa de nuestra forma de gestionar.

Es una compañía comprensible, con una sólida familia como accionista de referencia a largo plazo, con una cierta dosis de crecimiento y sometida a las fluctuaciones de los ciclos, pero que dispone de una amplia tesorería para defenderse.

Su principal atracción es la marca, que le permite obtener unos márgenes y rentabilidades muy superiores a los obtenidos por la mayoría de los competidores, incluso aquellos que compiten en el segmento de lujo, como Daimler, dueño de Mercedes. El margen medio sobre ventas lo han situado entre el 8 y el 10 por ciento en los últimos diez años, lo que les permite obtener una rentabilidad sobre el capital del 25 por ciento en el puro negocio de autos. Esta última está mitigada por los menores retornos de la actividad financiera, lo que hace que el ROCE del grupo se sitúe entre el 15 y el 20 por ciento.[59]

59. BMW, «Memorias anuales 1995-2015»; Harald C. Hendrikse, «Will BMW celebrate the centenary?», Morgan Stanley, 7 de marzo de 2016.

Otro factor en la decisión de inversión era el enorme incremento esperado de las ventas en China, que en aquel momento eran reducidas, pero con unas perspectivas de crecimiento importantes, dada la inclinación del consumidor chino a exhibir su nivel económico, algo que BMW podía satisfacer perfectamente (las ventas en China pasaron de 44.000 coches en 2006 a 463.000 en 2015). Hay que decir, en todo caso, que este crecimiento superó ampliamente el esperado por nosotros.

También pensamos que era la compañía más avanzada en los desarrollos tecnológicos y medioambientales y en la extensión de su gama, con el lanzamiento de nuevos productos SUV, multiusos, diferenciados con la letra X.

Pero, sobre todo, era una compañía donde la familia Quandt tenía el control, pero sin involucrarse en la gestión diaria. Cometieron un grave error en los años noventa al comprar el grupo Rover, pero desde entonces aprendieron a tener cuidado con la mala diversificación —aunque como punto positivo de la compra de Rover, se encontraron Mini y Rolls Royce, que han dado un buen resultado a largo plazo—. La gestión familiar se plasma en que llevan veinte años con un número similar de acciones, alrededor de 650 millones, financiando todo el crecimiento con los recursos generados.

Nuestra primera compra la realizamos en la primavera de 2005, acciones comunes a 35 euros, representando un 0,7 por ciento de la cartera internacional. Compramos las comunes porque el descuento de las preferentes no era demasiado grande, un 10 por ciento.

Durante ese año la compañía continuaba con un ritmo récord de resultados, mientras que nosotros perfeccionábamos nuestro conocimiento sobre ella hablando con expertos de su entorno y viajando a Alemania para visitarles en Múnich. También visitamos a Daimler y a Volkswagen. Como complemento, desempolvé mi alemán leyendo la turbulenta y fascinante historia de la familia en *Die Quandts*. Así, en la primavera de 2006, aprovechando una recaída de la cotización, incrementamos nuestra posición al 2,5 por ciento de la cartera, ya una posición importante. Todavía con acciones comunes, pues las preferentes cotizaban a niveles similares, y de hecho cerraron 2006 un céntimo por encima de las comunes, 43,52 euros.

En el segundo semestre de 2007, con el comienzo de la crisis financiera comenzamos a comprar acciones preferentes, que habían sufrido una caída más fuerte que las comunes y cotizaban de nuevo cerca de 35 euros, con un descuento del 15 por ciento respecto de las comunes. Compramos un 4 por ciento de la cartera. A pesar de su iliquidez (diariamente cotizaban 50.000 acciones frente a los 2.000.000 de acciones comunes), nos tranquilizaba el hecho de que los incentivos a empleados se otorgaban con acciones preferentes, que además tenían derecho estatutario a un dividendo algo mayor. Como vendimos algunas acciones normales, para no aumentar excesivamente la exposición, la posición total quedó en el 5 por ciento.

En 2008 y comienzos de 2009 aprovechamos la debacle financiera, que situó las acciones preferentes en un mínimo de 11,05 euros por acción, e incrementamos la posición hasta el 9 por ciento de la cartera, cerca del máximo legal permitido, y situando el precio medio de compra en 20 euros por acción.

En ese momento la capitalización de la compañía era de 7.000 millones de euros, y teniendo en cuenta que la liquidez de la actividad industrial y el valor contable de la actividad financiera superaban esa cantidad, la compañía estaba efectivamente regalada, como indicamos en nuestra presentación pública de marzo de 2009. Recordemos, por otra parte, que la compañía tuvo una generación de caja positiva en esos dos años, es decir, en la peor crisis de las últimas décadas aumentó su tesorería.

En las compañías cíclicas es imprescindible aprovechar los movimientos en las cotizaciones que genera el ciclo. Nosotros compramos durante toda la caída, aumentando el tamaño de la posición constantemente y mejorando cada día el precio medio de compra. No sabíamos qué día se produciría el mínimo de cotización, pero sabíamos que ese día estaríamos comprando, como así fue.

En 2009 la acción, donde ya sólo teníamos preferentes, dobló su cotización, cerrando a 23 euros. Durante todo el año fuimos vendiendo acciones para no exceder el límite legal y para reducir la exposición, que al final del ejercicio se situó en el 7,78 por ciento de la cartera global.

En 2010 la acción volvió a prácticamente doblar, cerrando a 38,50. Continuamos vendiendo, pero mantuvimos el peso cerca del 9 por ciento de la cartera durante bastante tiempo. A finales de 2013 redujimos la posición al 7,58 por ciento, pues cerró este año en 62,09 euros.

Es decir, en nueve años (desde nuestra primera compra) la acción se había revalorizado un 75 por ciento, una cifra superior al mercado, pero lo que es más relevante es que, gracias a no cejar en esas compras durante las caídas, redujimos el precio medio de compra y conseguimos triplicar nuestra inversión, desde 20 a 62 euros (más 11,87 euros en dividendos, cantidad no despreciable, pues supone el 60 por ciento de la inversión inicial). No nos esperábamos la fuerte caída de los mercados en 2008, pero gracias a Lehman Brothers, lo que debería haber sido una rentabilidad razonable, un 75 por ciento en nueve años, se convirtió en una extraordinaria. Como dicen algunos políticos perversos, no hay que dejar pasar una buena crisis sin aprovecharla.

Las causas de ese buen comportamiento bursátil hay que

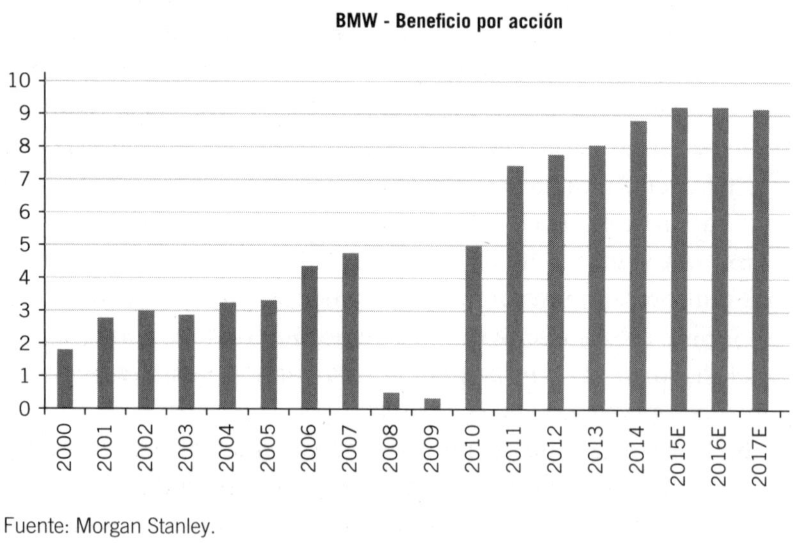

Fuente: Morgan Stanley.

buscarlas en el excelente comportamiento de la empresa. En 2005 vendió 1,33 millones de automóviles; en 2013, 1,96 millones. En 2005 obtuvo un beneficio neto de 2,2 billones de euros; en 2013, 5,34 billones de euros. Por último, en 2005 obtuvo 4,4 euros de beneficio por acción; en 2013, 8,10 euros. Somos inversores *value*, pero no despreciamos el crecimiento cuando el mercado no nos obliga a pagar por él.

Podemos concluir indicando que nuestra inversión en BMW durante el periodo 2005-2009 es un caso típico de inversión value acertada. Aquí brillan con especial claridad todas las virtudes del «método»:

1. Precio cotización absurdo frente a una valoración correcta. Marzo de 2009: Precio: 11 €. Valoración: 100 €.
2. El Señor Mercado actúa de forma irracional en plena crisis. Deprimido, en tiempos de máxima volatilidad, no discrimina entre compañías y arrasa con todo sin sentido. Trata a BMW como un banco o una inmobiliaria, penalizando desproporcionadamente su cotización.
3. El Señor Mercado es ineficiente a Corto Plazo (Precio 2009: 11 €) y eficiente a largo plazo (Precio 2015: 70 €).
4. La mezcla necesaria de capacidad y factores de personalidad del inversor value dan un buen resultado. El estudio a fondo de la empresa para llegar a una correcta valoración (100 €); la convicción y el coraje para hacer lo contrario a todos (comprar cuando todos venden); sostener la convicción en el tiempo (comprar más cuanto más baja, hasta el máximo legal); y, por último, la paciencia (4-5 años de espera).
5. Una valoración correcta es la clave de todo. Estudiamos empresas y sólo después miramos su precio de cotización. Si el estudio de la empresa es el adecuado y la valoración es correcta, con paciencia la inversión será rentable. El tiempo juega a nuestro favor.
6. BMW es el tipo de compañía ideal para un inversor value: compañía sólida; familiar; con caja; sin deuda; con marca; con un cierto consumo cíclico; perdurable; con posi-

bilidades de crecimiento natural (China); concentrada en lo suyo; y en 2009: ¡¡¡baratísima!!!.

7. Todo esto acaba en un resultado extraordinario: Beneficio de un 300% en 4 años. Precio mínimo 2009: 11 €/ Precio medio compra 2009-11: 20 €/Precio Venta 2014: 60 €/

9

El inversor irracional: cualquiera de nosotros

Sí, nosotros. Los inversores, los gestores, yo mismo; todos nos comportamos irracionalmente en mayor o menor medida; tenemos unos objetivos quizás claros, como mantener el poder adquisitivo de nuestros ahorros, pero no somos capaces de utilizar las herramientas que racionalmente nos permiten conseguirlos.

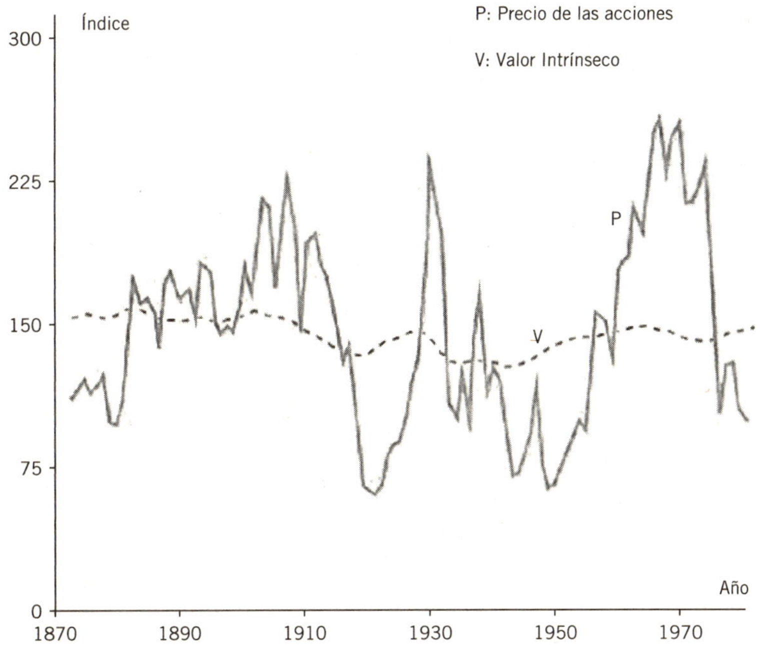

Históricamente esto ha producido una volatilidad que no está relacionada con la evolución de los activos subyacentes, especialmente en los puntos de inflexión de los mercados.

Curiosamente, además, en nuestro «negocio», el cliente *no* tiene razón: invierte en máximos y vende en mínimos, dañando la rentabilidad que obtiene, que por ello, es inferior a la media del mercado a largo plazo. Esto no es una opinión, es un hecho perfectamente medible analizando los flujos de entrada y salida de los fondos de inversión.

En este capítulo nos proponemos conocer mejor cómo actuamos, con el objetivo de minimizar ese lado oscuro y absurdo que nos empuja a actuar sin pensar, o peor aún, a hacer algo que sabemos que nos perjudica.

¿Por qué seguimos pensando que la renta fija es más segura que la renta variable a pesar de las múltiples evidencias de lo contrario?

¿Por qué hay estrategias de inversión que obtienen mejores resultados sistemáticamente? ¿Por qué no las aprovechamos?

¿Por qué hay gestores que baten el mercado repetidamente?

Para responder a estas preguntas hay que dar un repaso a los estudios de los investigadores —psicólogos y economistas, fundamentalmente—, que durante los últimos cincuenta años han analizado ese comportamiento irracional, aplicando sus conclusiones también al campo de la economía y la inversión, que es el que nos interesa en este momento.

Para los seguidores de los economistas austriacos el hecho de que el hombre no es siempre racional no es una sorpresa. Aunque es cierto que el hombre cuando actúa lo hace porque tiene unos objetivos últimos, nos gusten o no, que son siempre, en este sentido, racionales (de lo contrario no actuaría), también es cierto que a veces no escoge los medios adecuados o no los utiliza acertadamente.[60]

Podemos tener como objetivo maximizar nuestros ahorros a largo plazo o donar nuestro patrimonio a personas necesitadas, pero cualquiera que sea el objetivo que escojamos, debemos ele-

60. Ludwig von Mises, 1995, p. 24.

gir los medios adecuados para llevarlo a cabo. No podemos maximizar nuestros ahorros donándolos a terceros o invirtiendo conscientemente en aquello que no los maximiza. Esto es lo irracional.

Antes incluso que Mises, Eugen von Böhm-Bawerk, a pesar de considerarse un economista y no un psicólogo, indagó en esa irracionalidad, especialmente en el estudio de la preferencia temporal y los errores relacionados con ella, como el excesivo peso que damos al momento actual o la inconsistencia intertemporal en las elecciones.

Su teoría del interés la fundamentaba en el hecho de que valoramos más los bienes presentes que los futuros, pero cuando lo hacemos:

> Subestimamos sistemáticamente nuestras necesidades futuras y los medios para atenderlas.[61]

Y daba tres razones para ello, la pobre representación que nos hacemos de las necesidades futuras; la falta de voluntad: dejar las cosas para mañana; y la incertidumbre y brevedad de la vida humana. Estos efectos tendrán un impacto diferente en cada persona y variarán a lo largo del tiempo.

Con él, por primera vez se analizan los «fallos» de valoración temporal por motivos psicológicos, que tienen como consecuencia la miope sobrevaloración del presente respecto al futuro e inconsistencias tales como valorar de distinta manera mismos periodos temporales en distintos momentos: valoramos mucho más la diferencia entre recibir algo hoy o dentro de un año, que la diferencia de recibirlo dentro de cinco o seis años; en ambos casos la diferencia es la misma, un año, pero la valoración es distinta.

En el siglo xx se ha profundizado enormemente en el estudio de esta irracionalidad, y el origen de nuestros problemas hay que buscarlo en el conflicto entre nuestra actividad emocio-

61. Ver Bóhm-Bawerk, 1998, Libro V: «Presente y futuro».

nal y nuestra actividad racional,[62] y específicamente cuando nuestra actividad emocional se impone indebidamente a la racional. Tenemos dos sistemas, que, siguiendo la popularización de Kahneman, llamaremos 1 y 2. El 1 opera rápida y automáticamente, casi sin esfuerzo y sin sensación de control. El 2 presta atención a actividades mentales que requieren esfuerzo, con cálculos complejos.

Estos sistemas son muy conocidos por los psicólogos, y todos pensamos que actuamos con el 2, el consciente que elige libre y racionalmente. Pero esto no es así, el 1, emocional, nos dirige mucho más de lo que creemos.

Por ejemplo: un problema clásico, que hay que tratar de resolver con la intuición:

> Una bola y un bate de béisbol cuestan en total 1,10 dólares.
> El bate cuesta un dólar más que la bola.
> ¿Cuánto cuesta la bola?

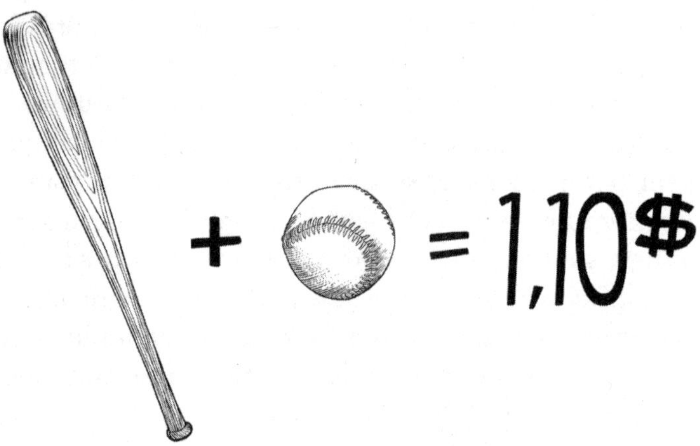

La respuesta intuitiva es 0,10, que es intuitiva pero incorrecta, pues entonces el bate costaría 1,10 y el total sería 1,20. La respuesta correcta es 0,5 dólares. Está claro que con un poco de

62. Ver, por ejemplo, Jonathan Haidt, *La hipótesis de la felicidad*; Daniel Kahneman, *Pensar rápido, pensar despacio*; Janet Metcalfe y Walter Mischel (1999); Dan Ariely, *Predictably irrational.*

esfuerzo todo el mundo es capaz de dar la respuesta correcta, pero somos un poco vagos y nos dejamos llevar por la intuición. Más del 50 por ciento de los estudiantes de Harvard, MIT y Princeton dieron la respuesta incorrecta, y en universidades menos conocidas ¡se llegó al 80 por ciento!

El problema no es que seamos más o menos inteligentes, sino que nos dejemos llevar por nuestros impulsos más primarios sin aplicar nuestra inteligencia. Pensamos que somos conscientes de nuestras actuaciones, pero en numerosas situaciones no lo somos. Comportarnos de esta manera puede traer unas consecuencias financieras muy negativas, por lo que vamos a repasar el problema y a buscar maneras de minimizarlo.

¿Por qué no invertimos en acciones? Aversión a la volatilidad

La primera y quizás más importante falla racional que cometemos es la extrema aversión al riesgo —confundido con volatilidad, en este caso— que nos impide invertir en acciones la mayoría de nuestros ahorros, como sería lógico de acuerdo con la evidencia lógica e histórica que hemos visto. Es cierto que los ahorradores de algunos países anglosajones, con una mayor cultura financiera, no actúan así, asignando a través de sus fondos de pensiones una parte significativa de sus inversiones a activos reales y, específicamente, a acciones, pero esto no ocurre en la mayoría. Ya hemos visto que en España, por ejemplo, sí se invierte en activos reales, pero fundamentalmente en inmobiliarios (un 78 por ciento del total de los activos).

Esta aversión al «riesgo», entendido como volatilidad, es el error más caro de todos, pues elimina una posibilidad evidente de incrementar el valor adquisitivo de los ahorros con un mínimo de riesgo real.

Pero el problema existe incluso en los países más avanzados financieramente. Por ejemplo, según una encuesta,[63] sólo el 17 por

63. <Bankrate.com> que publica *Barron's*, 27 de julio de 2015.

ciento de los americanos se plantean las acciones cuando piensan en una inversión a diez años con dinero que no necesitan. Un 27 por ciento prefiere las casas y un 23 por ciento la liquidez. Es decir, más americanos prefieren la liquidez a largo plazo que las acciones a largo plazo. Estos resultados son similares a los mostrados en el capítulo 5.

Si apelamos a la lógica y a los resultados históricos esto es absurdo, pero es así. Schlomo Benartzi y Richard Thaler explican[64] que las razones de esta aversión al riesgo son dos:

1. Los inversores tenemos aversión a las pérdidas, valorando exageradamente no perder, y, además, con miopía: especial aversión a las pérdidas a corto plazo. La alegría que nos produce un beneficio es menor que la tristeza y desazón de la pérdida. Además, damos mayor importancia a la pérdida efectiva que al coste de oportunidad (beneficio no recibido). No nos importa dejar de ganar, especialmente si no somos conscientes de que un vecino ha ganado; nos importa perder.[65]

Esta aversión tiene, como vemos, una relación estrecha con lo que se conoce como «dependencia del contexto» (*frame dependency*), que explica cómo dependiendo de cómo se plantea el problema tomamos una decisión u otra; en este caso mirando más a la pérdida efectiva que a la no ganancia.

Veamos el siguiente ejemplo de aversión al riesgo que estudiaron Kahneman y Tversky:[66]

Tenemos dos posibilidades: 1. Aceptar una pérdida segura de 7.500 dólares. 2. Un 75 por ciento de probabilidad de perder 10.000 dólares y un 25 por ciento de no perder nada.

Las dos opciones tienen la misma pérdida esperada: 7.500, pero la mayoría de la gente elige la opción 2, porque tienen una clara aversión a perder. En la opción 1 la pérdida es cierta y en la opción 2 hay alguna posibilidad de no perder.

64. Schlomo Benartzi y Richard Thaler, 1993.

65. Daniel Kahneman, Jack L. Knetsch y Richard Thaler, «Fairness as a constraint on profit seeking: entitlements in the market», *American Economic Review*, 76 (septiembre), pp. 728-742.

66. Daniel Kahneman y Amos Tversky, «Prospect Theory: An analysis of decision making under risk», *Econometrica*, 47[2] (1979), pp. 263-291.

Posiblemente nuestro cerebro no ha evolucionado tan rápidamente como hubiera debido y todavía otorga una importancia exagerada a las pérdidas: los organismos que se preocupaban más intensamente por las amenazas tenían más capacidad para sobrevivir. Esto provoca no sólo un importante lucro cesante, sino también la posibilidad real de ser manipulados por asesores «perversos».

2. Miramos con demasiada frecuencia los resultados, lo que nos dificulta tener visión a largo plazo. Si no estuviéramos tan pendientes de ellos, mejorarían. Las pérdidas nos causan mayor dolor que la alegría que nos producen beneficios de cuantía similar, y en la renta variable el número de días de pérdidas es alto, a pesar de que el resultado final a largo plazo sea muy positivo. Por tanto, si miramos menos los resultados estaremos menos expuestos a situaciones de pérdidas, y tendremos mayor tolerancia a la volatilidad.

Nos cuesta obviar los instintos emocionales y asignar las probabilidades correctas a los resultados futuros de los diferentes tipos de activos. La combinación de los dos factores de personalidad comentados hace muy difícil aceptar la volatilidad y las consiguientes pérdidas temporales que se derivan de la inversión en acciones.

Para solucionar un problema hay que ser conscientes de que existe y profundizar hasta su raíz. Una vez que asumimos que no somos perfectos, que no tenemos la paciencia o tranquilidad mental necesarias, el conocimiento es la primera fuente de ayuda. Por eso, la mayor difusión de la realidad que subyace cuando invertimos nos ayudará a tomar con firmeza la decisión de invertir un porcentaje mayor de nuestros ahorros en acciones. Es necesario dar armas al sistema 2 para domar el 1.

Es cierto que a veces los «expertos» son los que más errores cometen, pero cuanto más conocimiento utilicemos en la decisión, más tranquilidad tendremos. La paciencia se puede cultivar.

Esta paciencia es la clave del proceso inversor, permitiéndonos dominar los impulsos miopes; cualquier método que ayude en su desarrollo será bienvenido. Una herramienta práctica es sistematizar la inversión. Por ejemplo, invertir cada cierto tiempo una cantidad, digamos el día 1 de cada mes, bajo cualquier circunstancia. No importa la cantidad ni la frecuencia, lo esencial es mantener la decisión firme e inquebrantable de invertir regularmente. Con fórmulas de este tipo se superan los resultados de la intuición en la mayoría de los casos, y en el peor de los casos se igualan.[67]

Otra forma de ayudar es hacer un seguimiento de la cartera lo más espaciado posible. Si puede ser una vez al año o cada tres años, mejor. Parece una dejación de responsabilidad, pero si se ha analizado la estrategia a seguir, y se está seguro de ella, hay que dejarla trabajar. Yo personalmente no tengo ni idea del dinero que tengo invertido en mis fondos. Cuando tengo liquidez invierto ese día en los fondos y me olvido hasta que vuelvo a tener ahorros disponibles. De vez en cuando miro alguna carta mensual, para recordar mi situación, pero en otros casos las tiro sin abrir. Los inversores o clientes que mejor viven su experiencia como inversores son aquellos que después de tomada su decisión razonada de inversión, no la siguen habitualmente.

Profesionalmente es cierto que hay que seguir las cotizaciones todos los días, pero ya he explicado que espero a que cierre el mercado para encender el ordenador, y únicamente en ese momento miro la evolución de la jornada. Durante el resto del día no sé lo que hacen las cotizaciones, salvo que me avisen desde la mesa de *trading* de que algunos de los valores en los que estamos activos esos días se están moviendo en un rango que nos interesa y sea necesario comprar o vender. Por supuesto, no tengo una pantalla de Bloomberg en mi despacho; tenemos una compartida para toda la oficina.

Algunos inversores conocidos son más radicales y no miran las cotizaciones durante semanas. Otros se autoimponen dar las órdenes después de pasar una noche consultándolo con la almohada. Cualquier sistema que se adapte a nuestras necesidades es aceptable, lo importante es que el ruido del día a día no moleste.

Con un poco de conocimiento y algunos trucos podemos me-

67. Daniel Kahneman, 2011, p. 222.

jorar nuestra miope aversión al riesgo y las pérdidas. Uno de los logros de los que más orgulloso estoy es de haber conseguido que un gran número de familiares, amigos y conocidos estén menos expuestos a esa miopía, llegando a entender que la volatilidad de las acciones es positiva para sus ahorros a largo plazo.

¿Por qué no invertimos en estrategias que han tenido éxito o, en todo caso, en acciones baratas?

La conclusión más clara después del análisis del comportamiento de todas las estrategias estudiadas por O'Shaughnessy, y que hemos visto en el capítulo 6, es que hay reversión a la media: las acciones caras dejan de serlo, obteniendo durante el proceso malos resultados; y las baratas también vuelven a la media, mejorando su evolución. Si a algún lector todavía le quedaba alguna duda de que el mercado pudiera ser eficiente, parece claro a la vista de su análisis que se puede intentar aprovechar esta ineficiencia.

Si tan evidente es la reversión a la media de estas estrategias, es sorprendente que el mercado no las haya corregido progresivamente y que todavía nos podamos aprovechar de ello como inversores. Las razones de nuevo hay que buscarlas en nosotros mismos. El propio concepto de reversión a la media es muy difícil de comprender. Como dice Kahneman,[68] Francis Galton lo desarrolló cinco años después de que apareciera la teoría de la gravitación universal o el cálculo diferencial. Tuvo que esforzarse para asimilar el concepto, como sigue costándonos a todos hoy en día.

El *primer problema* es que tendemos a extrapolar el futuro según el pasado y, especialmente, el pasado reciente. Nos cuesta pensar que las cosas van a cambiar. Es lo que se llama el problema de la «representatividad».[69] Pero las cosas cambian, y de una manera en cierta medida predecible. Veámoslo con un ejemplo de Hersh Shefrin[70] que combina tanto el problema de la representatividad como el de regresión a la media.

Se intenta predecir las notas de los estudiantes en la universidad, teniendo en cuenta que los que se gradúan del colegio tienen una nota media de 3,08. Si tenemos tres nuevos estudiantes en la universidad con notas de colegio medias de 2,20, 3,00 y 3,80, y hacemos una encuesta preguntando cuáles van a ser sus notas universitarias, se observa que la predicción para los tres alumnos es 2,03, 2,77 y 3,46, respectivamente.

La realidad es que tuvieron unas notas de 2,70, 2,93 y 3,30. Es decir: se piensa que los estudiantes malos seguirán siendo

68. Ibídem, p. 179.
69. Werner De Bondt y Richard Thaler, 1985.
70. Hersh Shefrin, 2000, pp. 14-16.

malos y los buenos, buenos. En cierta medida la predicción es correcta, pero la realidad es que hay una fuerte reversión a la media que no está completamente reflejada en esas predicciones.

Notas de colegio	Predicción notas univers.	Notas reales univers.
2,20	2,03	2,70
3,00	2,77	2,93
3,80	3,46	3,30

Fuente: Hershefrin, 2000.

Un caso de regresión a la media especialmente interesante es el de la calidad en la gestión de las empresas. Las compañías bien gestionadas tienden a comportarse peor en el futuro y sus altas rentabilidades sobre el capital son difíciles de mantener. Ya hemos hablado de Philip Rosenzweig y su *The halo effect*, donde explica que la historia que se cuenta acerca del éxito de una compañía o del impacto de un consejero delegado en la misma puede ser muy verosímil, pero en muchos casos se trata del mero efecto de la suerte, que revertirá a la media.

Lo mismo ocurre con los gestores de dinero, que pueden haber tenido una buena «racha» no sostenible en el futuro. Como hemos dicho, hay que analizar a fondo su trayectoria a muy largo plazo y su filosofía de inversión y de vida. No es suficiente extrapolar el pasado.

El *segundo problema* se origina en la dificultad que encontramos para ir contra la opinión generalizada de nuestro entorno: es muy difícil salirse del rebaño. De nuevo aparece el hombre primitivo que llevamos dentro: no ha sido razonable salirse del grupo para cazar o vivir solo, pues el grupo suele tener razón, o al menos es más seguro y las circunstancias han cambiado más rápido que nuestro cerebro.[71] De hecho, cuando nos sentimos excluidos del grupo se activa la misma parte del cerebro que lo hace cuando sentimos daño físico. ¡Duele sentirse fuera del grupo![72]

71. James Surowiecki, *Cien mejor que uno*, es una interesante lectura que confirma que los grupos diversos tienen más éxito que los individuos aislados.
72. Eisenberger, Lieberman, Williams, 2003.

Líneas de Asch

James Montier trae un famoso ejemplo de Solomon Asch de 1951.

Si preguntamos cuál de las tres líneas de la derecha es igual a la de la izquierda, la respuesta es obvia. Pues bien, si preguntamos en un grupo de al menos tres personas y el resto de personas está colaborando con la investigación sin conocimiento del sujeto al que se realiza el test, y aquellas responden de forma incorrecta, entonces el sujeto responde como diga la mayoría ¡un tercio de las veces! Y si se repite varias rondas, en, al menos alguna de las rondas ¡tres cuartas partes de las personas respondemos como la mayoría!

Tanto si compramos una acción que nadie quiere, como un grupo de acciones con PER bajo, estamos forzándonos a hacer algo que cuesta. Podemos estar de acuerdo en que hay que invertir en acciones baratas, sabiendo que la estrategia funciona, pero cuando oímos los nombres de las compañías nos entra un vértigo repentino e intenso, e intentamos justificar de mil maneras por qué no debemos comprar. Nadie las está comprando, y casi nos duele hacerlo...

Una solución es comprometerse a actuar a priori, como recomendábamos para evitar la aversión a las pérdidas (con la salvedad obvia de que siempre podemos cambiar de opinión y entonces dejará de funcionar). Ya hemos explicado que nosotros, por ejemplo, de una forma casi semiautomática casi siempre vendemos cuando un valor sube y compramos cuando baja. Analizamos la razón del movimiento y si éste es demasiado brusco, como casi siempre suele suceder, actuamos. Cuando vendemos subiendo, a veces lo llamamos *fooled by randomness* [confusión entre suerte y habilidad] en honor a Nassim Nicholas Taleb y su libro *¿Existe la suerte?*, porque ¿quién sabe si no hemos acertado sólo por suerte y, por tanto, con la mera subida disminuyen las probabilidades de seguir teniendo esa suerte? ¿Quién sabe si lo que pensamos que es nuestra habilidad no es más que el azar? Como dice Taleb, tendemos a confundir habilidad con suerte, y una posible solución es la comentada: asumir que hay una parte de suerte en nuestro éxito y actuar automáticamente antes de que ésta cambie.

Sorprendente ejemplo de comportamiento de «rebaño»

El cambio climático es un ejemplo de comportamiento de «rebaño» del que es difícil escapar. En la información se resalta lo negativo y se distorsiona la realidad, creando una corriente de opinión pública dominante que nos arrastra como una fuerte marea. Para evitar ese comportamiento se requiere una gran dosis de escepticismo.

Yo no tengo interés alguno en que triunfe una tesis, la que piensa que el hombre está afectando gravemente al clima y hay que tomar medidas para reducir ese impacto, o la otra, que cree que ese impacto es pequeño en el contexto de múltiples causas y que opina que, aunque fuera más grande, el coste de dichas medidas es superior a los beneficios. Mi interés se limita a conocer realmente lo que está pasando y cómo se puede explicar. Hemos tenido inversiones en compañías que emiten CO_2 y en compañías que no emiten o que se benefician de la guerra contra el CO_2.

Y resulta que lo que está realmente sucediendo no coincide con lo que escucho con regularidad en los medios que crean la opinión pública.

Si observamos lo ocurrido en los últimos veinte años vemos que desde 1996 las emisiones globales de CO_2 han pasado de 24 billones de toneladas anuales a 37 billones, un aumento del 54 por ciento, el mayor incremento en valor absoluto en la historia de la humanidad para un periodo de veinte años.

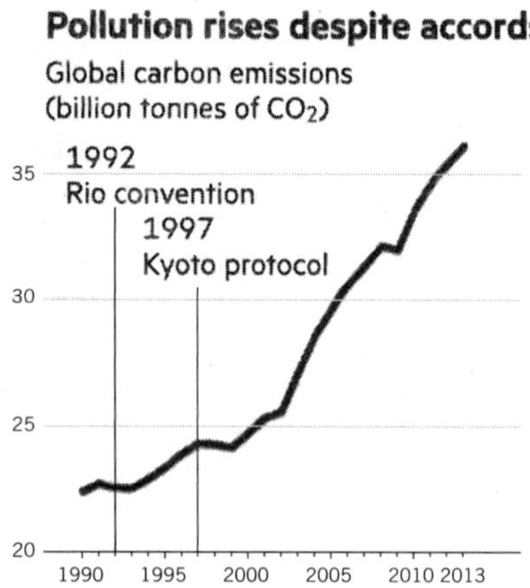

Fuente: *Financial Times.*

Si fuera cierta la relación causal directa entre las emisiones y el incremento de las temperaturas globales, un periodo de cerca de veinte años parece suficiente desde un punto de vista estadístico para establecer una causalidad. Pues bien, como se puede ver en el gráfico de temperaturas calculado por la NASA para la baja atmósfera (menos sujetas a distorsiones que las calculadas en tierra), la temperatura global se ha mantenido prácticamente inmutable durante ese periodo (puede que la visión engañe, pero al menos así lo parece analizando el gráfico), salvo durante los dos episodios conocidos como «El niño» en 1998 y en 2016.

Esto puede cambiar en los próximos años, en un sentido o en otro, aclarando las relaciones de causa y efecto, pero por el momento no entiendo cómo se puede establecer una relación directa de causalidad entre el CO_2 y la temperatura global utilizando estos datos.

Es evidente que la emisión de CO_2 en los últimos veinte años no está afectando a la temperatura global. No comprendo qué intereses pueden justificar una falta de discusión pública sobre ello, analizando posibles causas alternativas (como la intensidad de las

Separación de la temperatura respecto a la media de 1981-2010 (C)

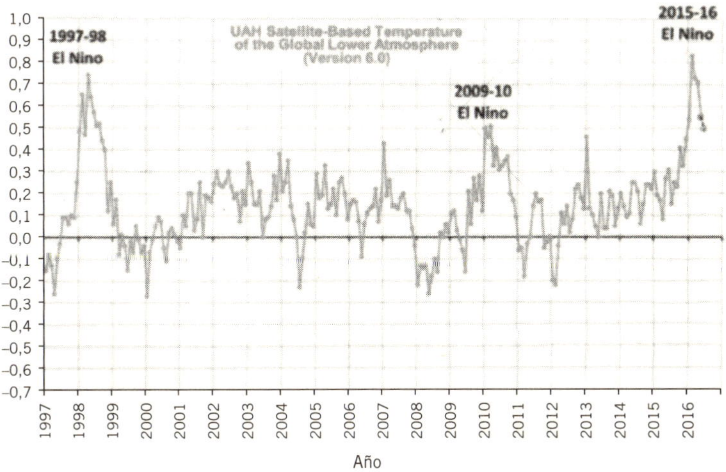

Fuente: Roy Spencer, Temperatura satelital de la atmósfera inferior.

radiaciones solares) a las variaciones de temperaturas. Es incomprensible que medios de comunicación que debieran estar a la cabeza del escepticismo ni siquiera recojan los datos de manera correcta o que haya todavía científicos que no planteen dudas ante ellos.

Supongo que ya hay demasiados intereses establecidos como para no ver lo obvio. Es una verdad inconveniente.

Mientras tanto, nuestra habitual sana dosis de escepticismo nos permitirá tomar caminos distintos a los típicos, que tendrán sus frutos cuando alguien grite: «¡El rey está desnudo!» Esta actitud escéptica, que no cínica, es la correcta ante las noticias que nos llegan cada día, y no se debe perder nunca, por mucho que nos encontremos aparentemente aislados.

La *tercera razón* es el punto de referencia. Cuando vemos un precio, inmediatamente lo utilizamos como referente. Si Telefónica cotiza a 12 euros nos cuesta pensar que vale 30 o 5 euros. Éste es un error muy habitual de los analistas bursátiles, a los que les resulta imposible realizar un análisis de Telefónica y decir que, cotizando a 12, su precio objetivo es 20 euros. Normalmente dirán 13,5 o 10 euros, pues es difícil obviar la atracción que representa el 12 en este caso.

Curiosamente, en esta conducta aparentemente ilógica entra en juego tanto el sistema emocional, el 1, como el racional, el 2.[73] Sí, podemos hacer un esfuerzo claro y consciente por separarnos del punto de la referencia, pero éste sigue influyendo en el resultado. Algunos inversores limitan el problema haciendo primero el análisis y la valoración, para después mirar la cotización. Así es más fácil evitar los puntos de referencia.

Estos tres comportamientos, la extrapolación, el efecto rebaño y los puntos de referencia dificultan seguir estrategias de inversión que se han comportado mal o comprar acciones baratas. De nuevo la solución a los problemas derivados de la carga emocional en la toma de decisiones se mitiga con la constatación de que el problema existe, de que un profundo conocimiento de la realidad —en este caso financiera— ayuda, y de que con la implantación de sistemas automáticos o semiautomáticos de inversión mejoramos el proceso inversor.

Pero todavía no se acaban nuestros problemas, pues nuestra mente sigue jugando con nosotros. Hay otros comportamientos ilógicos que dificultan también la capacidad de tomar decisiones.

Ocurre a veces que con poca evidencia sacamos conclusiones demasiado rápidas, pasando por alto que necesitamos un análisis más profundo. Como explica Kahneman,[74] nos gusta más una buena historia, coherente, o simplemente la más reciente, que una historia completa. Entra en juego de manera prioritaria el sistema emocional automático.

El problema se agrava porque no hay peor exceso de confianza que el que nos invade cuando tenemos éxito inicial en nuestra tarea o en nuestra inversión. Ese éxito es el que lleva a doblar la apuesta en un casino, para perder todo al final, y es el peligro más claro para el inversor aficionado que se deja llevar

73. Daniel Kahneman, 2014, p. 120.
74. Ibídem, p. 87.

por las ganancias que se obtienen en un mercado alcista. Se confunde ese mercado alcista con capacidad o habilidad de inversión, lo que conduce a incrementar exageradamente el riesgo de nuestras inversiones. No se puede negar que los no profesionales pueden tener éxito invirtiendo, pero conviene tener cuidado con la confusión creada por los mercados con viento a favor.

Es muy peligroso pensar que somos más hábiles que nuestros competidores y que vamos a acertar sistemáticamente. Peligroso pero habitual. Tenemos que luchar para no salirnos de nuestro pequeño círculo de competencia, como dice Buffett. Es pequeño, y tenemos que ser conscientes de esa pequeñez. Se puede ir ampliando con el tiempo, pero siempre existirán unos límites que no debemos sobrepasar.

Una ilusión de control especialmente nefasta es la que nos lleva a pensar que podemos predecir algo: la evolución de la economía, de los mercados, de ciertas cotizaciones a corto plazo. Ya lo debemos tener claro, pero hay que insistir en que no se pueden predecir. Se pueden estimar vagamente a largo plazo, que no es lo mismo que predecir, y a partir de ahí tomar decisiones de inversión.

Nosotros nos inventamos los presupuestos de nuestra compañía (probablemente muchos lectores se identificarán con esto): no sabemos cuál va a ser la evolución de los mercados, ni los flujos de entradas o salidas de clientes, que son los factores clave para determinar los ingresos. Los gastos, afortunadamente, se pueden controlar algo más, pero no son el factor esencial en nuestro negocio. Es por tanto completamente imposible estimar los resultados futuros de la empresa.

Pero sí sabemos que tenemos un buen proceso de gestión y que la evolución de los ingresos y beneficios vendrá naturalmente como consecuencia de ese proceso. No tenemos ningún objetivo de ventas o beneficios que cumplir. Esto no es aplicable a todos los negocios, pero ya hemos comentado que el ansia de consecución de objetivos es uno de los mayores males en la empresa actual, pues puede llevar a decisiones miopes a corto plazo. Es cierto que en algunos casos puede resultar imprescindible, pero nos gusta ver empresas que no los tienen, y simplemente trabajan haciendo las cosas bien.

Esto enlaza con la ilusión de pensar que sabemos lo que ha pasado y lo habíamos previsto. Hay una tendencia muy fuerte a cambiar nuestra comprensión de los hechos según lo que haya ocurrido. Si ha habido una fuerte caída, la reconoceremos como obvia, y nos olvidaremos de que antes pensábamos de otra manera, y así en todos los casos.

La situación, en cierta medida, contraria es la tendencia a pensar que lo que ha tenido éxito está bien hecho. Cuando sube una acción de nuestra cartera pensamos que hemos hecho un buen análisis, cuando esta subida puede haber sido completamente aleatoria. No, el resultado no es importante si no está acompañado del proceso correcto. Si el proceso es el correcto y lo podemos distinguir de la suerte, podremos replicar el éxito sin cometer errores innecesarios.

Sinceramente, la solución a los problemas generados por el exceso de confianza es realizar un permanente ejercicio de humildad, respetando nuestro círculo de competencia. No suele ser muy grande, pero esto no debe ser un problema; la clave no es el tamaño, la clave es respetarlo sin salirnos de él.

El efecto *endowment*

Otro problema importante y muy habitual tiene su origen en el afecto especial que sentimos por nuestras posesiones, por aquello que consideramos nuestro. Le damos un valor adicional a ese objeto si ya lo poseemos y nos cuesta desprendernos de ello. Esto se agrava cuando se trata de un error de inversión, pues el afecto dificulta asumir ese error y vender una acción que probablemente nos obligue a realizar pérdidas. Creo que es el error que más hemos podido cometer en la vida inversora: McClatchy, Flag Telecom, Portugal Telecom, etcétera.

Un ejemplo muy cercano fue la ya citada Pescanova. Una compañía en la que llegamos a tener un tamaño importante en la cartera ibérica, un 4 por ciento. Pescanova tenía una posición estupenda en un sector en crecimiento y con ciertas barreras de entrada, pero cada año aumentaba la deuda y no se veía nada clara la generación de *cash flow* o tesorería. Podemos decir que intuíamos que algo no marchaba bien, y por tanto fuimos rebajando poco a poco nuestra posición hasta el 1,5 por ciento de la cartera.

Sin embargo, no fuimos capaces de bajar de ese 1,5 por ciento. La cotización había sufrido y había una barrera mental que nos impedía deshacer la posición completamente, y que estaba basada en el cariño que puedes tener a una inversión. Lo lógico habría sido vender completamente la posición y, desde luego, nunca habríamos comprado si hubiéramos tenido que empezar una posición en ese momento, pero fuimos incapaces de soltar lastre.

Además, el problema tiene una nueva complicación porque nuestras inversiones en pérdidas son una fuente estupenda de nuevas oportunidades. Si eran atractivas a un precio más elevado, ahora lo serán más si están un 20 por ciento más baratas. En este caso, distinguir entre reforzar una posición, no hacer nada o vender, es una de las decisiones más difíciles, pero más relevantes, a la que nos enfrentamos. Nuestra tendencia natural es a aumentar la posición, sin pensar que puede haber algún cambio importante que cambie las perspectivas de la inversión, con riesgo de cometer un error.

Y es que afrontar un error es uno de los actos más difíciles que debemos realizar. Mi experiencia sobre el asunto me dice que la inversión en tiempo, recursos y amor propio hace casi imposible actuar correctamente. Tiendes a pensar que son problemas temporales que se resolverán. Es el «coste hundido de la decisión», que dificulta cambiarla al cabo del tiempo. Puede tener otra vertiente, como es el impulso que surge cuando llevas semanas analizando una compañía para sacar algún partido a esas horas dedicadas, aprovechándolas de alguna manera, a pesar de no tener una convicción firme sobre la idea en cuestión.

La manera de mitigar el daño es relativamente simple: tomar la decisión como si no tuviéramos acciones, como si fuera la primera vez que decidimos sobre la acción en cuestión, obviando nuestra posición actual, ¿compraría acciones si empezara ahora el análisis? La solución es sencilla, la dificultad estriba en ejecutarla con todas las consecuencias.

El aspecto positivo de este efecto *endowment* es que nos inclina hacia lo que ya conocemos, y esto no parece malo en tiempos en los que se hacen demasiados cambios en busca de nuevas ideas. Ya sabemos que limitar los movimientos es una sabia decisión a largo plazo: más vale malo conocido...

Tendencia a confirmar lo que ya sabemos

Otro peligro que acecha siempre es la tendencia a buscar la confirmación de nuestras convicciones y a evitar las opiniones contrarias. Es una tendencia innata y casi automática que utiliza nuestro sistema emocional para ahorrar tiempo y esfuerzo. Esto puede ser positivo cuando apoyamos a nuestro equipo de fútbol favorito o a nuestro partido político (al que tratamos como a nuestro equipo de futbol, ya que no puede cometer errores), pero no tiene sentido cuando queremos tomar una decisión razonada (no sé si el voto es siempre muy razonado).

Bien es cierto que nuestra convicción puede ser muy fuerte y además correcta, por lo que no tiene mucho sentido perder el tiempo escuchando aquello que tiene pocas posibilidades de aportar. Pero, en cualquier caso, para evitar el peligro de aislarnos en una burbuja, la mejor solución es atender siempre a las dos partes del debate, la que propone comprar y la que propone vender. Incluso se puede intentar «destrozar intelectualmente» una compañía que nos gusta, para ver si puede soportar los argumentos en su contra. Si cuando encontramos una buena inversión escuchamos al que tiene una opinión contraria, entenderemos al menos cuál es nuestra ventaja competitiva al tomar la decisión de invertir.

Las instituciones

Las instituciones y los profesionales sufrimos, por supuesto, los mismos problemas que cualquier inversor, por supuesto, con el agravante de que el funcionamiento de los comités que normalmente dirigen las inversiones no son muy efectivos.

En un informe de Bradley Jones del Fondo Monetario Internacional[75] en el que analiza el comportamiento de grandes inversores —*endowments*, fondos soberanos, bancos centrales y grandes fondos de pensiones—, se resalta la fuerte correlación positiva que existe entre los resultados recientes de un activo y la decisión de comprar lo que ha subido. Para todo tipo de activos: bonos, acciones y demás. Esto puede sorprender, dada la supuesta alta cualificación de los encargados de gestionarlos y su largo horizonte temporal, pero es la realidad.

La presión competitiva por las expectativas de jefes, compa-

75. Bradley Jones, 2015.

ñeros y clientes crea ansiedad y excesivo foco en el corto plazo. Y esto es así incluso en profesionales con éxito. Esta presión genera el miedo a la menor remuneración y a la pérdida del puesto de trabajo.[76]

Muchos gestores hablan de «historias» para convencerse y convencer a los clientes y jefes, tanto de filosofía de gestión como de inversiones específicas. Estas historias dificultan aprender de los errores, pues éstos se racionalizan para confirmar el camino emprendido. Otros culpan a los ejecutivos de las compañías donde invierten —tras haber pretendido ser capaces de juzgarles correctamente— o a los brókers que les han ayudado en la decisión, sin asumir su responsabilidad. Nunca se afronta el error.

Posiblemente la mejor solución es la relación franca y sana con uno mismo y con los clientes y jefes: realizar una importante labor educativa y no ceder a esa presión.

En los comités de inversión entra en juego, además, el *group thinking* (*group feeling*, como lo llama Tuckett) habitual en cualquier reunión, que agrava esa dependencia de los demás: la fuerte tendencia a estar conformes con el grupo y evitar las polémicas. James Surowiecki en *Cien mejor que uno*, explica que las decisiones colectivas suelen ser más acertadas que las individuales, pero esto es cierto siempre que sean decisiones tomadas por grupos formados con gente variada, dispuesta a exponer sus opiniones. Si no es así, nos encontramos con ese riesgo del *group thinking*.

Además de utilizar la diversidad para formar los componentes del grupo, una forma de reducir el riesgo es que cada miembro del comité escriba su opinión antes de que nadie hable. Otra puede ser el establecimiento de incentivos basados en los resultados colectivos, que es el sistema que siempre hemos tenido nosotros.

Otro problema inherente a las instituciones es la tendencia a actuar, a hacer algo, o a que parezca que se hace algo, a pesar de que lo mejor puede ser no hacer nada y dejar que la estrategia

76. Ver Tuckett, 2012, p. 29.

establecida siga su curso. Ocurre con más frecuencia en las instituciones porque los profesionales que las gestionan son retribuidos por sus resultados, y cuando éstos no son buenos tienen el impulso de explicar que ya han corregido el problema haciendo algo.

Exceso de información y otros problemas

Estamos sujetos a una dosis de información que con el tiempo se ha ido incrementando exponencialmente. Cuando empecé a trabajar en 1990 necesitábamos escribir a las compañías para que nos mandaran sus Memorias Anuales o acudir a los registros en papel en la CNMV, y así poder analizar sus resultados. Ahora disponemos de esa información con pulsar dos o tres teclas del ordenador o del teléfono.

Esto, que puede parecer una ventaja, tiene el inconveniente de venir acompañado de una cantidad exagerada de datos y opiniones que no necesitamos. Diferenciar no es fácil, pero con ciertas líneas maestras podremos separar la información del mero ruido. Ruido, por ejemplo, es el 90 por ciento de la información que recibimos diariamente de los medios de comunicación. Por ello, recomiendo limitar la exposición a ellos al máximo; ya he dicho que no veo noticias en la televisión ni leo prensa general desde hace quince años. Algo de prensa económica y de prensa especializada es suficiente.

Internet, por otra parte, nos ofrece infinitas fuentes de información pero también infinitas distracciones. Hace unos años Nicholas Carr explicaba en *The shallows*, como nos cuesta concentrarnos cuando leemos información en internet, pues esas distracciones nos interrumpen de forma constante y limitan esa capacidad de concentración, que con el tiempo se debilita. Es imprescindible, por tanto, dedicar momentos reposados a la lectura y al pensamiento, y si es necesario, buscar para ello el aislamiento.

Además, insisto en que me supera la tendencia natural de la información que recibimos a resaltar lo negativo, pues a nadie le interesa una familia cenando tranquilamente en su casa. Esto nos hace ver el mundo con una distorsión permanente. Por ejemplo, el crecimiento global en los últimos veinticinco años ha sido del 3-4 por ciento, con más de mil millones de personas saliendo de la pobreza; o, como nos cuenta Steven Pinker, la violencia está en su punto más bajo desde que el hombre es hombre, pero nadie diría nada de esto a la luz de la información recibida diariamente.

Matt Ridley (2015) ofrece una explicación plausible a esa negatividad, relacionada con la visión evolutiva de la realidad: todas las muchas cosas buenas que han ocurrido en nuestra evolución —el crecimiento económico, el aumento de la esperanza de vida, la reforestación en el mundo desarrollado, la reducción de la desigualdad, la práctica eliminación de las hambrunas, etcétera— no han sido planificadas por nadie; las hemos construido entre todos; despacio, pero sin pausa. Esto, aparentemente no despierta ningún interés. Sólo nos atraen las guerras, las revoluciones, los asesinatos, etcétera, sucesos que normalmente tienen más claros planeadores que los hechos positivos.

Esta negatividad es otra forma de expresar la aversión al riesgo, y es también inherente a nuestra naturaleza, pues ha dado resultados positivos durante nuestra evolución. En las relaciones maritales, por ejemplo, un acto malo sólo se compensa con cinco buenos, o cuando analizamos el carácter de una persona, un asesinato sólo se compensa con veinticinco actos heroicos.[77] Los medios aprovechan el impacto que esa negatividad supone en nuestras emociones para llamar nuestra atención.

En relación con el exceso de información, en numerosas situaciones está comprobado que se toman mejores decisiones con poca información, pues en realidad estamos cometiendo el mismo error que cometemos cuando miramos demasiado las cotizaciones, que nos impulsa a actuar cuando no debemos hacerlo.

Como hemos indicado para los otros errores anteriores, las fórmulas pueden mejorar los resultados frente al conocimiento

77. William Heinemann, citado por Jonathan Haidt, 2010, cap. 2.

excesivo. Una puede ser mantener el mismo esquema de lectura (cuando leemos algo nuevo, dejamos algo anterior, para dificultar la decisión de cambio), o sólo iniciar búsquedas activas (ideas originadas por nosotros), evitando la excesiva influencia de redes sociales u otros supuestos ayudantes.

Tomar decisiones con muestras pequeñas, sin un cálculo estadístico adecuado, es un problema ya apuntado. Confundir la anécdota con la evidencia es natural y habitual, pero no deja de provocar errores de precipitación. Es necesario profundizar en el estudio para no caer en este tipo de error.

Conclusión

Es evidente que nuestro aparato emocional dificulta tomar decisiones correctas de inversión (y de todo tipo). Para superar esas dificultades debemos hacer un esfuerzo por conocer mejor nuestros fallos y ponerles remedio, pues no es suficiente un buen análisis competitivo y financiero, es necesario algo más. Si resumimos los puntos esenciales que hemos descrito en el capítulo, podemos decir que una decisión correcta de inversión debe ser completada con los siguientes pasos:

1. Reconocer que existe un problema: a veces las emociones nos hacen tomar decisiones no razonables para conseguir los objetivos perseguidos, y hay que enfrentarse a ello.

2. Analizar en qué consisten esos defectos emocionales que traemos a la toma de decisiones. Proponernos tomar medidas.

3. Profundizar en el conocimiento del proceso inversor a través de las experiencias de otros inversores.

4. Establecer en ese proceso inversor mecanismos sencillos y casi automáticos para minimizar los sesgos emocionales. Un ejemplo adicional ya comentado tangencialmente y que utilizo, es invertir en los fondos el mismo día en que dispongo del dinero, automáticamente y sin pensar qué va a hacer el mercado.

5. Antes de tomar la decisión final de inversión analizar qué aportamos frente a los demás. Normalmente no será más inteligencia, será un mejor conocimiento de uno mismo, traducido en

virtudes como la paciencia y, en general, la fortaleza emocional.

Nuestras emociones son el principal inconveniente para obtener buenos resultados en nuestras inversiones. Por ello, hay que dedicarle el tiempo necesario al conocimiento de nuestras debilidades. De lo contrario, no merece la pena invertir, ya que los resultados serán mediocres.

Pero hay esperanza: se puede aprender de los errores; yo lo hice con Nissan y con los que vinieron después, y se puede aprender a superar esas debilidades: conozco a muchas, incontables personas, que con los conocimientos adecuados y siguiendo los ejemplos de otros inversores, aprendieron a soportar los movimientos de los mercados y a afrontar la inversión de forma correcta.

Con estas premisas, podemos intentar, para terminar, definir al inversor ideal: una persona paciente, que invierte a largo plazo, disfrutando del camino y no tanto del resultado, que no se deja llevar por las emociones, con convicciones pero con ganas de aprender. Ninguno conseguimos ser ese inversor, pero merece la pena esforzarse e intentar sin descanso parecernos a él.

Conclusiones y futuro

Desarrollar un proceso sano de inversión es un reto personal. En mi caso me he enfrentado a la inversión buscando a los mejores en este mundo inversor, a los mejores de verdad. Los he seleccionado y estudiado a fondo; los he leído y escuchado y he extraído todo lo posible de ellos. Así he ido formando mi criterio, que es el gran «secreto». Ese criterio se ha depurado con la experiencia, con las vivencias diarias, solidificándolo. De esa manera aparecen las convicciones firmes y consistentes, que te permiten ser valiente y apartarte del rebaño; ser paciente y aceptar la incertidumbre; y, en último término, mantener la calma cuando todos se agobian.

Así, con un marco intelectual adecuado y un desarrollo de los rasgos de personalidad necesarios para un proceso inversor sano podremos alcanzar nuestro objetivo de preservar e incrementar el poder adquisitivo de nuestros ahorros.

El marco intelectual nos lo ofrece la Escuela austriaca de economía, con una correcta descripción de la realidad que nos permitirá tener una base sólida para el análisis de los fenómenos económicos. El análisis económico no predecirá el crecimiento de un país ni el comportamiento de los consumidores, pero con esa base podremos discernir las consecuencias de las intervenciones en los mercados y prepararnos para afrontarlas.

Los mercados funcionan razonablemente bien, pues no son más que las relaciones de intercambio que se producen entre hombres que actúan libremente. Cuando se produce una descoordinación en esos mercados, algún actor se percatará y actuará para corregirla.

Con esta base afrontaremos el proceso inversor, que necesariamente pasa por encontrar valor allí donde los demás no quieren o no pueden verlo.

Los activos reales y, específicamente, las acciones de empresas cotizadas, son los que mejor mantienen el poder adquisitivo de nuestros ahorros a largo plazo. Y la bolsa no es un juego de especuladores, como pensaba cuando era más joven, sino un lugar donde confluyen todas las bondades y miserias del hombre —nosotros mismos—, y donde gracias al análisis que nos aportan las ciencias del comportamiento, podremos encontrar la cara más irracional (o emocional) del ser humano y vencerla, para así obtener una rentabilidad que nos dé tranquilidad e independencia en el futuro.

Sí, el hombre es el centro de nuestro análisis, y los negocios que analizamos los crean y desarrollan hombres, que venden sus productos y servicios a otros hombres. No analizamos entes extraños o mercados míticos o legendarios, analizamos personas.

Algunas personas consiguen crear y desarrollar negocios extraordinarios, difíciles de replicar. Otros fracasan sin remedio. Los primeros son los que más nos interesan como posible inversión, especialmente cuando las circunstancias los sitúan a precios accesibles. Es a estos negocios a los que hay que dedicar el tiempo, analizando su posición competitiva y la seguridad de su futuro.

Para ello habrá que controlar los impulsos emocionales más primarios. Habrá que ser pacientes, curiosos, humildes y atrevidos. Pacientes, pues los demás actores pueden tardar en reconocer lo que nosotros vemos y es necesario, por tanto, tener un enfoque a largo plazo. Curiosos, pues tendremos que estar alertas a todo lo que sucede a nuestro alrededor. Humildes, porque los errores serán habituales, pero lo esencial será sacar de ellos las conclusiones correctas. Atrevidos, pues a veces pareceremos el conductor suicida que circula en sentido contrario al correcto.

Y constantes. Paso a paso, día a día, como una oposición permanente que exige el estudio interminable de un temario que se amplía continuamente, cambiando a cada instante de forma.

La gestión

El mundo de la gestión va hacia la gestión pasiva, a comprar un índice de bajo coste y seguir así los mercados. Hay pocos gestores de inversión activa que obtengan rentabilidades superiores a los índices, y, en general, la mayoría no se merece la excesiva comisión que cobra.

El desarrollo de la «pasividad» va a generar oportunidades muy interesantes para aquellos que creemos que el mercado a veces no es eficiente. Insisto, a veces. El mercado tiende a la eficiencia, pero no puede ser en todo momento eficiente.

Está condicionado por los continuos cambios en los gustos de los consumidores y por las innovaciones tecnológicas que ponen a nuestro alcance productos y servicios que antes eran impensables. Esto dificulta alcanzar una situación de eficiencia: siempre se intenta, tendiendo hacia ella, pero nunca se alcanza.

Recordemos que el mercado está formado por personas que deciden sus planes de actuación cada instante, y como hemos visto éstos pueden ser absurdos, ilógicos o simplemente faltos de información. El hombre comete errores, y el hombre inversor también los comete.

Por tanto, siempre va a haber oportunidades que aprovechar, y con el desarrollo de la gestión pasiva una parte más amplia del mercado será «tonta», es decir, comprará por definición lo que los demás compran. Digamos que se hará oficial el comportamiento de «rebaño». Como ocurre muchas veces, algo que tiene sentido a nivel individual, si se generaliza pierde su lógica. Cuanto más importante sea la gestión pasiva dentro del total gestionado, más oportunidades habrá para la gestión activa. Y allí estaremos, intentando aprovechar esas oportunidades.

Si reducimos nuestra historia a la mínima expresión, veremos que hay dos maneras básicas de sacar partido de los mercados, una difícil y otra fácil:

1. La difícil: Predecir la volatilidad o los movimientos del mercado a corto o medio plazo. Hemos visto que es prácticamente imposible a corto plazo, aunque al menos sí es posible intuir la dirección a largo plazo de algunos fenómenos económi-

cos. Un ejemplo fue la burbuja crediticia e inmobiliaria en España. Estas predicciones a largo plazo requieren un conocimiento profundo de los procesos económicos, y se puede trabajar para mejorarlo, pero insistimos, con pocos momentos de verdadera utilidad y pocas posibilidades de éxito.

2. La fácil: Aprovechar la volatilidad. Algo bastante más accesible para cualquier inversor, pues en lo esencial consiste en desarrollar los atributos de personalidad necesarios para poder sacar partido de los movimientos de los mercados: ser avaricioso cuando los demás son miedosos y miedosos cuando son avariciosos y sobre todo, ser pacientes.

El segundo camino debe ser el principal, con aderezos del primero cuando sea posible. No sabemos cómo evolucionarán los mercados, pero tenemos que saber cómo actuar dependiendo de cuál sea esa evolución.

Mi futuro personal

A veces alguno de mis hijos me pregunta a qué me dedico. Mi profesión no les resulta muy obvia, pues la única actividad que me ven hacer es leer, y poco más, ya que apenas hablamos en casa del asunto, pero les respondo que me dedico a cuidar los ahorros de las personas que confían en nosotros, para que puedan tener tranquilidad en ese aspecto de sus vidas. Les digo que es un trabajo muy agradecido.

También alguna persona en nuestras conferencias o personalmente me pregunta: ¿Cuánto tiempo vas a seguir trabajando?, ¿no os cansaréis? Son preguntas legítimas, pues hemos ahorrado lo suficiente como para dejar de trabajar. Tienen, sin embargo, una respuesta sencilla, y ya he tratado el asunto más arriba, pues, como voy a dejar de «trabajar» cuando:

- El trabajo es atractivo y variado, lo hago razonablemente bien, encaja con mi manera de ser y me permite satisfacer ese punto de jugador que todos tenemos (por lo menos yo lo tengo), con resultados medibles y objetivos.

- Le das a un cliente un servicio que le cuesta encontrar en otros lugares y que, por tanto, valora. Lo valora porque a la rentabilidad se une una dosis de confianza y tranquilidad que le permite tener este aspecto de su vida resuelto. Con ello creo que trascendemos al mero trabajo.
- Como el cliente lo valora muy bien está extremadamente bien remunerado, lo que permite reforzar el bien más preciado que se obtiene con ello: la independencia.
- Cumple una función social, como toda empresa o persona que genera beneficios.

  Recordemos: hay que ofrecer un servicio a la sociedad utilizando los menores recursos posibles; cuanto más beneficio mejor, pues estaremos o bien ofreciendo un servicio muy valorado, o bien utilizando muy pocos recursos, o una combinación de ambas cosas.

  Cuando la competencia se percata de esos beneficios hace todo lo posible para reducirlos a un nivel estándar.

  Otra función «social» es incrementar la liquidez a los mercados, actuando como contrapartida: compramos lo que nadie quiere y vendemos lo que otros buscan. Esa liquidez no sólo permite una mayor estabilidad de precios, sino que realmente facilita el proceso de financiación de las inversiones, que es la clave que conduce a mejores condiciones de vida para todos.
- Con los réditos obtenidos podemos ayudar a otras organizaciones o personas que luchan por conseguir los objetivos que nuestra conciencia nos impulsa a apoyar, y que no tienen recursos para ello.

Además, como ya he comentado en páginas anteriores, ya siento este trabajo como un deber para con mi familia, amigos, conocidos y desconocidos que confían en lo que hacemos. Creo que a la vida hay que darle un sentido que va más allá de lo inmediato y en mi caso el sentido consiste en hacer bien mi trabajo, dar tranquilidad con sus ahorros a las personas de mi entorno y apoyar con los beneficios obtenidos a quien lo pueda necesitar.

Si a todo ello unimos que, en los momentos más emocionantes del trabajo, cuando te percatas de que alguna inversión puede ser muy atractiva y de que tus rasgos de personalidad te permiten ir a por ella, mientras que otros no se atreven a ir, llega la famosa sensación de *flow*, de olvido del tiempo y del espacio alrededor, no tengo dudas de que lo seguiré haciendo una larga temporada. Quizás hasta sienta la necesidad de escribir un segundo libro...

Apéndices

1

26 ideas mínimas y 1 idea máxima

1. Si quieres saber de economía aprende alemán y estudia a los austriacos.

2. Debemos mirar al contexto económico únicamente si tenemos alguna convicción evidente de que algo puede afectar al mercado y en qué sentido puede hacerlo. Podemos tener una cada cinco años, como máximo.

3. Sé propietario de activos, no prestamista. Los préstamos son una promesa que algunas veces se lleva el viento.

4. Invierte sólo en aquello que entiendes. No importa que sea mucho o poco, lo importante es no salirte de lo que sabes, aunque sea el sector inmobiliario en tu barrio.

5. Nadie está obligado a invertir en nada. En muchos casos lo mejor es no hacer nada.

6. Si no sabes qué hacer, invierte en índices. Si tu ignorancia es absoluta invierte en un fondo índice global barato y olvídate del asunto.

7. Sé propietario de acciones, a través de cualquiera de las posibilidades que hay.

8. Si inviertes directamente en acciones dedicarás el tiempo a analizar la posición competitiva de la compañía en la que quieres invertir. El resto, en general, es ruido de mercado, que hay que evitar a toda costa.

9. Estudiamos empresas, no la bolsa. Hay que comprar una acción como si fuéramos a comprar toda la compañía. Si no nos interesa comprar la compañía entera, no nos interesa comprar ni una sola acción.

10. Los negocios con una larga historia tienen más posibilidades de supervivencia que los nuevos. Centrarnos en ellos nos ahorrará numerosos problemas.

11. Asegúrate de que el negocio debe estar más o menos en la misma situación en los próximos diez años. Si no eres capaz de estar seguro de ello, si crees que nuevas tecnologías o nuevos gustos del consumidor pueden alterar su posición en el mercado, deja pasar la oportunidad.

12. Siempre que una compañía genere cada año valor, incrementando sus resultados, no nos debe preocupar que el mercado no lo reconozca. Es una oportunidad adicional de continuar invirtiendo permanentemente en esa compañía a buen precio.

13. Cuanto más baja esté una acción bien estudiada, mayor es la rentabilidad potencial de la inversión y menos riesgo asumimos. No es esto lo que dice la teoría económica, pero es la realidad. Podemos decir que a mayor rentabilidad potencial menor riesgo.

14. Conoce el pasado, pero cuidado con extrapolar. Las cosas cambian, y los problemas en el futuro vendrán de un sitio inesperado.

15. Los especuladores y la volatilidad son nuestros amigos, cuanto más haya, mejores resultados obtendremos a largo plazo.

16. La falta de liquidez también es nuestra amiga. Otros inversores pagan demasiado por esa liquidez.

17. Entender por qué actúan los demás, cómo lo hacen y porqué y cómo lo hacemos nosotros mismos, es la esencia de la inversión prudente y con éxito.

18. Si no tenemos la personalidad adecuada para invertir correctamente es mejor no hacerlo. Una alternativa es trabajar sobre ello, pues, aunque es difícil, con buenos maestros se puede conseguir mejorar la actitud frente la inversión.

19. Hay que tener unas convicciones firmes (¡y correctas!), pero hay que estar siempre atentos a nuevas ideas y formas de hacer las cosas. Cuando dejemos de aprender estaremos muertos.

20. Invertir en acciones cotizadas supone el mayor desequilibrio informativo posible entre comprador y vendedor. En el

mercado privado el vendedor sabe cuánto vale el activo en cuestión (cualquier ama de casa sabe lo que vale su casa). En las acciones cotizadas el pequeño inversor dedica poco tiempo al análisis y el inversor institucional está sometido a las restricciones de su institución.

21. Acertar no es sólo adivinar lo que va a hacer una compañía, es, sobre todo, saber distinguir entre lo que el mercado piensa que va a ocurrir y lo que realmente ocurrirá.

22. Recorre los caminos donde no haya gente. Compra lo que nadie quiere. Como dice el cantautor italiano Fabrizio de André: ¡En dirección bostinada y contraria!

23. Disfruta del proceso. El camino es más interesante que el destino final.

24. Piensa, no hagas modelos.

25. Lee.

26. Sé optimista. Haber nacido en 2016 es mucho mejor que haberlo hecho en 1963.

Idea máxima: Invierte en acciones todos tus ahorros no necesarios para un futuro cercano.

2

Bibliografía

La formacion lectora y la creación de riqueza

Es desalentador darse un paseo por cualquier librería, incluso por las especializadas en economía. La mayoría de los libros tienen un grado de tendencia intervencionista que sorprende en el siglo XXI, cuando una gran parte de la población terrestre ha salido y está saliendo de la pobreza y disfrutando de una vida más digna que en ningún momento de la historia gracias a ese mercado extendido que somos todos tomando decisiones.

Es difícil explicar ese sentimiento de negatividad ante un hecho tan evidente, aunque podemos apelar a los argumentos de Mises acerca de la intelectualidad. Creo, no obstante, que debemos insistir en explicar lo obvio, que el sol sale por la mañana y que se pone por la noche, y que el incremento del nivel de vida del hombre se debe a su propio ingenio, al de sus ingenieros e innovadores, al de los que descubren a éstos y a los que les financian sus proyectos con sus ahorros.

No, ese incremento del nivel de vida no se debe a los empresarios que viven a la sombra del poder político para mantener posiciones de mercado privilegiadas. No, el nivel de vida tampoco ha aumentado por la lucha de las organizaciones de trabajadores, que buscan fundamentalmente mantener la situación de mayor o menor bienestar de sus miembros. Si eso fuera cierto bastaría con impulsar las organizaciones de trabajadores en países como Zimbawe o Haití para aumentar su nivel de vida.

El nivel de vida ha aumentado por el esfuerzo de aquellos que con sus innovaciones han contribuido a mejorar la productividad de nuestro trabajo y nuestro esfuerzo, ayudados por ahorradores que han sacrificado el consumo de bienes materiales para permitir que tengan éxito estos proyectos de futuro. Ha aumentado, en suma, porque la acumulación de capital en todas sus formas permite que aumente el valor del trabajo: cuanto más capital se crea, menos valor tiene, y más lo tiene el trabajo que lo utiliza.

Es por eso que donde hay más capital, por ejemplo, Suiza, el trabajador tiene salarios más altos y un nivel de vida también más alto. Si el salario se pudiera decidir por ley, o subir por la supuesta lucha de los sindicatos, cualquier país sin desarrollar podría hacerlo inmediatamente. Subamos los salarios de 100 dólares mensuales a 500. O como pretenden algunos en ciertos países desarrollados, subamos el salario mínimo a 15 euros la hora. ¿Y por qué no a 25 o 50 euros?

Esto no se puede hacer sin capital acumulado, y es este capital el que conseguirá esas subidas, como ha hecho siempre. Y el capital lo hace a su pesar, pues tiende siempre a pagar lo mínimo posible al trabajo, pero la fuerza de los hechos se impone: a mayor acumulación de capital, éste no tiene más remedio que ofrecer mayores salarios relativos.

Por tanto, debemos luchar entre todos para que se produzca la mayor acumulación de capital posible; en primer lugar, para obtener desarrollos tecnológicos que nos permitirán mejorar las condiciones de vida de todos y poder defendernos de los peligros que puedan acechar al planeta (meteoritos, virus destructivos, cambios climáticos, etcétera), y segundo, para mejorar la posición absoluta y relativa de los trabajadores frente al capital.

Curiosamente, limitar la acumulación de capital producirá el empobrecimiento del factor trabajo, que perderá su valor ante un factor ahora más escaso, el capital.

Entre todos debemos insistir en este mensaje tan evidente por sencillo y tan optimista como sincero y no permitir que intelectuales desde la barrera tergiversen la realidad.

En la bibliografía que sigue, además de expertos en diversas materias recogemos muchos pensadores que han combatido el intervencionismo. Su lectura reposada permitirá al lector comprender las sutilezas de los fenómenos económicos desde un punto de vista que se acerca con certeza a la realidad de nuestro planeta y de los seres que lo habitan. Es una visión realista pero algo utópica, pues no concuerda con el pensamiento intervencionista dominante (recordemos que el gasto público en las economías desarrolladas se sitúa alrededor del 50 por ciento de su PIB).

A mí me ha servido para entrar en las librerías o leer la prensa con un espíritu crítico que me ahorra muchos enfados y tiempo, que puedo dedicar a lecturas más interesantes.

Por último, destaco en negrita los libros relacionados con el proceso inversor a los que tengo un especial afecto. Algunos han influido directamente en el proceso y otros indirectamente, clarificando mi visión de la realidad. Gracias a todos.

Libros

Acemoglu, Daron y Robinson, James, *Why nations fail*, Random House, Nueva York, 2012. (*Por qué fracasan los países: los orígenes del poder, la prosperidad y la pobreza*, Deusto, Barcelona, 2012.)

Adams, John, *Risk*, Routledge, 1995.

Anderson, Benjamin M., *Economics and the public welfare*, LibertyPress, Indianápolis, 1979.

Ariely, Dan, *Predictably irrational*, HarperCollins Publishers, Londres, 2009.

Armentano, Dominick T., *Antitrust. The case for repeal*, Ludwig von Mises Institute, Auburn, Alabama, 2007.

Asness, C., Frazzini, A., Israel, N. y Moskowitz, T. «Facts, fictions and value investing», *Journal of Portfolio Management*, 5, November, 2015.

Bagus, Philipp, «Five common errors about deflation», *Procesos de Mercado*, volumen III, número 1, primavera de 2006, pp. 105-123.

Bankrate.com, *Barron's,* 27, julio de, 2015.

Barron's, 27, diciembre de 1999 «What's wrong Warren?».

Bastiat, Frederic, *Armonías económicas,* Instituto Juan de Mariana, Madrid, 2010.

Baumol, William J., *The free-market innovation machine,* Princeton University Press, Princeton, New Jersey, 2002.

Benartzi, Schlomo y Thaler, Richard, «Myopic loss aversion and the equity premium puzzle», National Bureau of Economic Research, 1993.

Bernstein, Peter L., *Against the gods. The remarkable story of risk,* John Wiley & Sons Inc., Hoboken, New Jersey, 1996.

Bogle, John, *Common sense on mutual funds,* John Wiley & Sons Inc., Hoboken, New Jersey, 2009.

Böhm-Bawerk, Eugen von, *Teoría positiva del capital,* Ediciones Aosta, Madrid, 1998.

BMW, *Memorias anuales 1995-2015.*

Boldrin, Michele y Levine, David K., *Against intellectual monopoly,* Cambridge University Press, 2008.

Bosset, Pierre, «Investment companies. Look beyond the discount to NAV», HSBC, 16 de diciembre 2015.

Bresciani-Turroni, Constantino, *The economics of inflation,* Routledge Library Editions, 2003.

Bregolat, Eugenio, *La segunda revolución china,* Ediciones Destino, 2007.

Brooks, John, *The go-go years,* John Wiley & Sons Inc., Hoboken, New Jersey, 1998.

Brooks, John, *Once in Golconda,* John Wiley & Sons Inc., Hoboken, New Jersey, 1999.

Bryan, Alex y Li, James, «Performance persistence among U.S. mutual funds», Morningstar Manager Research, febrero de 2016.

Buffett, Warren. Berkshire Hathaway: *Letters to shareholders 1977-1983, 1984-1988, 1989-1995, 1995-2015.*

Buffett, Warren, «The Superinvestors of Graham-and-Dodsville», *Hermes, Magazine of Columbia Business School,* 1984.

Carr, Nicholas, *The shallows,* W.W. Norton and Company Inc., Nueva York, 2010.

Chang, Jung, *Cisnes salvajes,* CIRCE, Barcelona, 2006.

Clews, Henry, *Fifty years in Wall Street,* John Wiley & Sons Inc., Hoboken, New Jersey, 2006.

Credit Suisse, «Family firms, an opportunity for minority investors?», 8 de julio de 2015.

Christensen, Clayton M. y Raynor, Michael E., *The innovator's solution,* Harvard Business School Press, Cambridge, Massachusetts, 2003.

Cunningham, Lawrence A., *Los ensayos de Warren Buffett,* Valor Editions, 2015.

Dawkins, Richard, *The selfish gene,* Oxford University Press, Oxford, 1999.

De Bondt, Werner and Thaler, Richard, «Does the stock market overreact?», *Journal of Finance* 40:793-805, 1985.

De Soto, Hernando, *The mistery of capital: Why capitalism triumphs in the West and fails everywhere else,* Basic Books, 2000.

Deci, Edward L., *Why we do what we do,* Penguin, Nueva York, 1996.

Diamond, Jared, *Guns, germs and steel: The fates of human societies,* W.W. Norton & Co., Nueva York, 1999.

Dimson, Elroy, Marsh, Paul y Staunton, Mike, «Equity Premiums around the world», CFA Institute Research Foundation, 2011, vol. 2011, n.º 4.

Dorsey, Pat, *The little book that builds wealth,* John Wiley & Sons Inc., Hoboken, New Jersey, 2008. *(El pequeño libro que genera riqueza,* Deusto, Barcelona, 2016.)

Duckworth, Angela, *Grit. The power of passion and perseverance,* Vermilion, Londres, 2016.

Epstein, Gene, «The Fannie and Freddie Chronicles, Cont.», *Barron's,* 7 de enero de 2012.

Eisenberger, Naomi I., Lieberman, Matthew D. y Williams, Kipling D., «Does rejection hurt? An fMRI study of social exclusion», *Science,* 2003.

Fama, Eugene y French, Kenneth, «The cross-section of expected stock returns», *Journal of Finance 47,* pp. 427-466, 1992.

Fernández, Pablo, «Valuation and common sense», IESE, Madrid.

Fernández, Pablo, «CAPM, an absurd model», *Business Valuation Review*, vol. 34, asunto 1 (primavera de 2015), pp. 4-23.

Fernández, Pablo *et al.*, «Rentabilidad de los fondos de inversión en España». *2000-2015*, IESE, enero de 2016.

Feynman Richard P., *Six easy pieces*, Penguin, Londres, 1998.

Financial Times, FTfm, March 21, 2016.

Fisher, Philip A., *Common stocks and uncommon profits and Conservative investors sleep well*, John Wiley & Sons Inc., Hoboken, New Jersey, 1996, (*Acciones ordinarias y beneficios extraordinarios*, Deusto, Barcelona, 2009.)

Frank, Barney, *House Financial Services Committee* hearing, 25 de septiembre de 2003 y 10 de septiembre de 2003.

Frank, Robert H., *Choosing the right pond*, Oxford University Press, Oxford, 1986.

Fraser-Jenkins, Iñigo *et al.*, «The state of fund management: Quants have destroyed the active-passive distinction». *Bernstein Research*, 9 de noviembre de 2015

Futuro, mayo de 2003, pp. 21-28.

Garrison, Roger W., *Time and money. The macroeconomics of capital structure*, Routledge, Londres, 2002.

Gawande, Atul, *Being mortal*, Metropolitan Books, 2014. (*Ser mortal*, Galaxia Gutenberg, 2015.)

Gawande, Atul, *The checklist manifesto*, Metropolitan Books, 2009. (*El efecto Checklist*, Antoni Bosch Editor, 2011.)

Glaeser, Edward, *The triumph of the City*, The Penguin Press, Nueva York, 2011. (*El triunfo de las ciudades*, Taurus, 2011.)

«Going separate ways», *Value Investor Insight*, 30 de noviembre de 2015

Gordon, David, *The essential Rothbard*, The Ludwig von Mises Institute, Auburn, Alabama, 2007.

Graham, Benjamin, *Security Analysis*, Fifth Edition, McGraw-Hill, Nueva York, 1988.

Graham, Benjamin, *The intelligent investor*, Fourth Edition, Harper & Row, Nueva York. (*El inversor inteligente*, Deusto, Barcelona, 2009.)

Grant, James, *The forgotten depression. 1921: The crash that cured itself*, Simon & Schuster, Nueva York, 2014.

Greenblatt, Joel, *The little book that beats the market,* John Wiley & Sons Inc., Hoboken, New Jersey, 2006. (*El pequeño libro que aún vence al mercado,* Deusto, 2016.)

Greenspan, Alan, *The age of turbulence,* Penguin, Nueva York, 2007. (*La era de las turbulencias,* Ediciones B, 2008.)

Greenwald, Bruce and Kahn, Judd, *Competition demystified,* Portfolio, Penguin, 2005.

Greenwald, Bruce, Knee, Jonathan A. y Seave, Ava, *The curse of the mogul,* Portfolio, Penguin, 2009.

Guerra, Ana Laura, «Rendimiento de las acciones en contextos inflacionarios: análisis empírico del mercado accionario argentino», Bolsa del Comercio de Rosario, 2012.

Hagstrom, junior., Robert G., *The Warren Buffett way,* John Wiley & Sons Inc., Hoboken, New Jersey, 1994.

Hagstrom, Robert G., *The Warren Buffett portfolio,* John Wiley & Sons Inc., Hoboken, New Jersey, 1999.

Hagstrom, Robert G., *Latticework,* Texere LCC, Nueva York, 2000.

Haidt, Jonathan, *The happiness hypothesis,* Random House, Londres, 2006. (*La hipótesis de la felicidad,* Gedisa 2010.)

Hayek, Friedrich A., *Hayek on Hayek,* The University of Chicago Press, Chicago, 1994. *(Hayek sobre Hayek: un diálogo autobiográfico,* vol. I de Obras Completas de F. A. Hayek, Unión Editorial, Madrid.)

Hayek, Friedrich A., *The road to serfdom.* University of Chicago Press, Chicago, 1994. (*Camino de servidumbre,* Unión Editorial, Madrid, 2013.)

Hayek, Friedrich A., *The fatal conceit,* Routledge, Londres, 1998. (*La fatal arrogancia,* Unión Editorial, Madrid, 2010.)

Hayek, Friedrich A., *Los fundamentos de la libertad (6.ª Edición),* Unión Editorial, Madrid, 1998.

Hayek, Friedrich A., *Derecho, legislación y libertad,* Unión Editorial, Madrid, 2006.

Hayek, F. A, Ashton, T. S., Hacker, Louis M., de Jouvenel, B. y Hutt, W. H., *El capitalismo y los historiadores,* Unión Editorial, Madrid, 1974.

Hazlitt, Henry, *The inflation crisis and how to resolve it,* Ludwig von Mises Institute, Auburn, Alabama, 2009.

Hendrikse, Harald C., «Will BMW celebrate the centenary?» Morgan Stanley, 7 de marzo de 2016.

Hessler, Peter, *Country driving*, HarperCollins Publishers, Nueva York, 2010.

Higgs, Robert, *Depression, war and cold war: Studies in political economy*, The independent Institute, Oakland, 2006.

Hoppe, Hans-Hermann, *Democracy, the God that failed*, Transaction Publishers, 2011.

Hoppe, Hans-Hermann, *The economics and ethics of private property*, Ludwig von Mises Institute, Auburn, Alabama, 2006.

Huerta de Soto, Jesús, *La escuela austriaca*, Editorial Síntesis, Madrid, 2000.

Huerta de Soto, Jesús, *Dinero, crédito bancario y ciclos económicos (2ª Edición)*, Unión Editorial, Madrid, 2002.

Huerta de Soto, Jesús, *The theory of dynamic efficiency*, Routledge, 2010.

Huang, Yasheng, *Capitalism with chinese characteristics*, Cambridge University Press, Cambridge, Massachusetts, 2008.

Jay Nock, Albert, *The criminality of the state*, The American Mercury, marzo de 1939.

Jones, Bradley, «Asset bubbles: Re-thinking policy for the age of asset management», IMF, febrero de 2015.

Jungbluth, Rüdiger, *Die Quandts*, Bastei Lubbe, Bergish Gladbach, 2007.

Kahneman, Daniel, *Thinking fast and slow*, Farrar, Straus and Giroux, Nueva York, 2011. (*Pensar rápido, pensar despacio*, Debolsillo, 2014.)

Kahneman, Daniel, Knetsch, Jack L. y Thaler, Richard, «Fairness as a constraint on profit seeking: entitlements in the market», *American Economic Review*, 76, septiembre 728-742.

Kahneman, Daniel y Tversky, Amos, «Prospect Theory: An analysis of decision making under risk», *Econometrica 47*, n.º 2: p. 263-291, 1979.

Kindleberger, Charles, *Manias, panics and crashes*, John Wiley

& Sons Inc., Hoboken, New Jersey, 1996. (*Manias, pánicos y cracs,* Ariel, 1992.).

Klein, Peter G., *The capitalist and the entrepreneur,* Ludwig von Mises Institute, Auburn, Alabama, 2010.

Kuan Yew, Lee, *From third worl to first: The Singapore story: 1965-2000,* HarperCollins Publishers, Nueva York, 2000.

Laidler, Ben, Grosvenor, Daniel *et al.*, «The small cap handbook», HSBC, febrero de 2016.

Landes, David S., *The wealth and poverty of nations,* Abacus, 1999. (*Riqueza y pobreza de las naciones,* Crítica, 2008.)

Leoni, Bruno, *La libertad y la ley,* Unión Editorial, Madrid, 1974.

Lev, Baruch y Feng Gu, *Intangibles,* The Brookings Institution, Washington D.C., 2001.

Lev, Baruch y Feng Gu, *The end of accounting,* John Wiley & Sons Inc., Hoboken, New Jersey, 2016.

Lewis, Michael, *La gran apuesta,* Debate, 2013. (*The big short,* Penguin, 2011.)

Lindsay, Brink, *Against the dead hand,* John Wiley & Sons, 2002.

Loomis, Carol J., *Tap dancing to work,* Penguin, Nueva York, 2012.

Lynch, Peter, *One up in Wall Street,* Simon & Schuster, Nueva York, 1989. (*Un paso por delante de Wall Street,* Deusto, Barcelona, 2013.)

Lynch, Peter, *Beating the street,* Simon & Schuster, Nueva York, 1993.

Machlup, Fritz, *The stock market, credit and capital formation,* Ludwig von Mises Institute, Auburn, Alabama, 2007.

Mackay, Charles, *Extraordinary popular delusions and the madness of the crowd,* John Wiley & Sons Inc., Hoboken, New Jersey, 1996. (*Delirios populares extraordinarios y la locura de las masas,* Profit Editorial, 2009.)

Marmot, Michael, *Status syndrome,* Bloomsbury Publishing, Londres, 2004.

McCloskey, Deirdre N., *Bourgeoise equality,* University of Chicago Press, Chicago, 2016.

McGregor, Richard, *The Party,* HarperCollins Publishers, Nueva York, 2010.

Mehta, Pavithra K. y Shenoy, Suchira, *Infinite vision,* Collins Business, 2011.

Menger, Carl, *Principios de economía política,* Ediciones Orbis, Barcelona, 1985.

Metcalfe, Janet y Mischel, Walter, «A hot/cool system analysis of delay gratification:Dynamics of willpower», *Psycological Review,* vol. 106, n.º 1, pp. 3-19, 1999.

Mises, Ludwig von, *Burocracia,* Unión Editorial, Madrid, 1974.

—, *La acción humana (5ª Edición),* Unión Editorial, Madrid, 1995.

Mises, Ludwig von, *Teoría e historia,* Unión Editorial, Madrid, 1975.

Mises, Ludwig von, *La acción humana (5ª Edición),* Unión Editorial, Madrid, 1995.

Mises, Ludwig von, *Los fundamentos últimos de la ciencia económica,* Unión Editorial, Madrid, 2012.

Moncada, Ignacio y Rallo, Juan Ramón, *La desigualdad en España,* Instituto Juan de Mariana, Madrid, Enero 2016.

Montier, James, *Value investing,* John Wiley & Sons Ltd., 2009.

Montier, James, *Psicología financiera: Como no ser tu peor enemigo,* Deusto, Barcelona, 2011.

Moon, Youngme, *Different,* Crown Business, Nueva York, 2010.

Murray, Charles, *Coming apart,* Crown Forum, Nueva York, 2012.

Neff, John y Mintz, S. L., *John Neff on investing,* John Wiley & Sons Inc., Hoboken, New Jersey, 1999.

Olbrich, Michael; Quill, Tobias y Rapp, David J., «Business Valuation Inspired by the Austrian School», *Journal of Business Valuation and Economic Loss Analysis,* 2015, 10 (1): 1-43, De Gruyter.

Olson, Marcur, *The logic of collective action,* Harvard University Press, Cambridge, Massachusetts, 2000. *(La lógica de la acción colectiva,* Noriega Editores, 1997.)

O'Driscoll junior., Gerald P. y Rizzo, Mario J., *La economía del tiempo y la ignorancia,* Unión Editorial, Madrid, 2009.

O'Shaughnessy, James, *What works on Wall Street (4th Edition),* McGraw Hill, Nueva York, 2012.

Pabrai, Monish, *The Dhandoo investor,* John Wiley & Sons Inc., Hoboken, New Jersey, 2007.

Perella Weinberg Partners, *Fairness Opinion for the attention of the Board of Ciba Holding Inc.,* 13 de septiembre de 2008.

Pinker, Steven, *The blank slate: The modern denial of human nature,* Allen Line, The Penguin Press, 2002. (*La tabla rasa: La negación moderna de la naturaleza humana,* Ediciones Paidós, 2012.)

Pinker, Steven, *Los ángeles que llevamos dentro,* Paidós, 2012.

Porter, Michael E., *Competitive Strategy,* The Free Press, Nueva York, 1980. (*Ventaja Competitiva,* Piramide, Madrid, 2010.)

Porter, Michael E., *The competitive advantage of nations,* The Free Press, Nueva York, 1990.

Poundstone, William, *Fortune's formula,* Farrar, Straus and Giroux, Nueva York, 2005.

Proust, Marcel, *A la recherche du temps perdu,* Gallimard, París, (*En busca del tiempo pérdido,* Alianza Editorial.)

Rallo, Juan Manuel, *Los errores de la vieja Economía,* Unión Editorial, Madrid, 2011.

Rand, Ayn, *Atlas shrugged,* Dutton, Penguin, Nueva York, 2005. (*La rebelión de Atlas,* Grito Sagrado, 2010.)

Reinhart, Carmen M. y Rogoff, Kenneth S., *This time is different,* Princeton University Press, New Jersey, 2009. (*Esta vez es distinto,* Fondo de Cultura Económica, 2011.)

Ridley, Matt, *The evolution of everything,* Fourth Estate, Londres, 2015.

Riedel, James; Jin, Jing y Gao, Jian, *How China grows,* Princeton University Press, New Jersey, 2007.

Risso-Gill, Christopher, *There's always something to do. The Peter Cundill investment approach,* McGill-Queen's University Press, Montreal, 2011.

Ritter, Jay R., Economic growth and equity returns, *Pacific-basin finance journal,* agosto de 2005.

Ritter, Jay R., <IPOs 2013-5years.pdf>.

Rogers, Jim, *Investment biker,* Random House, Nueva York, 1994.

Rogers, Jim *Adventure capitalist,* John Wiley & Sons Ltd., 2003.

Rogers, Jim, *Hot commodities*, John Wiley & Sons Ltd., 2005. (*El boom de las materias primas,* Netbiblo, 2008.)

Rosenzweig, Phil, *The halo effect,* The Free Press, Nueva York, 2009.

Roth, Benjamin, *The great depression. A diary,* PublicAffairs, Nueva York, 2009.

Rothbard, Murray N, *Lo esencial de Mises,* Unión Editorial, Madrid, 1974.

Rothbard, Murray N., *La ética de la libertad,* Unión Editorial, Madrid, 1995.

Rothbard, Murray N., *Historia del pensamiento económico (Volúmenes I y II),* Unión Editorial, Madrid, 2000.

Rothbard, Murray N., *The panic of 1819,* Ludwig von Mises Institute, Auburn, Alabama, 2007.

Rothbard, Murray N., *The mistery of banking,* Ludwig von Mises Institute, Auburn, Alabama, 2008.

Rothbard, Murray N., *What has government done to our money?,* Ludwig von Mises Institute, Auburn, Alabama, 2010.

Rothbard, Murray N., *America's great depression (5th Edition),* Ludwig von Mises Institute, Auburn, Alabama, 2000. (*La gran depresión,* Unión Editorial, Madrid, 2013.)

Rothbard, Murray N., *Hacia una nueva libertad,* Unión Editorial, Madrid, 2013.

Rothbard, Murray N., *Poder y mercado* Unión Editorial, Madrid, 2015. (*Power and market,* New York University Press, Nueva York, 1977.)

Scherman, Harry, *The promises men live by: A new approach to economics,* Random House, Nueva York, 1938.

Schroeder, Alice, *The snowball. Warren Buffett and the business of life,* Random House, Nueva York, 2008.

Seely Brown, John y Duguid, Paul, *The social life of information,* Harvard Business School Press, Boston, Massachusetts, 2000.

Serrano García, Juan Bautista, *El inversor tranquilo,* Ediciones Diaz de Santos, Madrid, 2013.

Shearn, Michael, *The investment checklist,* John Wiley & Sons, Hoboken, New Jersey, 2012.

Shefrin, Hersh, *Beyond Greed and Fear, Harvard Business School Press*, Cambridge, Massachusetts, 2000. (*Más allá de la codicia y el miedo,* Oxford University Press, Oxford, 2002.)

Siegel, Jeremy J., *Stocks for the long run (5th Edition),* McGraw Hill, Nueva York, 2014. (*Guía para invertir a largo plazo,* Profit, 2015.)

Simon, Julian L., *The state of humanity,* Blackwell Publishers, Malden, Massachusetts, 1998.

Skousen, Mark, «who predicted the 1929 crash?», *The meaning of Ludwig von Mises,* Herbener, J. M. (ed.), Kluwer Academic Publishers, Ámsterdam, 1993.

Smith, Adam, *La riqueza de las naciones,* Alianza Editorial, Madrid, 2011.

Smithers, Andrew and Wright, Stephen, *Valuing Wall Street,* McGraw-Hill, Nueva York, 2002.

Sowell, Thomas, *Applied economics,* Basic Books, Philadelphia, 2009.

Spitznagel, Mark, *The Dao of investing,* John Wiley & Sons, Hoboken, New Jersey, 2013.

Steely Gordon, John, *The great game,* Suribner, Nueva York, 1999.

Stiglitz, Joseph E., Orszag, Jonathan M. y Orszag, Peter R., «Implications of the New Fannie Mac and Freddy Mae Risk-based Capital Standard», Fannie Mae Papers, vol. I, asunto 2, marzo de 2002.

Surowiecki, James, *The wisdom of crowds,* Abacus, 2005. *(Cien mejor que uno,* Tendencias, 2005.)

Taghizadegan, Rahim, Stöferle, Ronald; Valek, Mar y Blasnik, Heinz, *Austrian school for investors,* Mises.at, 2015.

Taleb, Nassim Nicholas, *Fooled by randomness,* Penguin, 2007. (¿Existe la suerte? Booket, 2015.)

Taleb, Nassim Nicholas, *Antifragile,* Random House, Nueva York, 2012. (*Antifrágil,* Booket, 2016.)

Thaler, Richard H., *The winners curse,* Princeton University Press, Princeton, New Jersey, 1992.

Thornton, Mark, *The economics of prohibition,* Ludwig von Mises Institute, Auburn, Alabama, 2007.

Train, John, *The money masters,* Harper & Row, Nueva York, 1980.

Train, John, *The Midas touch,* Harper & Row, Nueva York, 1987.

Train, John, *The new money masters,* Harper & Row, Nueva York, 1989.

Tsai, Kellee S., *Capitalism without democracy,* Cornell University Press, 2007.

Tuckett, David y Taffler, Richard J., «Fund management: An emotional finance perspective», The Research Foundation of the CFA Institute, 2012.

Vishny, Robert W., Lakonishok J. y Schleifer A., «Contrarian Investment, Extrapolation and Risk», *Journal of Finance* 1994, 49(5), pp. 1541-1578.

Vogel, Ezra F., *Deng Xiaoping and the transformation of China,* Harvard University Press, Cambridge, Massachusetts, 2011.

Walter, Carl E. y Howe, Fraser J. T., *Red Capitalism,* John Wiley & Sons, Hoboken, New Jersey, 2011.

Welch, Jack, *Jack,* Headline Book Publishing, Londres, 2001.

Wilson, Edward O., *Consilience,* Abacus, 2003.

White, Michael V. y Schuler, Kurt, «Who said Debauch the Currency?: Keynes or Lenin?», *Journal of Economics Perspectives,* vol. 23, n.º 2, primavera de 2009, pp. 213-222.

Woods, Thomas E., *Meltdown,* Regnery Publishing, Washington D.C., 2009.

Wu, Jinglian, *Understanding and interpreting chinese economic reform,* Thomson/South-Western, 2005.